책장을 넘기며 느껴지는
몰입의 기쁨

노력한 만큼 빛이 나는
내일의 반짝임

새로운 배움, 더 큰 즐거움

미래엔이 응원합니다!

올리드
중등 영어 2-1

BOOK CONCEPT
교과서 완전 분석부터 내신 대비까지 완벽하게 끝내는 필수 개념서

BOOK GRADE

	상세	알참	간략
개념 수준			

	기본	표준	발전
문제 수준			

	개념		문제
구성 비율			

WRITERS

미래엔콘텐츠연구회
No.1 Content를 개발하는 교육 전문 콘텐츠 연구회

COPYRIGHT

인쇄일 2021년 10월 18일(1판3쇄)
발행일 2018년 12월 1일

펴낸이 신광수
펴낸곳 ㈜미래엔
등록번호 제16-67호

교육개발2실장 김봉균
개발책임 이보현
개발 한고운, 김주연, 서희정

개발기획실장 김효정
개발기획책임 이병욱

디자인실장 손현지
디자인책임 김기욱
디자인 이진희, 이돈일

CS본부장 강윤구
CS지원책임 강승훈

ISBN 979-11-6413-903-3

The power of HABIT is GREAT!

"어떤 행위를 오랫동안 되풀이하는 과정에서 저절로 익혀진 행동 방식"
습관(habit)의 사전적 정의입니다.

공자의 말 중에 '**타고난 본성은 비슷하지만, 습관에 의해 달라진다**'라는 말이 있습니다.
습관은 처음 시작될 때는 보이지도 않는 얇은 실 같지만
이 습관을 반복할 때마다 그 실은 두꺼워지며,
우리의 생각과 행동을 단단히 묶어두는 거대한 밧줄이 될 수 있습니다.

영어 공부하는 데 있어 어쩌면 그 무엇보다 가장 중요한 것이 바로 이 '습관'일 것입니다.

우리말이 아닌 영어를 공부하는 것은 누구에게나 쉽지 않은 과정입니다.
그날 학교에서, 학원에서 배운 내용을 다시 한 번 읽어보거나 종이에 써보는 것.
그리고 어제 써 놓은 단어나 문장을 오늘 다시 한 번 훑어보는 습관.
짧게는 10분, 혹은 한 시간. 그렇게 매일 쉬지 않고 꾸준히,
의식적으로 스스로와 약속과 다짐을 하며
매일 공부하는 습관을 길러 나가는 것입니다.

이러한 습관은 1년이 지나고, 또 1년이 지난 후,
중학생이 끝나갈 무렵이면 자신조차도 느끼지 못하는 사이에
영어가 말이 되고, 문장이 되어 영어에 대한 "자신감"이란 큰 밧줄이 되어 줄 것입니다.

영어 공부에 대한 반복적인 학습 구조를 올리드 영어가 만들어 놓았습니다.
여러분의 영어 공부 습관에 도구로 활용하세요.
올리드 영어는 여러분의 모든 순간을 응원합니다.

교과서 개념
완벽 학습

교과서 Vocabulary

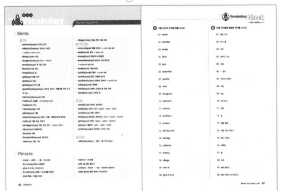

단원별 주요 어휘와 어구를 정리했습니다. Vocabulary Check를 통해 외운 단어를 확인하고, 주제별로 배우는 교과서 단어를 통해 단어의 다양한 쓰임을 학습합니다. Vocabulary Practice에서 문제를 통해 학습한 어휘를 다시 한 번 점검합니다.

교과서 Expressions

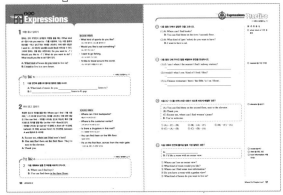

Listen & Speak, Communicate, Progress Check에 제시된 의사소통 표현을 학습합니다. 간단한 설명과 예문으로 실생활에 적용할 수 있는 표현을 익히고, Expressions Practice로 학습 내용을 복습합니다.

교과서 Grammar

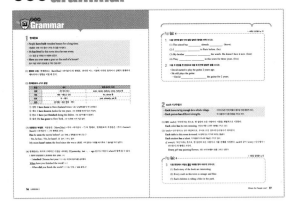

단원별로 꼭 알아야 할 문법 항목을 모아 정리하여 문법 주요 개념을 쉽게 파악할 수 있습니다. 학습한 내용은 Grammar Practice에서 다양한 문제 유형으로 복습합니다.

교과서 Reading

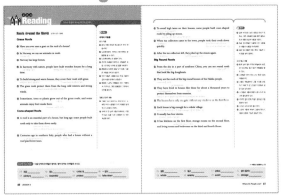

교과서 본문을 문장 단위로 해석과 해설을 수록했습니다. Reading Practice를 통해 본문 내용의 핵심 사항을 다시 한 번 짚어 보고, 핵심어 빈칸을 하나하나 채우며 주요 문장을 꼼꼼히 암기할 수 있습니다.

영역별 Review

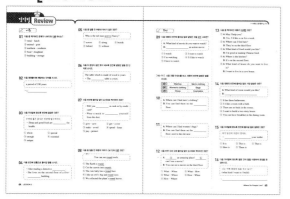

시험에 자주 출제되는 문제 유형을 분석하여 어휘, 표현, 문법, 독해의 네 영역에서 나올 수 있는 다양한 기출유형 문제를 수록하였습니다. 문제를 통해 학교 시험에 나올 실전 문제에 대비할 수 있습니다.

단원 Test

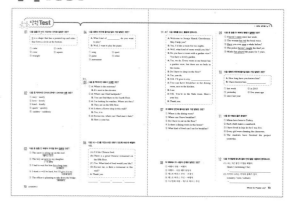

실제 학교 시험문제와 동일한 유형의 문제를 풀어 보며 실전 대비 감각을 높일 수 있습니다.

서술형 평가

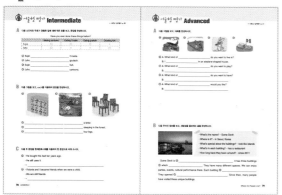

강화된 서술형 평가에 대비할 수 있도록 다양한 유형의 서술형 문제를 Basic – Intermediate – Advanced의 수준별로 수록하였습니다. 수준별 서술형 문제들을 통해 어떤 유형의 논술형 및 수행평가 문제에도 대처할 수 있는 실력을 키울 수 있습니다.

부록_교과서 Self-study Book

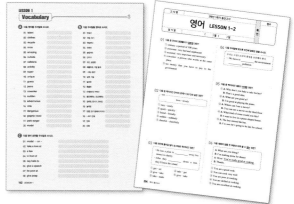

학습한 교과서 내용을 복습하여 완벽하게 소화할 수 있도록 각 단원별 주요 어휘 표현, 교과서 스크립트와 본문을 간단한 테스트로 구성하였습니다. 또한 한 학기 교과서 단원을 통합하여 실제 학교 시험과 같은 형태로 중간/기말고사를 구성하여 시험 출제 가능성이 높은 문제를 실전처럼 연습할 수 있습니다.

차례 Contents

LESSON 1

Great Things about Yourself

교과서 Vocabulary	08
교과서 Expressions	12
교과서 Grammar	18
교과서 Reading	22
영역별 Review	26
단원 Test	34
서술형 평가	39
교과서 본문 손으로 기억하기	42
단원 마무리 노트	44

LESSON 2

Where Do People Live?

교과서 Vocabulary	46
교과서 Expressions	50
교과서 Grammar	56
교과서 Reading	60
영역별 Review	64
단원 Test	72
서술형 평가	77
교과서 본문 손으로 기억하기	80
단원 마무리 노트	82

LESSON 3 **My Travel, My Way**

교과서 Vocabulary	84
교과서 Expressions	88
교과서 Grammar	94
교과서 Reading	98
영역별 Review	102
단원 Test	110
서술형 평가	115
교과서 본문 손으로 기억하기	118
단원 마무리 노트	120

LESSON 4 **Giving a Hand**

교과서 Vocabulary	122
교과서 Expressions	126
교과서 Grammar	132
교과서 Reading	136
영역별 Review	140
단원 Test	148
서술형 평가	153
교과서 본문 손으로 기억하기	156
단원 마무리 노트	158

 부록 교과서 **Self-study Book**

함께 걷는 길

너와 함께라면
흙탕물 길을 걸어도 즐거워!

흙탕물 길 걸을 땐 특히 차 조심!

Great Things about Yourself

Listen & Speak

- 능력 표현하기
  I'm good at jumping rope.
- 확신 표현하기
  I'm sure it's going to rain soon.

Read

- 내 주변의 멋진 사람들

Language Use

- She told me about her coworkers **who** had special talents.
- **While** I was walking home, I saw a woman on a scooter.
- **After** I got home, I began to write a new graphic novel.

▷ Words

명사

- activity[æktívəti] 활동
- cafeteria[kæfətíəriə] 구내식당
- cartoonist[kɑːrtúːnist] 만화가 + cartoon 만화
- character[kǽriktər] 등장인물
- clothes[klouz] 옷, 의복 = clothing
- coworker[kóuwə́ːrkər] 함께 일하는 사람, 동료
- danger[déindʒər] 위험, 위기 + dangerous 위험한
- graphic novel 만화 소설
- janitor[dʒǽnitər] 경비원, 문지기, 관리인
- jeans[dʒiːnz] 청바지
- park ranger 공원 경비원, 국립공원 관리인
- scooter[skúːtər] 스쿠터
- skill[skil] 실력, 기술
- superhero[sjúːpərhìərou] 슈퍼히어로, 초인적인 능력자
- talent[tǽlənt] 재능

형용사/부사

- adventurous[ædvéntʃərəs] 모험심이 강한
  + adventure 모험
- amazing[əméiziŋ] 놀라운 = surprising
- awesome[ɔ́ːsəm] 멋진, 굉장한
- cheerfully[tʃíərfəli] 쾌활하게, 기분 좋게
  + cheerful 기분 좋은
- cool[kuːl] 멋진

- nervous[nə́ːrvəs] 불안해하는, 초조해하는
- once[wʌns] 한때
- special[spéʃəl] 특별한
- suddenly[sʌ́dnli] 갑자기 + sudden 갑작스러운
- super[súːpər] 최고의, 대단히 좋은
- surprisingly[sərpráiziŋli] 놀랍게도
  + surprising 놀라운
- unique[juːníːk] 독특한
- whole[houl] 전체의 ↔ partial 일부분의

동사

- bake[beik] (음식을) 굽다
- guess[ges] 추측하다
- model[mɑ́dl] ~의 모형을 만들다, 따라 만들다
- practice[prǽktis] 연습하다
- recycle[riːsáikl] 재활용하다
- save[seiv] (위험에서) 구하다
- vote[vout] 투표하다
- win[win] (경쟁, 경기 등에서) 이기다 (win – won – won)

전치사/접속사

- after[ǽftər] ~한 후에 ↔ before ~하기 전에
- outside[àutsáid] ~의 밖에
- per[pər] ~당, 매 ~ + per second 초당, per week 주당
- while[wail] ~하는 동안

▷ Phrases

- a few 어느 정도, 조금, 약간
- be good at ~을 잘하다 ↔ be poor at ~을 못하다
- be good for ~에 좋다
- give a speech 연설하다
- give away 주다, 기부하다

- in front of ~의 앞에 ↔ behind ~의 뒤에
- make one's day ~을 즐겁게 하다
- model ··· on ~ ~을 본떠서 ···을 만들다
- say hello to ~에게 인사하다, ~에게 안부를 전하다
- take a look at ~을 보다

A 다음 단어의 우리말 뜻을 쓰시오.

01 awesome

02 clothes

03 once

04 skill

05 cartoonist

06 nervous

07 park ranger

08 cafeteria

09 surprisingly

10 cool

11 adventurous

12 coworker

13 while

14 janitor

15 graphic novel

16 amazing

17 guess

18 model … on ~

19 give away

20 take a look at

B 다음 우리말에 알맞은 단어를 쓰시오.

01 위험, 위기

02 (음식을) 굽다

03 청바지

04 독특한

05 갑자기

06 연습하다

07 등장인물

08 재활용하다

09 스쿠터

10 (경쟁에서) 이기다

11 전체의

12 슈퍼히어로

13 재능

14 투표하다

15 쾌활하게, 기분 좋게

16 ~한 후에

17 (위험에서) 구하다

18 어느 정도, 조금, 약간

19 ~을 잘하다

20 연설하다

Vocabulary

주제별로 배우는 **교과서 단어**

Words 집중 탐구

명사 + -ist → ~의 전문가 •

- cartoon (만화) + ist → cartoonist (만화가)
- piano (피아노) + ist → pianist (피아노 연주자)
- cello (첼로) + ist → cellist (첼로 연주자)
- science (과학) + ist → scientist (과학자)
- novel (소설) + ist → novelist (소설가)
- cycle (자전거) + ist → cyclist (자전거 선수)

동사 + -er → 그 행동을 하는 사람 •

- work (일하다) + er → worker (일하는 사람)
- bake (빵을 굽다) + er → baker (제빵사)
- win (이기다) + er → winner (우승자)
- vote (투표하다) + er → voter (투표자, 유권자)
- drive (운전하다) + er → driver (운전자, 기사)
- range (돌아다니다) + er → ranger (삼림 관리원)

Phrases 집중 탐구

- give away: 주다, 기부하다
  He **gave away** all his money to charity. (그는 자신의 모든 돈을 자선 단체에 기부했다.)

- give a speech: 연설하다
  President **gave a speech** about world peace there. (대통령은 그곳에서 세계 평화에 대해 연설했다.)

- take a look at: ~을 보다
  May I **take a look at** your passport? (당신의 여권을 좀 봐도 될까요?)

- model … on ~: ~을 본떠서 …을 만들다
  The writer **modeled** the main character **on** his uncle. (그 작가는 주인공을 그의 삼촌을 본떠서 만들었다.)

- say hello to: ~에게 인사하다
  Please **say hello to** your parents for me. (너희 부모님께 안부 전해줘.)

★ 바른답·알찬풀이 **p. 1**

Pop Quiz ◀

1 다음 짝지어진 단어의 관계가 같도록 빈칸에 알맞은 말을 쓰시오.

bake : baker = win : _____

2 다음 괄호 안에서 알맞은 것을 고르시오.

(1) (Take / Make) a look at the cute baby in the picture.

(2) I will (get / give) a speech in front of my classmates.

3 다음 영영풀이에 해당하는 단어를 쓰시오.

(1) _____ : a restaurant where people get their food and take it to a table themselves

(2) _____ : a person who cleans and looks after a building

A 다음 우리말에 맞도록 빈칸에 알맞은 말을 쓰시오.

W·O·R·D·S
- □ **famous** ⑱ 유명한

(1) 나의 할아버지는 한때 유명한 의사셨다.
　→ My grandfather was a famous doctor _____.

(2) 그 책의 작가는 독특한 이름을 가지고 있다.
　→ The writer of the book has a _____ name.

(3) 내 남동생은 음악에 놀랄 만한 재능이 있다.
　→ My brother has an amazing _____ for music.

(4) 나는 항상 기분 좋게 일한다.
　→ I always work _____.

B 다음 빈칸에 알맞은 말을 〈보기〉에서 골라 쓰시오.

- □ **health** ⑲ 건강
- □ **character** ⑲ 등장인물
- □ **clothes** ⑲ 옷

┌─ 보기 ─────────────────────────┐
│　　　　at　　　away　　　for　　　on　　　│
└──────────────────────────────┘

(1) Sugar and salt isn't good _____ your health.

(2) I modeled this character _____ my friend, Bora.

(3) My sister is good _____ playing badminton.

(4) They gave _____ food and clothes to poor children.

C 다음 밑줄 친 부분과 바꿔 쓸 수 있는 것은?

- □ **actor** ⑲ 남자 배우

┌──────────────────────────────────────┐
│　The actor looked <u>awesome</u> in the movie, didn't he?　│
└──────────────────────────────────────┘

① cool　　　　　　② sudden　　　　　③ special
④ nervous　　　　⑤ surprising

D 다음 밑줄 친 He가 가리키는 대상으로 알맞은 것은?

- □ **create** ⑤ 창조하다
- □ **a series of** 일련의
- □ **drawing** ⑲ 그림
- □ **magazine** ⑲ 잡지

┌──┐
│　<u>He</u> creates a series of drawings that tell a story. People can see them in a │
│ newspaper, magazine, or on the Internet.　│
└──┘

① writer　　　　　② coworker　　　　③ scientist
④ cartoonist　　　⑤ park ranger

Expressions 교과서

1 능력 표현하기

어떤 일에 대한 능력을 표현할 때는 be good at ~(~을 잘하다)을 써서 나타낸다. 즉, 상대방이 잘하는 것을 물을 때는 What are you good at?(너는 무엇을 잘하니?)으로, 자신이 잘하는 것을 말할 때는 I'm good at ~.(나는 ~을 잘해.)으로 표현한다. 이 때 전치사 at 뒤에는 (동)명사가 오는 것에 유의한다. 참고로 못하는 것을 말할 때는 be poor at ~(~을 못하다)을 쓴다.

A: What are you good at?
B: I'm good at jumping rope.

★ 바른답·알찬풀이 p. 1

중요표현 더하기

- I'm good at writing poems.
  나는 시를 잘 써.
- He can speak Spanish very well.
  그는 스페인어를 매우 잘할 수 있어.
- She's skilled at playing the violin.
  그녀는 바이올린 연주에 능숙해.
- He is excellent at drawing cartoons.
  그는 만화 그리기를 뛰어나게 잘해.

Pop Quiz

1 다음 빈칸에 공통으로 들어갈 알맞은 말을 쓰시오.

A: Is your dad _____ _____ cooking?
B: Yes. He's very _____ _____ it.

2 확신 표현하기

어떤 상황에 대해 자신의 확신을 표현할 때는 〈I'm sure (that)+주어+동사 ~.〉를 쓰며, '나는 ~라고 확신해.'라는 의미를 나타낸다. 또한 상대방에게 확신 여부를 물을 때는 〈Are you sure (that)+주어+동사 ~?〉로 쓰고, 이에 대한 응답으로 확신할 때는 Yes, I'm sure.로, 확신하지 않을 때는 No, I'm not sure.로 답한다. 이때 sure 대신에 certain이나 confident를 쓸 수도 있으며, sure 뒤에 나오는 that은 생략이 가능하다.

A: It's so cloudy.
B: I'm sure it's going to rain soon.

★ 바른답·알찬풀이 p. 1

중요표현 더하기

- I'm sure (that) we'll win the game.
  나는 우리가 경기에서 이길 거라고 확신해.
- It's certain (that) the boy broke the window.
  그 소년이 유리창을 깬 것이 확실해.
- Are you confident (that) she can do the work?
  너는 그녀가 그 일을 할 수 있다고 확신하니?
- Are you sure[certain] about that?
  너는 그것에 대해 확신하니?

Pop Quiz

2 다음 대화의 빈칸에 알맞은 말을 쓰시오.

A: I have a math test tomorrow.
B: _____ _____ _____ you'll do well on the test.
(나는 네가 시험을 잘 볼 거라고 확신해.)

A 다음 괄호 안에서 알맞은 것을 고르시오.

(1) **A:** The rabbit is sleeping.
   B: I'm sure the turtle is going to (win / lose) the race.

(2) **A:** Why don't you join our English drama club? You're good at (singing / acting).
   B: Well, I'd like to, but I don't think I'm good at speaking English.

W·O·R·D·S

☐ **turtle** ⑲ 거북
☐ **join** ⑧ 함께 하다

B 다음 괄호 안에 주어진 말을 배열하여 문장을 완성하시오.

(1) (you'll / I'm / at / get better / sure / English)
   → _____ soon.

(2) (you're / at / recycling / good / old clothes)
   → _____

(3) (drawing skills / my / good / are / enough)
   → I don't think _____ .

☐ **recycle** ⑧ 재활용하다
☐ **clothes** ⑲ 의복
☐ **skill** ⑲ 실력, 기술

C 다음 대화의 밑줄 친 부분과 바꿔 쓸 수 있는 것은?

> **A:** What is Brian good at?
> **B:** He's really good at cooking!

① You're a good cook.
② He can cook very well.
③ I would like to be a cook.
④ He isn't skilled at cooking!
⑤ You're excellent at cooking!

☐ **cook** ⑲ 요리사 ⑧ 요리하다
☐ **would like to ~** ～하고 싶다
☐ **skilled** ⑳ 능숙한

D 다음 (A)~(C)를 자연스러운 대화가 되도록 바르게 배열한 것은?

> (A) Don't worry. Practice your speech in front of your family. I'm sure you'll do a good job.
> (B) I have to give a speech in English. I'm so nervous.
> (C) Thank you. I'll try.

① (A) – (C) – (B)   ② (B) – (A) – (C)   ③ (B) – (C) – (A)
④ (C) – (A) – (B)   ⑤ (C) – (B) – (A)

☐ **practice** ⑧ 연습하다
☐ **speech** ⑲ 연설
☐ **in front of** ～의 앞에서
☐ **give a speech** 연설하다
☐ **nervous** ⑳ 불안해하는, 초조해하는

교과서 대화문 표현 익히기

교과서 대화문의 해석을 확인해 봅시다.

Listen & Speak 1

1 **B:** What are you doing, Nami?

G: I'm making a smart phone case out of my old jeans.

B: Wow! You're good at recycling old clothes.

G: Thanks. I like recycling. It's fun, and it's also good for our Earth.

2 **B:** Hello, everyone. I'm Kim Yujin. I want to be your class president. I'm a good listener and always try to help others. I'm also good at planning fun school activities. I'll work hard for our class, so please vote for me. Thank you for listening!

> **표현 해설**
> • be good at ~은 '~을 잘하다'라는 뜻으로, 능력을 나타내는 표현이다.
> • I want to ~.는 '나는 ~하고 싶다.'라는 뜻으로, 자신의 바람을 나타내는 표현이다.
> • Thank you for ~.는 '~해서 감사합니다.'라는 뜻으로, 감사를 나타내는 표현이다.

Listen & Speak 2

1 **B:** Hi, Cindy. Is something wrong?

G: I have to give a speech in front of the whole school. I'm so nervous.

B: Don't worry. You're a very good speaker. I'm sure you'll do a good job.

G: Thanks, Minho. I feel much better now.

2 **G:** Tomorrow is my mom's birthday. What should I do for her?

B: Why don't you bake a cake for her? You're good at baking.

G: That's a good idea. I hope my mom will like my cake.

B: I'm sure your mom will love it.

> **표현 해설**
> • Is something wrong?은 '뭐가 잘못됐니?'라는 뜻으로, 상대방의 안 좋은 일에 대해 묻는 표현이다. What's the matter with you? / What's wrong? / What's the problem? 등으로 대신할 수 있다.
> • I'm sure (that) ~.는 '나는 ~라고 확신해.'라는 뜻으로, 어떤 상황에 대한 자신의 확신을 나타내는 표현이다.
> • Why don't you ~?는 '너 ~하는 게 어떠니?'라고 제안하는 표현이다.

⊕ 해석

1 **B:** 너 뭐 하고 있니, 나미야?

G: 나는 내 오래된 청바지로 스마트폰 케이스를 만들고 있어.

B: 와! 너는 오래된 옷으로 재활용을 잘하는구나.

G: 고마워. 나는 재활용하기를 좋아해. 그것은 재미있고, 우리 지구에도 좋은 일이야.

2 **B:** 안녕하세요, 여러분. 저는 김유진입니다. 저는 여러분들의 학급 회장이 되고 싶습니다. 저는 잘 들어주는 사람이고 항상 다른 사람들을 도우려고 노력합니다. 저는 재미있는 학교 활동을 계획하는 것도 잘합니다. 저는 우리 학급을 위해 열심히 일할 것이니, 저에게 투표해 주십시오. 들어주셔서 감사합니다!

1 **B:** 안녕, Cindy. 뭐가 잘못됐니?

G: 나는 전체 학교 앞에서 연설을 해야 돼. 나는 너무 긴장돼.

B: 걱정하지 마. 너는 매우 좋은 연설자야. 나는 네가 잘할 거라고 확신해.

G: 고마워, 민호야. 나는 이제 기분이 훨씬 좋아졌어.

2 **G:** 내일은 나의 엄마의 생신이야. 내가 엄마를 위해 무엇을 해야 할까?

B: 엄마를 위해 케이크를 굽는 게 어떠니? 너는 빵 굽기를 잘하잖아.

G: 좋은 생각이야. 나는 엄마가 내 케이크를 맘에 들어하시길 바라.

B: 너의 엄마는 그것을 아주 좋아하실 거라 확신해.

Communicate

Yuri: What are you doing, Jaden?

Jaden: I'm drawing cartoons.

Yuri: Really? Can I take a look at them?

Jaden: No, not yet.

Yuri: Why not? You can show me a few, can't you?

Jaden: Well, I guess so.

Yuri: (*pause*) Ha, ha, ha! Awesome! I like your cartoons. You're really good at drawing.

Jaden: Do you think so? I want to be a cartoonist, but I don't think my drawing skills are good enough.

Yuri: Your cartoons are really funny, and you have unique characters. I'm sure you'll be a great cartoonist.

Jaden: Thank you, Yuri. You just made my day.

유리: 뭐 하고 있니, Jaden?
Jaden: 나는 만화를 그리고 있어.
유리: 정말? 내가 그것들을 봐도 되니?
Jaden: 아니, 아직 안 돼.
유리: 왜 안 돼? 내게 조금만 보여 줄 수 있잖아, 그렇지 않니?
Jaden: 음, 그럴 수 있지.
유리: (잠시 후) 하하하! 굉장하다! 나는 네 만화가 마음에 들어. 너 정말 그림을 잘 그리는구나.
Jaden: 그렇게 생각해? 나는 만화가가 되고 싶지만, 내 그림 실력이 충분히 좋은 것 같지 않아.
유리: 네 만화는 정말 재미있고, 독특한 캐릭터가 있어. 네가 훌륭한 만화가가 될 거라고 확신해.
Jaden: 고마워, 유리야. 네가 날 정말 기쁘게 해 줬어.

> **표현 해설**
> - Can I ~?는 '내가 ~해도 되니?'라는 뜻으로 상대방에게 허락을 구하는 표현이다.
> - 부가의문문을 써서 자신의 말에 대한 상대방의 동의를 구하고 있다.
> - Do you think so?는 '너는 그렇게 생각해?'라는 뜻으로, 상대방의 의견을 묻는 표현이다.
> - make one's day는 '~을 즐겁게 하다'라는 뜻이다.

Progress Check

1
B: What are you doing?

G: I'm making pizza for dinner.

B: Wow! You're really good at cooking!

G: Thanks.

2
B: Is something wrong?

G: I have to give a speech in English. I'm so nervous.

B: Don't worry. Practice your speech in front of your family. I'm sure you'll do a good job.

G: Thank you. I'll try.

3
W: Everybody is good at something. Some people are good at drawing. Other people are good at singing. What are you good at?

B: I'm good at playing the guitar.

1 B: 너 뭐 하고 있니?
G: 나는 저녁으로 피자를 만들고 있어.
B: 왜! 너는 요리를 정말 잘하는구나!
G: 고마워.

2 B: 뭐가 잘못됐니?
G: 나는 영어로 연설을 해야 해. 나는 너무 긴장돼.
B: 걱정하지 마. 너의 가족 앞에서 네 연설을 연습해. 나는 네가 잘할 거라고 확신해.
G: 고마워. 그래야겠다.

3 W: 모두 어떤 것을 잘합니다. 몇몇 사람들은 그림 그리기를 잘합니다. 다른 사람들은 노래 부르기를 잘합니다. 여러분은 무엇을 잘합니까?
B: 나는 기타를 잘 칩니다.

Listen & Speak 1

1 B: What are you doing, Nami?

G: I'm making a smart phone case out of my old jeans.

B: Wow! You're ❶ _____ _____ recycling old clothes.

G: Thanks. I like recycling. It's fun, and it's also ❷ _____ _____ our Earth.

2 B: Hello, everyone. I'm Kim Yujin. I ❸ _____ _____ _____ your class president. I'm a ❹ _____ _____ and always try to help others. I'm also good at planning fun school activities. I'll work hard for our class, so please ❺ _____ _____ me. Thank you for listening!

Listen & Speak 2

1 B: Hi, Cindy. Is something wrong?

G: I have to ❻ _____ _____ _____ in front of the whole school. I'm so nervous.

B: ❼ _____ _____. You're a very good speaker. ❽ _____ _____ you'll do a good job.

G: Thanks, Minho. I feel ❾ _____ _____ now.

2 G: Tomorrow is my mom's birthday. What should I do for her?

B: ❿ _____ _____ you bake a cake for her? You're good at baking.

G: That's a good idea. I hope my mom will like my cake.

B: I'm sure your mom will love it.

HINTS

❶ ~을 잘하는

❷ ~에 좋은

❸ ~되고 싶다

❹ 잘 들어주는 사람

❺ ~에게 투표하다

❻ 연설하다

❼ 걱정하지 마

❽ 나는 확신해

❾ 훨씬 더 좋은

❿ ~하는 게 어떠니

Communicate

HINTS

Yuri: What are you doing, Jaden?

Jaden: I'm drawing cartoons.

Yuri: Really? Can I ⑪ _____ _____ _____ at them?

⑪ 보다

Jaden: No, not yet.

Yuri: Why not? You can show me a few, ⑫ _____ _____ ?

⑫ 그렇지 않니

Jaden: Well, I guess so.

Yuri: (*pause*) Ha, ha, ha! ⑬ _____ ! I like your cartoons. You're really ⑭ _____ _____ _____ .

⑬ 굉장해
⑭ 그리기를 잘하는

Jaden: Do you think so? I want to be a cartoonist, but I don't think my drawing skills are ⑮ _____ _____ .

⑮ 충분히 좋은

Yuri: Your cartoons are really funny, and you have unique characters. I'm sure you'll be a great cartoonist.

Jaden: Thank you, Yuri. You just ⑯ _____ _____ _____ .

⑯ ~을 즐겁게 하다

Progress Check

1 **B:** What are you doing?

G: I'm making pizza ⑰ _____ _____ .

⑰ 저녁 식사로

B: Wow! You're really good at cooking!

G: Thanks.

2 **B:** Is something wrong?

G: I have to give a speech ⑱ _____ _____ . I'm so nervous.

⑱ 영어로

B: Don't worry. Practice your speech ⑲ _____ _____ _____ your family. I'm sure you'll do a good job.

⑲ ~의 앞에서

G: Thank you. I'll try.

3 **W:** Everybody is good at something. Some people are good at drawing. ⑳ _____ _____ are good at singing. What are you good at?

⑳ 다른 사람들

B: I'm good at playing the guitar.

Grammar

1 주격 관계대명사

- She told me about her coworkers **who/that** had special talents.

  그녀는 내게 특별한 재능을 가진 그녀의 동료들에 대해서 말했다.

- She rides a super scooter **which/that** can fly.

  그녀는 날 수 있는 슈퍼 스쿠터를 탄다.

(1) 역할

관계대명사는 두 문장을 연결하는 접속사의 역할과 앞에 나온 명사(선행사)를 대신하는 대명사의 역할을 동시에 한다. 관계대명사가 이끄는 절은 앞의 선행사를 수식하는데, 이 관계대명사가 절 안에서 주어 역할을 할 때 '주격 관계대명사'라고 한다. 주격 관계대명사는 생략할 수 없다.

I have a sister. + She is good at singing.

→ I have a sister **who** is good at singing. 나는 노래를 잘하는 여동생이 있다.

선행사 ←—┘ 관계대명사

(2) 주격 관계대명사의 종류

선행사	사람	사물, 동물	사람, 사물, 동물
관계대명사	who	which	that

Jenny saw a boy. + He is dancing on the stage.

→ Jenny saw a boy **who[that]** is dancing on the stage. Jenny는 무대 위에서 춤을 추고 있는 소년을 보았다.

I live in a house. + It has a beautiful garden.

→ I live in a house **which[that]** has a beautiful garden. 나는 아름다운 정원이 있는 집에 산다.

(3) 주격 관계대명사 뒤에는 바로 동사가 이어지며, 동사는 선행사의 수에 일치시킨다.

He met a pretty girl **who** *has* long hair. 그는 머리가 긴 예쁜 소녀를 만났다.

★ 바른답·알찬풀이 p. 2

Pop Quiz

1 다음 괄호 안에서 알맞은 것을 고르시오.

(1) I like the movies (who / which) have happy endings.

(2) Mr. Kim is a writer (which / that) wrote this novel.

(3) Look at the man who (is / are) sitting on the bench.

2 접속사 while, after

• **While** I was walking home, I saw a woman on a scooter.
나는 집으로 걸어가는 중에, 스쿠터에 탄 한 여자를 봤다.

• **After** I got home, I began to write a new graphic novel.
집에 도착한 후에, 나는 새로운 만화 소설을 쓰기 시작했다.

(1) **쓰임**: 접속사 뒤에는 〈주어+동사〉의 절이 뒤따른다. 접속사가 이끄는 부사절은 주절의 앞이나 뒤에 모두 올 수 있으며, 부사절이 주절 앞에 오는 경우에는 부사절 끝에 콤마(,)를 쓴다.

<u>**While** I was cooking breakfast</u>, <u>I listened to the radio</u>.
부사절   주절

= I listened to the radio **while** I was cooking breakfast. 나는 아침을 요리하는 동안에 라디오를 들었다.

(2) **while**: '~하는 동안'이라는 의미로, 두 가지 일이 동시에 일어나고 있을 때 쓴다. 부사절의 주어가 주절의 주어와 같을 경우, 주어와 be동사를 생략하기도 한다.

While (he was) reading a book, he fell asleep. 그는 책을 읽는 동안에 잠이 들었다.
I had a happy dream **while** (I was) sleeping. 나는 잠을 자는 동안에 행복한 꿈을 꿨다.

(3) **after**: '~한 후에'라는 의미로, 일이 일어난 순서에 따라 before와 바꿔 쓸 수 있다

I had dinner **after** I washed my hands. 나는 손을 씻은 후에 저녁을 먹었다.
= I washed my hands **before** I had dinner. 나는 저녁을 먹기 전에 손을 씻었다.

cf. after는 전치사로 사용될 수 있으며, 이때는 뒤에 명사나 동명사가 온다.

What do you usually do **after** school? 너는 방과 후에 보통 무엇을 하니?

(4) 시간 부사절에서는 현재시제가 미래시제를 대신한다.

She <u>will go</u> to the movies **after** she *cleans* the house. 그녀는 집 청소를 한 후에 영화를 보러 갈 것이다.

Pop Quiz

★ 바른답·알찬풀이 p. 2

2 다음 우리말에 맞도록 빈칸에 알맞은 말을 쓰시오.

(1) 그는 설거지를 한 후에 일하러 갔다.
He went to work ＿＿＿＿＿＿＿ he washed the dishes.

(2) 네가 없는 동안에 내가 너의 개를 돌봐줄게.
I will look after your dog ＿＿＿＿＿＿＿ you are away.

(3) 점심을 먹고 나서 도서관에 갈래?
Why don't we go to the library ＿＿＿＿＿＿＿ lunch?

01 다음 빈칸에 공통으로 들어갈 말로 가장 알맞은 것은?

> • She told me about her friends _____ had special talents.
> • The building _____ is made of glass is my school.

① who   ② what   ③ while
④ that   ⑤ which

02 다음 우리말에 맞도록 빈칸에 들어갈 말로 가장 알맞은 것은?

> 길을 걷는 동안에 휴대전화를 사용하지 마라.
> → Don't use your mobile phone _____ you're walking the street.

① that   ② before   ③ since
④ after   ⑤ while

03 다음 두 문장을 관계대명사를 이용하여 한 문장으로 바꿔 쓰시오.

> • I met a strong boy.
> • He came from Russia.

→ _____

04 다음 두 문장이 같은 뜻이 되도록 빈칸에 알맞은 접속사를 쓰시오.

> After I ate dinner, I watched a movie.
> = I ate dinner _____ I watched a movie.

05 다음 빈칸에 들어갈 말을 〈보기〉에서 골라 쓰시오. (한 번씩만 쓸 것)

> ┌ 보기 ┐
> who   which   that

(1) Take a look at the monkey _____ has a long tail!

(2) Sejun is a smart boy _____ can speak five languages.

(3) I saw a boy and a dog _____ were running in the park.

06 다음 중 밑줄 친 부분이 어법상 틀린 것은?

① I need a bag <u>which</u> has pockets.
② These are dogs <u>who</u> sing a song.
③ I met a player <u>that</u> won the medal.
④ The boy <u>who</u> is playing with a ball is my brother.
⑤ Bill and Jerry drew a house <u>that</u> stood on the hill.

07 다음 빈칸에 들어갈 말이 순서대로 짝지어진 것은?

> • _____ you use the computer, turn it off.
> • I fell asleep _____ I was reading a book.

① While - after   ② After - while
③ When - before   ④ Before - when
⑤ After - Before

08 다음 우리말을 영어로 바르게 옮긴 것은?

> 너는 모자를 쓴 여자를 아니?

① Do you know the woman who is wearing a hat?
② Do you know the woman which is wearing a hat?
③ Do you know the woman that are wearing a hat?
④ Did you know the woman who are wearing a hat?
⑤ Did you know the woman that was wearing a hat?

09 다음 문장에서 어법상 **틀린** 부분을 바르게 고쳐 쓰시오.

> Annie will brush her teeth before she will go to bed.

_____ → _____

10 다음 문장의 밑줄 친 부분과 바꿔 쓸 수 있는 것은?

> I like the sweater <u>that</u> is made of wool.

① who   ② what   ③ which
④ this   ⑤ it

11 다음 두 문장이 같은 뜻이 되도록 빈칸에 알맞은 말을 쓰시오.

> She smiled happily while she was waving her hands.
> = She smiled happily while _____ her hands.

12 그림을 보고, 괄호 안의 말을 이용하여 문장을 완성하시오.

→ _____, she listens to music. (while, study)

13 다음 중 빈칸에 who가 들어갈 수 **없는** 것은?

① She has a son _____ is a singer.
② I know the girl _____ is dancing.
③ He is the man _____ cooks very well.
④ This is the building _____ was built in 2000.
⑤ The girl and the boy _____ are wearing white shirts are my children.

14 다음 중 어법상 **틀린** 문장은?

① While I was in Paris, I met her.
② I made cookies that are delicious.
③ I'll eat out after I do my homework.
④ Leave the room after turn off the light.
⑤ He stayed at a hotel which has a pool.

15 다음 우리말에 맞도록 괄호 안의 말을 이용하여 문장을 완성하시오.

> 집에 도착한 후에, 그는 소설을 썼다.
> (write a novel)

→ _____

Lunch Lady Begins 교과서 17~19쪽

❶ My name is Hojin, and I like to make graphic novels.
= making

❷ While I was walking home from school last week, I saw a woman on a
~하는 동안(접속사: 뒤에 주어와 동사가 이어짐)
scooter.

❸ She looked really cool, and her scooter was very unique.
look+형용사: ~하게 보이다

❹ "Are you going home, Hojin?" she said to me suddenly.

❺ "Yes, but do I know you?" I asked.

❻ "Of course," she answered. "I see you at the school cafeteria every day."
일상적 반복되는 일은 현재시제로 씀

❼ Surprisingly, she was one of the cafeteria workers at school.
one of+복수명사: ~들 중 하나 (단수 취급)

❽ "Amazing! She looks so different outside the school," I thought.

❾ "I should write a graphic novel about her."

❿ After I got home, I began to write a new graphic novel, *Lunch Lady*
~한 후에(접속사)   = writing
Begins.

⓫ In it, Lunch Lady is a superhero.
a new graphic novel = Lunch Lady Begins 를 가리킴

⓬ She rides a super scooter that can fly.
주격 관계대명사절

⓭ She saves people from danger around the world.

⊕ 해석

런치 레이디 탄생하다

❶ 내 이름은 호진이고, 나는 만화 소설 쓰는 것을 좋아한다.

❷ 나는 지난주에 학교에서 집으로 걸어가는 중에, 스쿠터에 탄 한 여자를 봤다.

❸ 그녀는 정말 멋져 보였고, 그녀의 스쿠터는 정말 독특했다.

❹ "집에 가는 거니, 호진아?" 갑자기 그녀가 나에게 말했다.

❺ "네, 그런데 저를 아시나요?" 나는 물었다.

❻ "당연하지." 그녀는 대답했다. "나는 매일 학교 식당에서 너를 본단다."

❼ 놀랍게도, 그녀는 학교 식당 직원들 중 한 분이었다.

❽ '굉장하다! 그녀가 학교 밖에서는 정말 달라 보이시네.'라고 나는 생각했다.

❾ '그녀에 대한 만화 소설을 써야겠다.'

❿ 집에 도착한 후에, 나는 《런치 레이디 탄생하다》라는 새로운 만화 소설을 쓰기 시작했다.

⓫ 그것에서, 런치 레이디는 슈퍼히어로다.

⓬ 그녀는 날 수 있는 슈퍼 스쿠터를 탄다.

⓭ 그녀는 전 세계의 위험에 빠진 사람들을 구한다.

Do It Yourself 다음 단어의 우리말은 영어로, 영어 단어는 우리말로 쓰시오.

| 01 구내식당 _____ | 02 갑자기 _____ | 03 독특한 _____ | 04 위험 _____ |
| 05 amazing _____ | 06 cool _____ | 07 구하다 _____ | 08 graphic novel _____ |

⑭ She also makes 100 cookies per second and gives them away to
　　　　　　　　　　　　　　초당　　　　　　　　give away: 주다 (수여동사처럼 쓰
　　　　　　　　　　　　　　　　　　　　　　였으며, <동사＋부사>로 이루어져
hungry children.　　　　　　　　　　　　　　대명사 목적어가 사이에 왔음)

⑮ A few days later, I showed my graphic novel to my friends.
　　약간, 조금 (뒤에 복수명사가 옴)　　　　= showed my friends my graphic novel

⑯ "Awesome! I love this superhero. She's so cool," said all my friends.

⑰ "Guess what? I modeled her on Ms. Lee, one of our cafeteria workers,"
　　　　　　　　　model A on B: B를 본떠서 A를 만들다　　　　=
I told them.

⑱ I showed my book to Ms. Lee. <수여동사 show ＋직접목적어＋to ＋간접목적어>
　　= showed Ms. Lee my book <show ＋간접목적어＋직접목적어>

⑲ She loved it, too.
　　　　my book을 가리킴　　　　　　　　　주격 관계대명사

⑳ She also told me about her coworkers who had special talents.

㉑ Ms. Park, another cafeteria worker, won a dancing contest.
　　　　　　=　　　　　　　　　　　　　동사

㉒ Mr. Kim, the janitor at our school, was once an adventurous park
　　　　　　　=　　　　　　　　　　동사
ranger.

㉓ "I'd like to write superhero stories about them. Do you think they'll
　= want to　　　　　　　　　　= Ms. Park and Mr. Kim　접속사 that 생략
like that?" I asked Ms. Lee.　　　　　(Ms. Lee's coworkers)
　superhero stories about them

㉔ "Of course they will," she said cheerfully.
　　　　　　will 뒤에 like that이 생략

㉕ "Let's go and say hello to our new superhero friends."
　　　　　　　　~에게 인사하다

⑭ 그녀는 또한 1초에 100개의 쿠키를 만들고 그것들을 배고픈 어린이들에게 나눠 준다.

⑮ 며칠이 지나서, 나는 내 만화 소설을 내 친구들에게 보여 주었다.

⑯ "굉장해! 나는 이 슈퍼히어로가 마음에 들어. 그녀는 정말 멋져." 내 모든 친구들이 말했다.

⑰ "그게 있지? 나는 우리 학교 식당 직원들 중 한 분인 이 조리사님을 본떠서 그녀를 만든 거야." 나는 친구들에게 말했다.

⑱ 나는 내 책을 이 조리사님께 보여 드렸다.

⑲ 그녀도 그것을 좋아했다.

⑳ 그녀는 또한 내게 특별한 재능을 가진 그녀의 동료들에 대해서 말했다.

㉑ 또 다른 학교 식당 직원인 박 조리사님은 춤 경연 대회에서 우승했다.

㉒ 우리 학교 관리인인 김 선생님은 한때 모험심 있는 공원 관리인이었다.

㉓ "저는 그분들에 관한 슈퍼히어로 이야기를 쓰고 싶어요. 그분들이 그것을 좋아할 거라고 생각하세요?" 나는 이 조리사님께 물었다.

㉔ "물론 그들은 좋아할 거야." 그녀는 쾌활하게 말했다.

㉕ "가서 우리의 새로운 슈퍼히어로 친구들에게 인사를 하자."

★ 바른답·알찬풀이 p. 3

| 09 재능 _____ | 10 한때 _____ | 11 동료 _____ | 12 모험심이 강한 _____ |
| 13 cheerfully _____ | 14 awesome _____ | 15 janitor _____ | 16 give away _____ |

A 다음 네모 안에서 알맞은 것을 고르시오.

01 My name is Hojin, and I like to make / making graphic novels.

02 While / During I was walking home from school last week, I saw a woman on a scooter.

03 She looked really cool, and her scooter is / was very unique.

04 "Are you going home, Hojin?" she said / said to me suddenly. "Yes, but do I know you?" I asked.

05 "Of course," she answered. "I see / saw you at the school cafeteria every day."

06 Surprisingly, she was one of the cafeteria worker / workers at school.

07 "Amazing! She looks so different / differently outside the school," I thought. "I should write / wrote a graphic novel about her."

08 After I got home, I began write / to write a new graphic novel, *Lunch Lady Begins*.

09 In it, Lunch Lady is a superhero. She rides a super scooter who / that can fly.

10 She saves people to / from danger around the world.

11 She also makes 100 cookies per second and gives away them / gives them away to hungry children.

12 A few days later, I showed my graphic novel to / for my friends.

13 "Awesome! I love this superhero. She's so cool," said / said to all my friends.

14 "Guess what? I modeled her in / on Ms. Lee, one of our cafeteria workers," I told them.

15 I showed my book Ms. Lee / my book to Ms. Lee . She loved it, too.

16 She also told me about her coworkers who / which had special talents.

17 Ms. Park, another cafeteria worker, winned / won a dancing contest.

18 Mr. Kim, the janitor at our school, was / were once an adventurous park ranger.

19 "I'd like write / to write superhero stories about them. Do you think they'll like that?" I asked Ms. Lee.

20 "Of course they will," she said cheerful / cheerfully . " Let / Let's go and say hello to our new superhero friends."

B 다음 우리말에 맞도록 문장을 완성하시오.

01 그녀가 학교 밖에서는 정말 달라 보인다.

≫ She _____ so _____ outside the school.

02 며칠이 지나서, 나는 내 만화 소설을 내 친구들에게 보여 주었다.

≫ _____ _____ _____ later, I showed my graphic novel to my friends.

03 그녀는 날 수 있는 슈퍼 스쿠터를 탄다.

≫ She rides a super scooter _____ _____ _____ .

04 나는 그분들에 관한 슈퍼히어로 이야기를 쓰고 싶다.

≫ I'd like to _____ _____ _____ about them.

05 그녀는 전 세계의 위험에 빠진 사람들을 구한다.

≫ She _____ _____ _____ _____ around the world.

06 집에 도착한 후에, 나는 《런치 레이디 탄생하다》라는 새로운 만화 소설을 쓰기 시작했다.

≫ _____ _____ _____ home, I began to write a new graphic novel, *Lunch Lady Begins*.

07 나는 우리 학교 식당 직원들 중 한 분인 이 조리사님을 본떠서 그녀를 만든 것이다.

≫ I modeled her on Ms. Lee, _____ _____ our cafeteria workers.

08 그녀는 또한 1초에 100개의 쿠키를 만들고 그것들을 배고픈 어린이들에게 나눠 준다.

≫ She also makes 100 cookies per second and _____ _____ _____ to hungry children.

09 그녀는 또한 내게 특별한 재능을 가진 그녀의 동료들에 대해서 말했다.

≫ She also told me about her coworkers _____ .

10 나는 지난주에 학교에서 집으로 걸어가는 중에, 스쿠터에 탄 한 여자를 봤다.

≫ _____ home from school last week, I saw a woman on a scooter.

영역별 Review

✏️ 어휘

01 다음 중 -ist를 붙여서 사람을 만들 수 <u>없는</u> 단어는?

① vote
② cello
③ novel
④ science
⑤ cartoon

02 다음 중 나열된 단어를 포함하는 말이 <u>잘못된</u> 것은?

① writing: novel, poem, essay, report
② job: cartoonist, baker, janitor, nurse
③ vehicle: bike, car, bus, scooter, train
④ cloth: jeans, sweater, shirt, blouse
⑤ animal: cat, hamster, ostrich, racoon

03 다음 영영풀이에 해당하는 단어를 주어진 철자로 시작하여 쓰시오.

It is a lunchroom or dining hall in a factory, office, or school. People get food at a counter and carry it to a table for eating.

→ c_____

04 다음 빈칸에 공통으로 들어갈 말로 가장 알맞은 것은?

• You always _____ my day.
• They _____ friends from all over the world.

① get
② make
③ give
④ have
⑤ take

05 다음 문장의 밑줄 친 부분과 바꿔 쓸 수 있는 것은?

The idol group is so friendly, and their songs are so <u>cool</u>.

① kind
② special
③ smart
④ unique
⑤ awesome

06 다음 중 밑줄 친 부분의 우리말 뜻이 <u>잘못된</u> 것은?

① My parents <u>once</u> were skaters.
(한 번)
② Please <u>say hello to</u> your sister.
(~에게 안부를 전하다)
③ I <u>modeled</u> my house <u>on</u> the palace.
(~을 본떠서 …을 만들다)
④ He reads a page of books <u>per second</u>.
(초당)
⑤ What did he do to be a <u>park ranger</u>?
(공원 관리인)

07 다음 괄호 안에서 알맞은 것을 고르시오.

(1) A(n) (adventurous / dangerous) person likes new things.

(2) I always work (suddenly / cheerfully).

(3) The (setting / character) of the novel is Lunch lady.

08 다음 우리말에 맞도록 빈칸에 알맞은 말을 쓰시오.

며칠 후에, 그는 이 마을을 떠났다.

→ _____ _____ _____ _____, he left this town.

표현

[09~10] 다음 대화의 빈칸에 들어갈 말로 알맞은 것을 고르시오.

09

> A: You're _____ at recycling old shoes.
> B: Thanks. I like recycling. It's fun, and it's also _____ for our Earth.

① bad
② good
③ poor
④ cool
⑤ skilled

10

> A: I baked a cake for my mom. I hope she will like my cake.
> B: You're good at baking. _____ your mom will love it.

① I'm not sure
② I was certain
③ I am sure that
④ This is certain that
⑤ It is not certain that

11 다음 중 나머지와 의도가 <u>다른</u> 하나는?

① What's wrong?
② What about you?
③ What's the problem?
④ Is something wrong?
⑤ What's the matter with you?

12 다음 우리말에 맞도록 괄호 안의 말을 이용하여 4단어로 문장을 완성하시오.

> 들어주셔서 감사합니다! (listen)

→ _____

13 다음 대화의 빈칸에 들어갈 말로 알맞은 장래희망을 쓰시오.

> A: I like your performance. You're really good at playing the piano.
> B: Thanks. I want to be a(n) _____, but I don't think my playing skills are good enough.

14 다음 질문에 대한 대답으로 가장 알맞은 것은?

> What are you good at?

① I don't draw cartoons.
② I'm poor at drawing cartoons.
③ I can't draw cartoons very well.
④ I am good at drawing cartoons.
⑤ I was excellent at drawing cartoons.

15 다음 우리말을 바르게 영작한 것을 <u>모두</u> 고르면?

> 그는 학급 회장이 되고 싶어 한다.

① He's your class president.
② He's a good class president.
③ He wants to be your class president.
④ He'd like to be your class president.
⑤ I'm certain that he'll be your class president.

16 다음 대화의 빈칸에 괄호 안의 말을 이용하여 알맞은 말을 쓰시오.

> A: The boy missed the school bus.
> B: I'm sure that _____.
> (going to / late for)

17 다음 두 문장이 같은 뜻이 되도록 빈칸에 알맞은 말을 쓰시오.

> Let's go camping this weekend.
>
> = _____ _____ _____
> go camping with me this weekend?

18 다음 밑줄 친 부분과 바꿔 쓸 수 있는 것은?

> **A:** You are good at speaking French.
> **B:** Thanks. You make my day.

① You speak French well.
② You begin to learn French.
③ You really like to speak French.
④ You want to speak French very well.
⑤ Your speaking skill is good for learning French.

19 다음 (A)~(D)를 자연스러운 대화가 되도록 바르게 배열하시오.

> (A) Why don't you bake a cake for her? You're good at baking.
> (B) I'm sure your mom will love it.
> (C) Tomorrow is my mom's birthday. What should I do for her?
> (D) That's a good idea. I hope my mom will like my cake.

_____ – _____ – _____ – _____

20 다음 우리말에 맞도록 괄호 안의 말을 이용하여 문장을 완성하시오.

> 그녀는 오래된 옷으로 재활용을 잘해.
>
> (recycle / clothes)

→ _____

[21~23] 다음 대화를 읽고, 물음에 답하시오.

> **Yuri:** What are you doing, Jaden?
> **Jaden:** I'm drawing cartoons.
> **Yuri:** Really? ⓐCan I take a look at them?
> **Jaden:** No, not yet. (①)
> **Yuri:** Why not? You can show me a few, can't you? (②)
> **Jaden:** Well, I guess so. (③)
> **Yuri:** Ha, ha, ha! Awesome! I like your cartoons. ⓑ너는 정말 그림을 잘 그리는구나.
> **Jaden:** Do you think so? (④) I want to be a cartoonist, but I don't think my drawing skills are good enough.
> **Yuri:** Your cartoons are really funny, and you have unique characters. (⑤)
> **Jaden:** Thank you, Yuri. You just made my day.

21 위 대화의 밑줄 친 ⓐ의 의도로 알맞은 것은?

① 계획 묻기   ② 조언 구하기
③ 허락 구하기   ④ 능력 확인하기
⑤ 확신 여부 묻기

22 위 대화의 ①~⑤ 중 다음 문장이 들어가기에 가장 알맞은 곳은?

> I'm sure you'll be a great cartoonist.

①   ②   ③   ④   ⑤

23 위 대화의 밑줄 친 ⓑ의 우리말에 맞도록 괄호 안의 말을 이용하여 6단어로 쓰시오.

> (be good at / draw)

→ _____

✏️ 문법

24 다음 밑줄 친 부분과 바꿔 쓸 수 있는 말이 순서대로 짝지어진 것은?

- I saw a baby that was crying.
- She wrote the story of the rabbits that lived in the forest.

① who – who
② who – where
③ who – which
④ which – who
⑤ which – which

25 다음 우리말에 맞도록 빈칸에 들어갈 말로 알맞은 것은?

네가 밖에 있는 동안에, 누군가 전화했다.
→ Someone called _____ you were out.

① for
② while
③ since
④ after
⑤ during

26 다음 빈칸에 들어갈 말로 알맞은 것은?

Do you think _____ they are smart?

① who
② which
③ what
④ that
⑤ while

27 다음 중 밑줄 친 부분이 어법상 틀린 것은?

① It runs about 100km per hour.
② I should draw a cartoon about her.
③ He is a boy who has a special talent.
④ After I got home, I did my homework.
⑤ One of the famous artists in the world are Gogh.

28 다음 밑줄 친 부분과 의미가 같은 것은?

There are a few people who are surfing in the sea.

① many
② much
③ some
④ little
⑤ lots of

29 다음 빈칸에 공통으로 들어갈 말로 가장 알맞은 것은?

- I gave some water _____ a child.
- Hojin showed his book _____ me.

① at
② to
③ for
④ of
⑤ from

30 다음 빈칸에 들어갈 말로 알맞지 않은 것은?

Could you _____?

① turn it on
② wait me for
③ take off your hat
④ turn the lights off
⑤ turn down the volume

31 다음 그림을 보고, 괄호 안의 말을 이용하여 대화를 완성하시오.

A: What do you want to be?
B: I want to be a doctor _____ _____ _____ _____ sick people. (take care of)

32 다음 문장의 빈칸에 알맞은 것은?

> I will take a walk with my dog in the park before it _____.

① rain　　② rains　　③ rained
④ will rain　　⑤ is raining

33 다음 밑줄 친 부분의 쓰임이 〈보기〉와 다른 것은?

> ― 보기 ―
> He is a teacher who teaches us history.

① The man who is singing is my dad.
② I don't know who these children are.
③ I need a friend who can talk with me.
④ There are many people who climb the mountain.
⑤ I saw some students who studied in the library.

34 다음 중 어법상 옳은 문장은?

① My uncle sent the watch me.
② She rides a scooter who can fly.
③ While singing, he washes his car.
④ I'd like to writing superhero stories.
⑤ Mr. Kim, the janitor at our school were once a park ranger.

35 다음 두 문장을 관계대명사를 이용하여 한 문장으로 바꿔 쓰시오.

> • The movie was touching.
> • I saw it last night.

→ _____

36 다음 대화의 빈칸에 들어갈 말로 알맞지 않은 것은?

> A: How does she look?
> B: She looks _____.

① nice　　② cool
③ strange　　④ friendly
⑤ differently

37 다음 두 문장이 같은 뜻이 되도록 빈칸에 알맞은 말을 쓰시오.

> After Kate finished the report, she went shopping.
> = Kate finished the report _____
> _____ _____ _____.

38 다음 중 밑줄 친 부분의 용법이 나머지와 다른 것은?

① I like to make graphic novels.
② He wanted to be a superhero.
③ They began to learn swimming.
④ Julia decided to write a cookbook.
⑤ The girl has breakfast to stay healthy.

39 다음 밑줄 친 ①~⑤ 중 어법상 틀린 것은?

> Two boys ①are studying in a library. ②There is a fire. The boys can't get out. Lunch Lady flies ③on her scooter to the library. She finds the boys ④who is crying in the room. She saves them from the fire. They look ⑤happy.

✎ **독해**

[40~42] 다음 글을 읽고, 물음에 답하시오.

My name is Hojin, and I like to make graphic novels. _____ I was walking home from school last week, I saw a woman on a scooter. She looked really cool, and her scooter was very unique.

"Are you going home, Hojin?" she said to me suddenly.

"Yes, but do I know you?" I asked.

"Of course," she answered. "I (A) see / saw you at the school cafeteria every day."

Surprisingly, she was one of the cafeteria (B) worker / workers at school.

"Amazing! She looks so (C) different / differently outside the school," I thought. "I should write a graphic novel about her."

40 윗글의 빈칸에 들어갈 말로 가장 알맞은 것은?

① If
② Since
③ While
④ During
⑤ Because

41 윗글의 (A), (B), (C) 각 네모 안에서 어법에 맞는 표현으로 가장 알맞은 것은?

	(A)	(B)	(C)
①	see	worker	different
②	see	workers	differently
③	see	workers	different
④	saw	worker	differently
⑤	saw	workers	different

42 윗글의 내용을 바탕으로 할 때 빈칸에 알맞은 말을 본문에서 찾아 쓰시오.

Hojin met a cafeteria worker who looked _____ and had a unique _____.

[43~45] 다음 글을 읽고, 물음에 답하시오.

After I got home, I began ⓐto write a new graphic novel, *Lunch Lady Begins*. In it, Lunch Lady is a _____. She rides a super scooter ⓑwho can fly. She saves people from danger around the world. She also makes 100 cookies per second and ⓒgives them away to hungry children.

A few days later, I showed my graphic novel ⓓto my friends.

"Awesome! I love this _____. She's so cool," said all my friends.

"Guess what? I modeled her on Ms. Lee, ⓔone of our cafeteria workers," I told them.

43 윗글의 밑줄 친 ⓐ~ⓔ 중 어법상 틀린 것은?

① ⓐ
② ⓑ
③ ⓒ
④ ⓓ
⑤ ⓔ

44 윗글의 빈칸에 공통으로 들어갈 말로 가장 알맞은 것은?

① lady
② friend
③ cook
④ superhero
⑤ cafeteria worker

45 《Lunch Lady Begins》를 소개하는 내용의 글이다. 윗글의 내용과 다른 부분을 두 군데 고쳐 쓰시오.

> Lunch Lady is a superhero. She rides a super bike that can fly. She helps people around the world. She also makes 100 cookies per hour and gives them away to hungry children. Awesome!

(1) _____ → _____

(2) _____ → _____

47 윗글의 밑줄 친 ⓐ~ⓔ 중 가리키는 대상이 나머지와 다른 것은?

① ⓐ   ② ⓑ   ③ ⓒ

④ ⓓ   ⑤ ⓔ

48 윗글의 밑줄 친 (A)에 해당하는 사람들의 이름과 직업을 본문에서 찾아 쓰시오.

이름		
직업		

[46~48] 다음 글을 읽고, 물음에 답하시오.

> I showed my book to ⓐMs. Lee. She loved it, too. She also told me about ⓑher coworkers _____ had special talents. Ms. Park is another cafeteria worker. ⓒShe won a dancing contest. Mr. Kim, the janitor at our school, was once an adventurous park ranger.
>
> "I'd like to write superhero stories about them. Do ⓓyou think they'll like that?" I asked Ms. Lee.
>
> "Of course they will," ⓔshe said cheerfully. "Let's go and say hello to (A) our new superhero friends."

46 윗글의 빈칸에 들어갈 말로 알맞은 것을 모두 고르면?

① who   ② which
③ what   ④ whose
⑤ that

[49~50] 다음 글을 읽고, 물음에 답하시오.

> A few days ago, I met Hojin on my way home. (①) Today, he showed me his new graphic novel. (②) He told me that he modeled the main character on me. (③) I loved it. (④) Hojin said he wanted to write superhero stories about them. (⑤) I can't wait to read them.

49 윗글의 ①~⑤ 중 주어진 문장이 들어가기에 알맞은 곳은?

> I also told him about my coworkers who had special talents.

①   ②   ③   ④   ⑤

50 윗글의 밑줄 친 문장과 같은 뜻이 되도록 빈칸에 알맞은 말을 쓰시오.

> He showed me his new graphic novel.
> = He showed his new graphic novel _____ _____.

[51~52] 다음 글을 읽고, 물음에 답하시오.

> **Jisu:** My aunt is my role model. She is smart, strong, and adventurous. In her 30s, she traveled to 70 different countries. While she was traveling, she made friends from all over the world. I want to be someone who _____ just like her.
>
> **Sehun:** My grandfather is my role model. He is very funny and friendly. He always tells good jokes and gives good advice to others. 그가 말씀하시고 있는 동안, 모두가 귀 기울인다. I want to be someone who is always nice to others just like him.

51 윗글의 빈칸에 들어갈 말로 가장 알맞은 것은?

① has much money
② is good at writing
③ helps other people
④ travels to unknown places
⑤ is not afraid of trying new things

52 윗글의 밑줄 친 우리말을 괄호 안의 말을 이용하여 6단어로 영작하시오.

> 그가 말씀하시고 있는 동안, 모두가 귀 기울인다.
> (talk / listen)

→ _____

[53~55] 다음 글을 읽고, 물음에 답하시오.

> (A)
> Julia Child was a person who found her real _____ in her 30s. At age 36, she moved to Paris with her husband. She attended a famous cooking school there. While she was studying, she decided to write a cookbook. That book became a big hit.
>
> (B)
> Anna Mary Robertson Moses was a person who found her _____ in her 70s. At the age of 78, she began painting. People called her Grandma Moses. <u>She drew paintings of farm life in America and become very famous.</u>

53 윗글의 빈칸에 공통으로 들어갈 말로 가장 알맞은 것은?

① job   ② personality
③ talent   ④ hobby
⑤ character

54 윗글의 밑줄 친 문장에서 어법상 틀린 부분을 바르게 고쳐 쓰시오.

_____ → _____

55 윗글의 내용과 일치하지 않는 것은?

① 뒤늦게 능력을 꽃피운 인물들에 대한 글이다.
② Julia는 혼자 파리에 거주했다.
③ Julia의 요리책은 인기를 얻었다.
④ Anna는 모세 할머니라고 불렸다.
⑤ Anna의 그림은 미국 농장 생활에 대한 것이었다.

01 다음 〈보기〉와 짝지어진 단어의 관계가 다른 것은?

┌─ 보기 ─────────────────┐
│ danger – dangerous │
└────────────────────────┘

① fun – funny
② safety – safe
③ surprise – surprising
④ cheerful – cheerfully
⑤ adventure – adventurous

02 다음 우리말에 맞도록 빈칸에 알맞은 말이 순서대로 짝지어 진 것은?

┌────────────────────────────────────┐
│ • She _____ people from danger │
│   around the world. (그녀는 전 세계의 위험에 │
│   빠진 사람들을 구했다.) │
│ • I _____ him on one of the cartoon │
│   characters. (나는 만화 캐릭터 중의 하나를 본 │
│   떠서 그를 만들었다.) │
└────────────────────────────────────┘

① won – made
② saved – modeled
③ expected – invented
④ discovered – created
⑤ protected – practiced

03 다음 두 문장의 빈칸에 공통으로 알맞은 말을 쓰시오.

┌────────────────────────────────────┐
│ • The movie star has to _____ a │
│   speech at the university. │
│ • I didn't think that he would _____ │
│   away his food. │
└────────────────────────────────────┘

다음 중 짝지어진 대화가 어색한 것은?

① A: What are you doing?
   B: I'm making pizza for dinner.
② A: The boy missed the bus.
   B: I'm sure he's going to be late for school.
③ A: What are you good at?
   B: I'm good at playing the guitar.
④ A: You're really good at cooking!
   B: Thanks.
⑤ A: Why don't you join our drama club?
   B: I'd like to, but I think I'm good at acting.

05 다음 대화의 빈칸에 들어갈 말로 가장 알맞은 것은?

┌────────────────────────────────────┐
│ A: I have to give a speech in English. I'm so │
│   nervous. │
│ B: Don't worry. Practice your speech in │
│   front of your family. _____ │
│ A: Thank you. I'll try. │
└────────────────────────────────────┘

① I can speak English well.
② I'm sure you'll do a good job.
③ You are good at speaking English.
④ I think that giving a speech is important.
⑤ You have to tell a story to people in English.

06 다음 (A)~(D)를 자연스러운 대화가 되도록 바르게 배열한 것은?

┌────────────────────────────────────┐
│ (A) I'm making a smart phone case out of │
│   my old jeans. │
│ (B) Wow! You're good at recycling old │
│   clothes. │
│ (C) What are you doing, Nami? │
│ (D) Thanks. I like recycling. It's fun, and │
│   it's also good for our Earth. │
└────────────────────────────────────┘

① (A) – (C) – (B) – (D)
② (B) – (D) – (C) – (A)
③ (B) – (A) – (C) – (D)
④ (C) – (A) – (B) – (D)
⑤ (C) – (B) – (A) – (D)

[07~08] 다음 대화를 읽고, 물음에 답하시오.

Yuri: What are you doing, Jaden?

Jaden: I'm drawing cartoons.

Yuri: Really? Can I take a look at them?

Jaden: No, not yet.

Yuri: Why not? You can show me a few, can't you?

Jaden: Well, I guess so.

Yuri: Ha, ha, ha! Awesome! I like your cartoons. You're really good at drawing.

Jaden: Do you think so? I want to be a cartoonist, but I don't think my drawing skills are good enough.

Yuri: Your cartoons are really funny, and you have unique characters. I'm sure you'll be a great cartoonist.

Jaden: Thank you, Yuri. You just made my day.

07 위 대화의 내용을 바탕으로 할 때, 다음 질문에 대한 답이 될 수 있는 것을 모두 고르면?

> **Q.** What does Yuri think about Jaden's cartoons?

① They are funny.

② They have great stories.

③ The characters are unique.

④ They show many characters.

⑤ The drawing skills are not good enough.

08 위 대화의 내용을 다음과 같이 요약할 때 빈칸 ⓐ와 ⓑ에 들어갈 말을 본문에서 찾아 쓰시오.

> Yuri sees Jaden's cartoons and thinks that he is ___ⓐ___ at drawing. She's ___ⓑ___ that he'll be a great cartoonist.

ⓐ _____

ⓑ _____

중요
09 다음 중 빈칸에 which를 쓸 수 없는 것은?

① This is a book _____ is about science.

② A rabbit is an animal _____ has long ears.

③ I have a daughter _____ plays the violin well.

④ She bought a bag _____ was made in France.

⑤ The scientist made a robot _____ can clean the house.

10 다음 빈칸에 알맞은 것을 〈보기〉에서 골라 기호를 쓰시오.

┌─ 보기 ─
ⓐ after I graduated from college
ⓑ before I had dinner
ⓒ after I brush my teeth
ⓓ while I was doing the dishes
└─

(1) The doorbell rang _____.

(2) I always go to bed _____.

(3) I worked at the law firm _____.

(4) I washed my hands _____.

11 다음 중 밑줄 친 부분이 어법상 틀린 것은?

① This is a movie which is about Mars.

② He has a friend who like cats so much.

③ There lived a lady that had a magic stick.

④ I would like to invent the car that can fly.

⑤ There are girls who are dancing on the stage.

12 다음 우리말에 맞도록 괄호 안의 말을 이용하여 빈칸에 알맞은 말을 쓰시오.

(1) 그는 음악을 들으면서 잠이 든다. (listen)

→ _____ _____ _____

_____ to music, he falls asleep.

(2) 나는 친구들과 축구를 한 후에 도서관에 갔다. (play)

→ I went to the library _____

_____ _____ _____

with my friends.

13 다음 빈칸에 공통으로 들어갈 말로 알맞은 것은?

- The dog _____ is playing with a ball is cute.
- I know many books _____ are very interesting.
- The girl _____ is wearing red dress is my cousin.

① who ② what
③ which ④ that
⑤ this

14 다음 문장에서 어법상 틀린 부분을 바르게 고치시오.

I'll show it to him after he will come back.

_____ → _____

15 다음 두 문장을 관계대명사를 이용하여 한 문장으로 쓰시오.

- Do you know the woman?
- She has brown eyes.

→ _____

[16~17] 다음 글을 읽고, 물음에 답하시오.

My name is Hojin, and I like to make graphic novels. While I was walking home from school last week, I saw a woman on a scooter. She looked really cool, and her scooter was very unique.

(A) "Yes, but do I know you?" I asked.

(B) "Are you going home, Hojin?" she said to me suddenly.

(C) "Of course," she answered. "I see you at the school cafeteria every day."

Surprisingly, she was one of the cafeteria workers at school.

"Amazing! She looks so different outside the school," I thought. "I should write a graphic novel about her."

16 윗글의 (A)~(C)를 자연스러운 글이 되도록 바르게 배열한 것은?

① (A) - (C) - (B) ② (B) - (A) - (C)
③ (B) - (C) - (A) ④ (C) - (A) - (B)
⑤ (C) - (B) - (A)

고난도
17 윗글을 읽고 답할 수 없는 질문은?

① What does Hojin like?
② Who did Hojin see on his way home?
③ Does the woman know Hojin?
④ What does the woman do?
⑤ What did Hojin think of his novel?

[18~19] 다음 글을 읽고, 물음에 답하시오.

After I got home, I began to write a new graphic novel, *Lunch Lady Begins*. In it, Lunch Lady is a superhero. She rides a super scooter that can fly. She saves people _____ⓐ_____ danger around the world. She also makes 100 cookies per second and gives them _____ⓑ_____ to hungry children.

A few days later, I showed my graphic novel to my friends.

"Awesome! I love this superhero. She's so cool," said all my friends.

"Guess what? I modeled her _____ⓒ_____ Ms. Lee, one of our cafeteria workers," I told them.

18 윗글의 빈칸 ⓐ, ⓑ, ⓒ에 들어갈 말이 순서대로 짝지어진 것은?

	ⓐ		ⓑ		ⓒ
① for	·····	with	·····	in
② from	·····	away	·····	on
③ for	·····	away	·····	in
④ from	·····	for	·····	on
⑤ from	·····	with	·····	to

19 윗글의 밑줄 친 부분의 이유를 본문에서 찾아 우리말로 쓰시오.

→ _____

_____

_____

[20~21] 다음 글을 읽고, 물음에 답하시오.

I showed my book to Ms. Lee. She loved it, too. She also told me about her coworkers (A) who / which had special talents. Ms. Park, another cafeteria worker, won a dancing contest. Mr. Kim, the janitor at our school, (B) was / were once an adventurous park ranger.

"I'd like to write superhero stories about them. Do you think they'll like that?" I asked Ms. Lee.

"Of course they will," she said (C) cheerful / cheerfully. "Let's go and say hello to our new superhero friends."

20 다음 영어 설명에 해당하는 단어를 본문에서 찾아 쓰시오.

a person who you works with in the same place

→ _____

21 윗글의 (A), (B), (C) 각 네모 안에서 어법에 맞는 표현으로 가장 알맞은 것은?

	(A)		(B)		(C)
① who	·····	was	·····	cheerful
② who	·····	were	·····	cheerful
③ who	·····	was	·····	cheerfully
④ which	·····	was	·····	cheerful
⑤ which	·····	were	·····	cheerfully

22 다음 글의 밑줄 친 ①~⑤가 가리키는 것이 <u>잘못된</u> 것은?

> A few days ago, I met Hojin on my way home. Today, he showed me his new graphic novel. He told me that ①he modeled the main character on me. I loved ②it. I also told ③him about my coworkers who had special talents. Hojin said he wanted to write superhero stories about ④them. I can't wait to read ⑤them.

① he – Hojin
② it – his new graphic novel
③ him – the main character
④ them – my coworkers
⑤ them – superhero stories

23 다음은 Lunch Lady에 대한 소설을 쓰기 전에 작성한 이야기 지도이다. 일이 일어난 순서대로 ⓐ~ⓓ를 바르게 나열한 것은?

> Setting: on the street after school
> Characters: Lunch Lady, hungry children
>
> ⓐ She stops time and makes a lot of food for the hungry children.
> ⓑ She sees some hungry children who are crying on the street.
> ⓒ The children eat the food and become happy.
> ⓓ Lunch Lady is going back home from school on her scooter.

① ⓑ – ⓐ – ⓒ – ⓓ
② ⓒ – ⓐ – ⓒ – ⓑ
③ ⓒ – ⓓ – ⓑ – ⓐ
④ ⓓ – ⓐ – ⓑ – ⓒ
⑤ ⓓ – ⓑ – ⓐ – ⓒ

24 Rebecca에 대한 설명으로 다음 글의 내용과 일치하지 <u>않는</u> 것은?

> My aunt Rebecca is my role model. She is smart, strong, and adventurous. In her 30s, she traveled to 70 different countries. While she was traveling, she made friends from all over the world. I want to be someone who is not afraid of trying new things just like her.

① 글쓴이의 롤모델이다.
② 모험심이 강한 성격이다.
③ 70대에 30개국을 여행했다.
④ 세계 여러 나라에서 친구를 사귀었다.
⑤ 새로운 것에 대한 도전을 두려워하지 않는다.

25 다음 글 (A)와 (B)에 등장하는 두 사람의 직업이 무엇인지 각각 영어로 쓰시오.

> (A)
> Julia Child was a person who found her real talent in her 30s. At age 36, she moved to Paris with her husband. She attended a famous cooking school there. While she was studying, she decided to write a cookbook. That book became a big hit.

> (B)
> Anna Mary Robertson Moses was a person who found her talent in her 70s. At the age of 78, she began painting. People called her Grandma Moses. She drew paintings of farm life in America and became very famous.

(1) Julia Child → _____

(2) Anna Mary Robertson Moses

→ _____

A 다음 빈칸에 괄호 안의 단어를 알맞은 형태로 바꿔 쓰시오.

❶ It is _____ that a little girl speaks five languages. (amaze)

❷ He is an _____ cook who always tries new recipes. (adventure)

❸ The children were _____ very nervous. (sudden)

B 다음 문장의 밑줄 친 부분을 어법상 알맞은 형태로 고쳐 쓰시오.

❶ A person that drink a lot of water is healthy.　→ _____

❷ There are a man and a dog which are walking on the street.　→ _____

❸ While talked on the phone, she heard strange sounds from somewhere.　→ _____

C 다음 두 문장이 같은 뜻이 되도록 빈칸에 알맞은 말을 쓰시오.

❶ He is good at playing basketball.

= He _____ _____ _____ very well.

❷ I want to be your class president.

= I _____ _____ _____ be your class president.

D 다음 두 문장을 관계대명사 who/which를 이용하여 한 문장으로 쓰시오.

❶ Angela has a cat. + It has black and white hair.

→ _____

❷ The man is my father. + He is wearing a straw hat.

→ _____

❸ I bought an expensive ring. + It was made of gold.

→ _____

A 다음 문장에서 어법상 **틀린** 부분을 한 군데 고쳐 문장을 다시 쓰시오.

① She rides a horse who can fly in the movie.

→ _____

② I showed my cartoons for my friends.

→ _____

③ Jimin is one of the cute boy in my school.

→ _____

B 다음 우리말에 맞도록 괄호 안의 말을 바르게 배열하시오. (한 단어를 추가할 것)

① 나는 재미있는 학교 활동을 계획하는 것을 잘한다. (I'm / good / planning)

→ _____ fun school activities.

② Ms. Lee는 그에게 특별한 재능을 가진 그녀의 동료들에 대해서 말했다. (special / coworkers / have / her / talents)

→ Ms. Lee told him about _____.

③ 나는 네가 잘할 거라고 확신해. (you'll / I'm / a / sure / good job)

→ _____

C 다음 (A)와 (B)에서 하나씩 골라 문장을 완성하시오.

(A)	(B)
• you arrive at the station	• he got enough sleep
• the concert was over	• call me, please
• Harry was staying at a hotel	• we left the hall quickly

① While _____, _____.

② After _____, _____.

③ Before _____, _____.

서술형 평가 Advanced

★ 바른답·알찬풀이 p. 10

A 다음 친구들이 잘하는 것을 나타낸 그림을 보고, 아래 〈보기〉에서 알맞은 표현을 골라 질문에 알맞은 대답을 쓰시오.

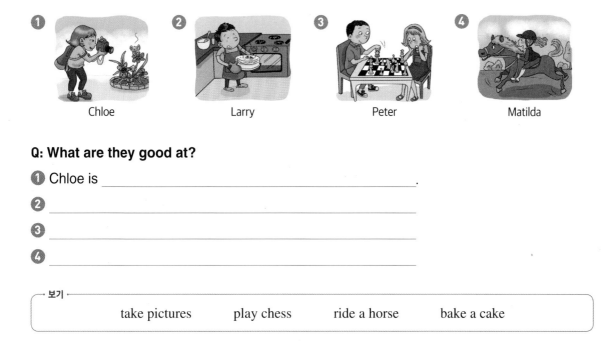

Chloe   Larry   Peter   Matilda

Q: What are they good at?

❶ Chloe is _____.

❷ _____

❸ _____

❹ _____

┌ 보기 ┐
take pictures   play chess   ride a horse   bake a cake
└──────┘

B 다음은 《Lunch Lady Begins》의 내용을 상상하여 소설로 꾸미기 위한 이야기 지도이다. 등장인물, 배경, 사건을 토대로 글을 완성하시오.

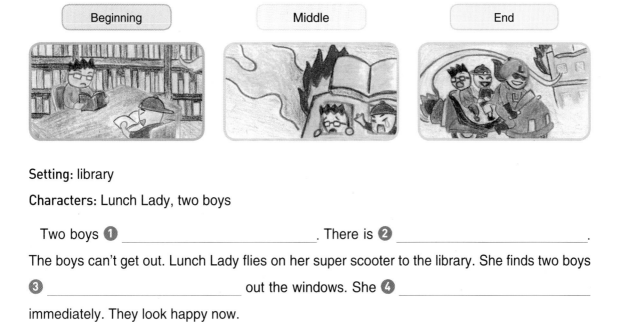

Beginning   Middle   End

Setting: library

Characters: Lunch Lady, two boys

Two boys ❶ _____. There is ❷ _____.

The boys can't get out. Lunch Lady flies on her super scooter to the library. She finds two boys

❸ _____ out the windows. She ❹ _____

immediately. They look happy now.

≫ 다음 우리말을 영어로 옮기시오.

01 내 이름은 호진이고, 나는 만화 소설 쓰는 것을 좋아한다.

→ _____

02 나는 지난주에 학교에서 집으로 걸어가는 중에, 스쿠터에 탄 한 여자를 봤다.

→ _____

03 그녀는 정말 멋져 보였고, 그녀의 스쿠터는 정말 독특했다.

→ _____

04 "집에 가는 거니, 호진아?" 갑자기 그녀가 나에게 말했다.

→ _____

05 "네, 그런데 저를 아시나요?" 나는 물었다.

→ _____

06 "당연하지." 그녀는 대답했다. "나는 매일 학교 식당에서 너를 본단다."

→ _____

07 놀랍게도, 그녀는 학교 식당 직원들 중 한 분이었다.

→ _____

08 '굉장하다! 그녀가 학교 밖에서는 정말 달라 보이시네.'라고 나는 생각했다.

→ _____

09 '그녀에 대한 만화 소설을 써야겠다.'

→ _____

10 집에 도착한 후에, 나는 《런치 레이디 탄생하다》라는 새로운 만화 소설을 쓰기 시작했다.

→ _____

11 그것에서, 런치 레이디는 슈퍼히어로다.

→ _____

12 그녀는 날 수 있는 슈퍼 스쿠터를 탄다.

→ _____

13 그녀는 전 세계의 위험에 빠진 사람들을 구한다.

→ _____

14 그녀는 또한 1초에 100개의 쿠키를 만들고 그것들을 배고픈 어린이들에게 나눠 준다.

→ _____

15 며칠이 지나서, 나는 내 만화 소설을 내 친구들에게 보여 주었다.

→ _____

16 "굉장해! 나는 이 슈퍼히어로가 마음에 들어. 그녀는 정말 멋져." 내 모든 친구들이 말했다.

→ _____

17 "그게 있지? 나는 우리 학교 식당 직원들 중 한 분인 이 조리사님을 본떠서 그녀를 만든 거야." 나는 친구들에게 말했다.

→ _____

18 나는 내 책을 이 조리사님께 보여 드렸다.

→ _____

19 그녀도 그것을 좋아했다.

→ _____

20 그녀는 또한 내게 특별한 재능을 가진 그녀의 동료들에 대해서 말했다.

→ _____

21 또 다른 학교 식당 직원인 박 조리사님은 춤 경연 대회에서 우승했다.

→ _____

22 우리 학교 관리인인 김 선생님은 한때 모험심 있는 공원 관리인이었다.

→ _____

23 "저는 그분들에 관한 슈퍼히어로 이야기를 쓰고 싶어요. 그분들이 그것을 좋아할 거라고 생각하세요?" 나는 이 조리사님께 물었다.

→ _____

24 "물론 그들은 좋아할 거야." 그녀는 쾌활하게 말했다.

→ _____

25 "가서 우리의 새로운 슈퍼히어로 친구들에게 인사를 하자."

→ _____

단원 마무리 노트

○ 1단원에서 배운 내용을 정리한 노트를 완성해 봅시다.

Vocabulary

> 집에 도착한 후에, 나는 《런치 레이디 탄생하다》라는 새로운 만화 소설을 쓰기 시작했다.

→ After I got home, I began to write a new ❶_____ _____, *Lunch Lady Begins*.

> 그녀는 내게 특별한 재능을 가진 그녀의 동료들에 대해서 말했다.

→ She told me about her ❷_____ who had special talents.

> 그녀는 1초에 100개의 쿠키를 만들고 그것들을 배고픈 어린이들에게 나눠 준다.

→ She makes 100 cookies per second and ❸_____ them _____ to hungry children.

Expressions

> I'm good at jumping rope. 나는 줄넘기를 잘해.

→ 자신이 잘하는 것에 대한 능력을 나타낼 때는 ❹_____(으)로 표현한다. 전치사 at 뒤에는 (동)명사가 온다.

> I'm sure it's going to rain soon. 나는 곧 비가 올 거라고 확신해.

→ 어떤 상황에 대해 자신의 확신을 나타낼 때는 ❺_____(으)로 표현한다. 접속사 that은 생략할 수 있으며, 뒤에 주어와 동사가 이어진다.

Grammar

주격 관계대명사

관계대명사가 있는 절은 앞에 나온 명사(선행사)를 수식하며, 절 안의 관계대명사가 주어 역할을 할 때 주격 관계대명사라고 한다. 선행사가 사람이면 who, 사물이나 동물이면 which를 쓰고, ❻_____(은)는 사람, 사물, 동물에 모두 쓰인다.

접속사 while, after

접속사 뒤에는 ❼_____가(이) 이어진다. while은 '~하는 동안에'라는 뜻이고, after는 '~한 후에'라는 뜻이다.

정답 ❶ graphic novel ❷ coworkers ❸ gives, away ❹ I'm good at ~ ❺ I'm sure (that) ~ ❻ that ❼ 주어+동사

44 LESSON 1

Where Do People Live?

Listen & Speak

• 의향 묻고 답하기
   A: What kind of house do you want to live in?
   B: I want to live in a cave house.
• 위치 묻고 답하기
   A: Where can I find men's hats?
   B: You can find them on the first floor.

Read

• 세계의 다양한 지붕들

Language Use

• People **have built** wooden houses for a long time.
• **Each** house **is** big enough for a whole village.

Vocabulary

다음 어휘의 뜻을 알아봅시다.

▶ Words

명사

- **century**[séntʃəri] 100년, 세기
- **collector**[kəléktər] 징수원, 수집가
  + collect 수집하다, 모으다
- **dining room** 식당
- **doughnut**[dóunət] 도넛 ≒ donut
- **enemy**[énəmi] 적, 적군, 원수
- **floor**[flɔːr] 층, 바닥
- **forest**[fɔ́ːrist] 숲
- **gate**[geit] 정문, 입구
- **goat**[gout] 염소
- **grass**[græs] 잔디, 풀
- **guesthouse**[gesthaus] 게스트 하우스, 여행자를 위한 소규모 숙소
- **harmony**[háːrməni] 조화
- **mall**[mɔːl] 쇼핑몰 ≒ shopping mall
- **meal**[miːl] 식사
- **nature**[néitʃər] 자연
- **plant**[plænt] 식물
- **restroom**[réstruːm] (극장 · 호텔 · 백화점 등의) 화장실
- **roof**[ruːf] 지붕, 옥상, 꼭대기
- **storage**[stɔ́ːridʒ] 저장, 보관, 창고 + store 저장하다
- **story**[stɔ́ːri] (건물의) 층
- **tax**[tæks] 세금
- **thousand**[θáuzənd] 천(1,000)
- **view**[vjuː] 전망, 시야

- **village**[vílidʒ] 마을, 촌락, 마을 사람

형용사/부사

- **cone-shaped** 원뿔 모양의 + cone 원뿔, 뿔체
- **easily**[íːzəli] 쉽게 + easy 쉬운
- **enough**[inʌ́f] 충분히; 휑 충분한
- **essential**[isénʃəl] 필수의, 가장 중요한
  + essence 본질, 핵심
- **lovely**[lʌ́vli] 사랑스러운
- **quickly**[kwíkli] 빨리 + quick 빠른
- **round**[raund] 둥근, 원형의; 휑 원
- **southern**[sʌ́ðərn] 남쪽의, 남부의 + south 남쪽
- **unique**[juːníːk] 독특한
- **whole**[houl] 전부의, 전체의; 휑 전체, 전부
- **wooden**[wúdn] 나무로 된

동사

- **avoid**[əvɔ́id] 피하다, 방지하다
- **build**[bild] 세우다, 짓다 (build – built – built)
- **cover**[kʌ́vər] 덮다, 씌우다
- **find**[faind] 발견하다, 찾아내다 (find – found – found)
- **grow**[grou] 자라다 (grow – grew – grown)
- **pay**[pei] 지불하다 (pay – paid – paid)
- **protect**[prətékt] 보호하다, 지키다, 막다

전치사

- **without**[wiðáut] ~ 없이, ~을 가지지 않고

▶ Phrases

- **cover ~ with** … ~을 …으로 덮다
- **for a long time** 오랫동안
- **give it a try** 시도해 보다
- **in harmony with** ~와 조화를 이루어
- **look like** ~처럼 보이다

- **next to** ~의 옆에
- **pile up** 쌓아 올리다
- **protect ~ from** … ~을 …으로부터 보호하다
- **take down** 헐어 버리다, 무너뜨리다

A 다음 단어의 우리말 뜻을 쓰시오.

01 avoid

02 wooden

03 lovely

04 floor

05 pay

06 essential

07 quickly

08 view

09 doughnut

10 restroom

11 century

12 southern

13 protect

14 dining room

15 storage

16 collector

17 enemy

18 village

19 next to

20 give it a try

B 다음 우리말에 알맞은 단어를 쓰시오.

01 정문, 입구

02 잔디, 풀

03 자연

04 세우다, 짓다

05 식물

06 ~ 없이

07 전부의, 전체의

08 세금

09 염소

10 천(1,000)

11 쉽게

12 숲

13 원뿔, 뿔체

14 지붕, 옥상, 꼭대기

15 덮다, 씌우다

16 독특한

17 층

18 조화

19 쌓아 올리다

20 헐어 버리다, 무너뜨리다

Vocabulary 주제별로 배우는 교과서 단어

Words 집중 탐구

 명사 + -ly → 형용사 •

- love (사랑) + ly → lovely (사랑스러운)
- coward (겁쟁이) + ly → cowardly (겁 많은)
- cost (가격) + ly → costly (값비싼)
- friend (친구) + ly → friendly (친절한)
- man (남자) + ly → manly (남자다운)
- week (일주일) + ly → weekly (매주의)

형용사 + -ly → 부사 •

- easy (쉬운) + ly → easily (쉽게)
- quick (빠른) + ly → quickly (빨리)
- kind (친절한) + ly → kindly (친절하게)
- safe (안전한) + ly → safely (안전하게)
- real (진짜의) + ly → really (정말로)
- sudden (갑작스러운) + ly → suddenly (갑자기)

Phrases 집중 탐구

- pile up: 쌓아 올리다

  The work is **piling up** on my desk. (책상 위에 일거리가 쌓이고 있다.)

- take down: 헐어 버리다, 무너뜨리다

  We need to **take down** this old wall. (우리는 이 오래된 벽을 허물어야 한다.)

- cover ~ with …: ~을 …으로 덮다

  Mom **covered** the table **with** a white cloth. (엄마는 그 탁자를 흰색 천으로 덮었다.)

- look like: ~처럼 보이다

  You **look like** a princess in the dress. (그 드레스를 입으니 공주님 같구나.)

- protect ~ from …: ~을 …으로부터 보호하다

  Sunglasses **protect** people's eyes **from** the sunlight. (선글라스는 햇빛으로부터 사람들의 눈을 보호해 준다.)

★ 바른답·알찬풀이 p. 11

Pop Quiz ←

1 다음 짝지어진 단어의 관계가 같도록 빈칸에 알맞은 말을 쓰시오.

wood : wooden = friend : _____

2 다음 괄호 안에서 알맞은 것을 고르시오.

(1) I covered a box (with / from) leaves to hide it.

(2) The camera will help protect people (to / from) the car accidents.

3 다음 영영풀이에 해당하는 단어를 쓰시오.

(1) _____ : someone who attacks or tries to harm another

(2) _____ : to keep away from something or someone

★ 바른답·알찬풀이 **p. 11**

A 다음 우리말에 맞도록 빈칸에 알맞은 말을 쓰시오.

(1) 일주일에 한 번 그 식물에 물을 줘야 한다.
→ You should water the _____ once a week.

(2) 이 요금에는 세금과 모든 봉사료가 포함되어 있다.
→ This rate includes _____ and all service charges.

(3) 그곳의 지진은 100년 만에 최악이었다.
→ The earthquake there is the worst in a _____.

(4) 호주는 지구의 남쪽 부분에 있다.
→ Australia is in the _____ part of the Earth.

W·O·R·D·S
☐ **once a week** 일주일에 한 번
☐ **rate** 몡 요금
☐ **include** 됨 포함하다
☐ **charge** 몡 비용
☐ **earthquake** 몡 지진

B 다음 빈칸에 알맞은 말을 〈보기〉에서 골라 쓰시오.

┌─ 보기 ─────────────────────────┐
│　　to　　up　　down　　without　│
└──────────────────────────────┘

(1) All living things cannot live _____ oxygen.

(2) The snow piled _____ about ten centimeters deep.

(3) There is a baby bear next _____ the river.

(4) The city decided to take _____ the old bridge.

☐ **living** 몡 살아 있는
☐ **oxygen** 몡 산소
☐ **decide** 됨 결정하다

C 다음 밑줄 친 부분에 해당하는 곳은 어디인가?

┌──┐
│ We can keep many different things such as food, clothes, furniture here. │
└──┘

① roof　　　　　② kitchen　　　　　③ restroom
④ storage　　　　⑤ dining room

☐ **different** 몡 다양한
☐ **such as** ~ 같은
☐ **furniture** 몡 가구

D 다음 영영풀이에 해당하는 단어로 가장 알맞은 것은?

┌──────────────────────────────────────┐
│ very important and necessary   │
└──────────────────────────────────────┘

① whole　　　　　② unique　　　　　③ essential
④ enough　　　　⑤ sudden

☐ **necessary** 몡 없어서는 안 될, 필수의

Expressions 교과서

1 의향 묻고 답하기

원하는 것이 무엇인지 상대방의 의향을 물을 때는 〈What kind of+명사+do you want to ~?〉를 사용하며, '너는 어떤 종류의 (명사)를 ~하고 싶니?'라는 의미를 나타낸다. 이에 대한 대답은 I want to ~.로 하는데, want를 would like로 바꿔 쓸 수 있다. 그밖에 원하는 것을 묻는 표현으로는 Do you want to ~? / Would you like to ~? / What do you want to do? / What would you like to do? 등이 있다.

A: What kind of house do you want to live in?
B: I want to live in a cave house.

중요표현 더하기

- What kind of sports do you like?
  너는 어떤 종류의 스포츠를 좋아하니?
- Would you like to eat something?
  너는 뭔가 먹고 싶니?
- I want to go fishing.
  나는 낚시하러 가고 싶어.
- I'd like to travel around the world.
  나는 세계 일주 여행을 하고 싶어.

★ 바른답·알찬풀이 p. 11

Pop Quiz

1 다음 빈칸에 공통으로 들어갈 알맞은 말을 쓰시오.

A: What kind of music do you _____ _____ listen to?
B: I _____ _____ listen to K-pop.

2 위치 묻고 답하기

특정한 장소의 위치를 물을 때는 Where can I find ~?를 사용하며, '~가 어디에 있나요?'라는 의미를 나타낸다. 이에 대한 대답은 〈You can find ~ 위치를 나타내는 말.〉로 하는데, 특히 건물의 층으로 위치를 말할 때는 〈on the+서수+floor〉로 쓴다.
- 위치를 나타내는 말: next to(~의 옆에), in front of(~의 앞에), behind(~의 뒤에), across from(~의 건너편에), between A and B(A와 B 사이에)

A: Excuse me, where can I find men's hats?
B: You can find them on the first floor. They're next to the elevator.
A: Thank you.

중요표현 더하기

- Where can I find backpacks?
  배낭이 어디에 있나요?
- Where is the customer center?
  고객 센터가 어디에 있나요?
- Is there a drugstore in this mall?
  이 쇼핑몰에 약국이 있나요?
- You can find them on the fifth floor.
  5층에 있어요.
- It's on the first floor, across from the main gate.
  그것은 1층, 정문 건너편에 있어요.

★ 바른답·알찬풀이 p. 11

Pop Quiz

2 다음 대화에서 밑줄 친 부분을 바르게 고치시오.

A: Where can I find toys?
B: You can find them in the three floors.

A 다음 괄호 안에서 알맞은 것을 고르시오.

(1) **A:** Where can I find books?
   B: You can find them on the (two / second) floor.

(2) **A:** What kind of (pet / robot) do you want to have?
   B: I want to have a cat.

W·O·R·D·S

☐ **what kind of** 어떤 종
류의

B 다음 괄호 안에 주어진 말을 배열하여 문장을 완성하시오.

(1) (I / can / where / the nearest / find / subway station)?
   → _____

(2) (would / what / you / kind of / food / like)?
   → _____

(3) (a Chinese restaurant / there / the fifth / is / on / floor).
   → _____

☐ **nearest** 형 가장 가까운

C 다음 (A)~(C)를 자연스러운 대화가 되도록 바르게 배열한 것은?

(A) You can find them on the second floor, next to the elevator.
(B) Thank you.
(C) Excuse me, where can I find women's jeans?
B: You're welcome.

① (A) – (C) – (B) ② (B) – (A) – (C) ③ (B) – (C) – (A)
④ (C) – (A) – (B) ⑤ (C) – (B) – (A)

☐ **elevator** 명 승강기

D 다음 대화의 빈칸에 들어갈 말로 가장 알맞은 것은?

A: _____
B: I'd like a room with an ocean view.

① Where can I see an ocean view?
② What kind of room would you like?
③ Where can I find some tour information?
④ Do you have a room with a garden view?
⑤ What kind of house do you want to live in?

☐ **ocean** 명 바다
☐ **view** 명 전망, 조망
☐ **tour information** 여행
안내소

교과서 대화문 표현 익히기

교과서 대화문의 해석을 확인해 봅시다.

Listen & Speak 1

1
B: Hey, look at this house in the picture. It looks like a big shoe!

G: Oh, it's very unique, but I don't want to live in a shoe.

B: What kind of house do you want to live in?

G: Well, I want to live in an airplane-shaped house.

2
M: Excuse me, is there a restaurant in this mall?

W: Yes. What kind of food would you like?

M: I'd like Chinese food.

W: There is a great Chinese restaurant on the fifth floor.

M: Thank you.

 표현 해설
- 〈What kind of+명사+do you want to ~?〉는 원하는 것이 무엇인지 상대방의 의향을 묻는 표현으로, I want to ~.로 답한다.
- Is there ~?(~이 있나요?)로 특정 장소가 있는지 확인하고 있다.
- There is ~.(~이 있다.)를 써서 그 장소의 위치를 알려주고 있다. on the fifth floor는 '5층에'라는 뜻이다.

Listen & Speak 2

1
W: Excuse me, where can I find women's shoes?

M: You can find them on the second floor. They're next to the elevator.

W: Thank you.

M: You're welcome.

2
W: Can I help you?

M: I'm looking for watches. Where can I find them?

W: They're on the third floor, next to the restroom.

M: Thank you.

 표현 해설
- Where can I find ~?는 '~가 어디에 있나요?'라는 뜻으로, 상품이 있는 위치를 묻고 있다.
- 〈on the+서수+floor〉를 써서 특정 장소가 있는 층의 위치를 말할 수 있다.

해석

1 B: 어, 그림 속 이 집을 봐. 큰 신발처럼 생겼어!
　G: 오, 그것은 매우 독특하지만, 나는 신발에서 살고 싶지 않아.
　B: 너는 어떤 종류의 집에서 살고 싶니?
　G: 음, 나는 비행기 모양의 집에서 살고 싶어.

2 M: 실례합니다, 이 쇼핑몰에 식당이 있나요?
　W: 네. 어떤 종류의 음식을 드실 건가요?
　M: 중국 음식을 원해요.
　W: 5층에 훌륭한 중국 식당이 있습니다.
　M: 감사합니다.

1 W: 실례합니다. 여성용 신발이 어디에 있나요?
　M: 2층에 있습니다. 승강기 옆에 있습니다.
　W: 감사합니다.
　M: 천만에요.

2 W: 도와 드릴까요?
　M: 저는 시계를 찾고 있어요. 그것들이 어디에 있나요?
　W: 3층, 화장실 옆에 있어요.
　M: 감사합니다.

Communicate

Woman: Welcome to Jeonju Hanok Guesthouse. May I help you?

Man: Yes, I'd like a room for two nights.

Woman: Well, what kind of room would you like?

Man: Do you have a room with a garden view? You have a lovely garden.

Woman: Yes, we do. Every room in our house has a garden view, but there are no beds in the rooms.

Man: Do I have to sleep on the floor?

Woman: Yes, you do.

Man: O.K. I'll give it a try. Where can I have breakfast?

Woman: You can have breakfast in the dining room, next to the kitchen.

Man: I see.

Woman: O.K. You're in the Nabi room. Here's your key.

Man: Thank you.

> **표현 해설**
> • want 대신에 would like를 써서 어떤 종류의 방을 원하는지 의향을 묻고 있다.
> • 위치를 설명할 때 next to ~(~의 옆에) 등의 장소를 나타내는 전치사를 써서 부가적으로 설명을 덧붙일 수 있다.
> • Here is[are] ~.는 '여기 ~ 있어요.'라는 뜻으로, 물건을 건네주면서 하는 말이다.

Progress Check

1 **B:** Hey, look at this unique house in the picture. It's upside down.

　　G: Oh, it looks interesting, but I think it's kind of strange.

　　B: What kind of house do you want to live in?

　　G: I like music, so I want to live in a piano-shaped house.

2 **W:** Excuse me, where can I find women's jeans?

　　M: You can find them on the second floor, next to the elevator.

　　W: Thank you.

　　M: You're welcome.

3 **M:** Excuse me, where can I find men's hats?

　　W: You can find them on the third floor.

해석

여자: 전주 한옥 게스트 하우스에 오신 것을 환영합니다. 도와 드릴까요?

남자: 네, 이틀 동안 묵을 방을 부탁합니다.

여자: 음, 어떤 종류의 방을 원하세요?

남자: 정원이 보이는 방이 있나요? 예쁜 정원을 갖고 계시네요.

여자: 네, 그렇습니다. 우리 숙소의 모든 방은 정원이 보이지만, 방에 침대는 없습니다.

남자: 바닥에서 자야 하나요?

여자: 네, 그렇습니다.

남자: 네. 한번 시도해 보죠. 아침은 어디서 먹을 수 있나요?

여자: 주방 옆에 있는 식당에서 아침을 드실 수 있어요.

남자: 알겠습니다.

여자: 네. 나비 방입니다. 여기 열쇠 받으세요.

남자: 감사합니다.

1 **B:** 어, 그림 속 이 독특한 집을 봐. 거꾸로야.

　　G: 오, 흥미로워 보이지만, 나는 좀 이상한 것 같아.

　　B: 너는 어떤 종류의 집에 살고 싶니?

　　G: 나는 음악을 좋아해서, 피아노 모양의 집에서 살고 싶어.

2 **W:** 실례합니다. 여성용 청바지가 어디에 있나요?

　　M: 2층. 승강기 옆에 있습니다.

　　W: 감사합니다.

　　M: 천만에요.

3 **M:** 실례합니다. 남성용 모자가 어디에 있나요?

　　W: 3층에 있습니다.

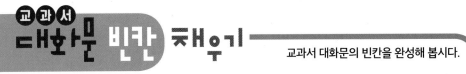
Listen & Speak 1

1 **B:** Hey, look at this house in the picture. It ❶＿＿＿＿＿ ＿＿＿＿＿ a big shoe!

G: Oh, it's very unique, but I don't want to ❷＿＿＿＿＿ ＿＿＿＿＿ a shoe.

B: ❸＿＿＿＿＿ ＿＿＿＿＿ ＿＿＿＿＿ house do you want to live in?

G: Well, I want to live in an airplane-shaped house.

2 **M:** Excuse me, ❹＿＿＿＿＿ ＿＿＿＿＿ a restaurant in this mall?

W: Yes. What kind of food would you like?

M: ❺＿＿＿＿＿ ＿＿＿＿＿ Chinese food.

W: There is a great Chinese restaurant on the ❻＿＿＿＿＿ ＿＿＿＿＿.

M: Thank you.

HINTS

❶ ~처럼 보이다

❷ ~에 살다

❸ 어떤 종류의

❹ ~이 있습니까

❺ 나는 ~을 원하다

❻ 5층

Listen & Speak 2

1 **W:** Excuse me, where can I find women's shoes?

M: You ❼＿＿＿＿＿ ＿＿＿＿＿ them on the second floor. They're ❽＿＿＿＿＿ ＿＿＿＿＿ the elevator.

W: Thank you.

M: You're welcome.

2 **W:** Can I help you?

M: I'm ❾＿＿＿＿＿ ＿＿＿＿＿ watches. Where can I find them?

W: They're ❿＿＿＿＿ ＿＿＿＿＿ ＿＿＿＿＿ ＿＿＿＿＿, next to the restroom.

M: Thank you.

❼ 찾을 수 있다

❽ ~의 옆에

❾ ~을 찾고 있다

❿ 3층에

Communicate

Woman: Welcome to Jeonju Hanok Guesthouse. May I help you?

Man: Yes, I'd like a room for two nights.

Woman: Well, ⑪ _____ _____ _____ _____ would you like?

Man: Do you have a room with a garden view? You have a ⑫ _____ _____.

Woman: Yes, we do. Every room in our house has a garden view, but there are no beds in the rooms.

Man: Do I ⑬ _____ _____ _____ on the floor?

Woman: Yes, you do.

Man: O.K. I'll ⑭ _____ _____ _____ _____. Where can I have breakfast?

Woman: You can have breakfast in the ⑮ _____ _____, next to the kitchen.

Man: I see.

Woman: O.K. You're in the Nabi room. ⑯ _____ your key.

Man: Thank you.

⑪ 어떤 종류의 방

⑫ 예쁜 정원

⑬ 자야 한다

⑭ 한번 시도해 보다

⑮ 식당

⑯ 여기 있어요

Progress Check

1 **B:** Hey, look at this unique house in the picture. It's ⑰ _____ _____.

G: Oh, it looks interesting, but I think it's ⑱ _____ _____ strange.

B: What kind of house do you want to live in?

G: I like music, ⑲ _____ I want to live in a piano-shaped house.

2 **W:** Excuse me, where can I find women's jeans?

M: You can find them on the second floor, ⑳ _____ _____ _____ _____.

W: Thank you.

M: You're welcome.

3 **M:** Excuse me, where can I find men's hats?

W: You can find them on the third floor.

⑰ 거꾸로

⑱ 다소, 약간

⑲ 그래서

⑳ 승강기 옆에

1 현재완료

> • People **have built** wooden houses for a long time.
> 사람들은 오랜 시간 동안 나무로 된 집을 지어왔다.
> • He **has lived** in this town since he was seven.
> 그는 일곱 살 이후로 이 마을에 살았다.
> • **Have** you ever **seen** a goat on the roof of a house?
> 집의 지붕 위에서 염소를 본 적이 있습니까?

(1) **형태와 쓰임**: 현재완료는 〈have[has]+과거분사〉의 형태로, 과거의 어느 시점에 시작된 동작이나 상태가 현재까지 계속되거나 영향을 미칠 때 쓴다.

(2) **현재완료의 4가지 용법**

용법	의미	함께 쓰이는 부사
경험	~한 적이 있다	ever, never, before, once, twice 등
계속	계속 ~해오고 있다	for, since 등
완료	막 ~했다	just, already, yet 등
결과	(과거에) ~해서 현재 …하다	

① 경험: I **have been** to New Zealand twice. 나는 뉴질랜드를 두 번 다녀왔다.
② 계속: I **have known** Junho for ten years. 나는 준호를 10년간 알고 지냈다.
③ 완료: I **have** just **finished** doing the dishes. 나는 설거지를 막 끝냈다.
④ 결과: He **has gone** to New York. 그는 뉴욕에 가서 지금 없다.

(3) **의문문과 부정문**: 의문문은 〈Have[Has]+주어+과거분사 ~?〉의 형태로, 현재완료의 부정문은 〈주어+haven't[hasn't]+과거분사 ~.〉의 형태로 쓴다.

Has he **seen** the movie before? 그는 전에 그 영화를 본 적이 있니?
- Yes, he has. / No, he hasn't. 응, 있어. / 아니, 없어.
My mom **hasn't eaten** the food since she was a child. 나의 엄마는 어렸을 때 이후로 그 음식을 먹지 않았나.

(4) 현재완료는 과거의 구체적인 시점을 나타내는 말(yesterday, last ~, ~ ago 등)이나 의문사 when과 함께 쓸 수 없다.
I have studied Chinese *last* year. (×)
→ I **studied** Chinese *last* year. (○) 나는 작년에 중국어를 공부했다.
When have you finished the work? (×)
→ *When* **did** you finish the work? (○) 너는 언제 그 일을 끝냈니?

★ 바른답·알찬풀이 p. 12

Pop Quiz ←

1 다음 빈칸에 괄호 안의 말을 알맞은 형태로 바꿔 쓰시오.

(1) The school bus _____ already _____ . (leave)

(2) I _____ _____ to Paris before. (be)

(3) My brother _____ _____ his watch. He doesn't have it now. (lose)

(4) They _____ _____ in this town for three years. (live)

2 다음 두 문장을 한 문장으로 바꿀 때 빈칸에 알맞은 말을 쓰시오.

• David started to play the guitar 2 years ago.
• He still plays the guitar.
→ David _____ _____ the guitar for 2 years.

2 each＋단수명사

• **Each** house **is** big enough for a whole village.　　각각의 집은 전체 마을이 들어갈 만큼 충분히 크다.
• **Each** person **has** different strengths.　　각 사람마다 다른 장점을 가지고 있다.

(1) 의미: each는 '각각의'라는 뜻으로, 한 집단의 모든 사람이나 사물을 개별적으로 지칭한다.

Each color **has** its own meaning. 각각의 색은 고유한 의미를 가지고 있다.

(2) 〈each＋단수명사〉는 단수 취급하므로, 주어로 쓰인 경우에 단수동사가 뒤따른다.

Each table in this room **is** round. 이 방에 있는 각각의 탁자는 둥글다.

Each student **has** a talent. 각 학생마다 하나의 재능은 가지고 있다.

cf. every는 '모든'이라는 뜻으로, 한 집단의 모든 사람이나 사물 전체를 지칭한다. each와 같이 〈every＋단수명사＋단수동사〉의 형태로 쓰인다.

Every *girl* **was** painting flowers. 모든 여자아이들이 꽃을 그리고 있었다.

★ 바른답·알찬풀이 p. 12

Pop Quiz ←

3 다음 문장에서 어법상 틀린 부분을 찾아 바르게 고치시오.

(1) Each story of the book are interesting.

(2) Every roofs in this town is orange and blue.

(3) Each children is riding a bike in the park.

01 다음 빈칸에 들어갈 말로 가장 알맞은 것은?

> Each room in the house _____ full of flowers.

① is   ② are   ③ were

④ has   ⑤ have

02 다음 우리말에 맞도록 빈칸에 알맞은 것은?

> 그는 작년부터 그 은행에서 일했다.
> → He _____ for the bank since last year.

① works   ② worked

③ was worked   ④ has worked

⑤ have worked

03 다음 괄호 안에서 알맞은 것을 고르시오.

(1) Each food (was / were) delicious.

(2) She (studied / has studied) Chinese for three years.

(3) Each apple in the basket (look / looks) fresh.

(4) My daughter (finished / has finished) the report yesterday.

04 다음 대화의 빈칸에 공통으로 들어갈 말을 쓰시오.

> A: Have you _____ to Bangkok?
> B: No, I haven't. How about you?
> A: I have _____ there.

05 다음 중 밑줄 친 부분의 쓰임이 나머지와 다른 하나는?

① I have visited the museum.

② He has seen the movie twice.

③ I have never played the drums.

④ My sister has lost her smartphone.

⑤ Have you ever read the book before?

06 다음 중 어법상 틀린 문장을 모두 고르면?

> a. Each table are round.
> b. Each table has food on it.
> c. Each woman has long hair.
> d. Each tables have flowers on it.
> e. Each man are wearing glasses.

① a   ② a, d   ③ b, c

④ d, e   ⑤ a, d, e

07 다음 우리말에 맞도록 빈칸에 들어갈 말을 〈보기〉에서 골라 알맞은 형태로 쓰시오.

> ┌ 보기 ─────────────────
>   see   arrive   go
> └──────────────────────

(1) 우리는 공항에 (막) 도착했다.

     → We _____ at the airport.

(2) 그들은 전에 그 사진을 본 적이 있다.

     → They _____ the picture before.

(3) 나는 지난밤에 친구와 영화를 보러 갔다.

     → I _____ to the movies with my friend last night.

08 다음 대화의 빈칸에 들어갈 말이 순서대로 짝지어진 것은?

> A: _____ she ever met the President?
> B: No, she _____.

① Has – has
② Has – hasn't
③ Have – have
④ Have – hasn't
⑤ Have – haven't

09 다음 문장에서 어법상 틀린 부분을 찾아 바르게 고쳐 쓰시오.

> Every students knows the answer to the question.

_____ → _____

10 다음 빈칸에 들어갈 말로 알맞지 않은 것은?

> Jessica has learned yoga _____.

① before
② since 2015
③ for a year
④ two years ago
⑤ since last month

11 다음 두 문장을 한 문장으로 바꿔 쓸 때 빈칸에 알맞은 말을 쓰시오.

> • We began to live in Jeju Island three years ago.
> • We still live in Jeju Island.

→ We _____ _____ in Jeju Island _____ _____.

12 다음 우리말을 영어로 바르게 옮긴 것은?

> 너는 고래를 본 적이 있니?

① Do you ever see a whale?
② Did you ever see a whale?
③ Have you ever saw a whale?
④ Have you ever seen a whale?
⑤ Would you like to see a whale?

13 다음 중 어법상 틀린 문장은?

① Each book was interesting.
② Each boy in the room is tall.
③ He has visited Paris last year.
④ She has gone to New Zealand.
⑤ I have never watched the musical.

14 다음 문장을 괄호 안의 지시대로 바꿔 쓰시오.

> He has eaten Indian food.

(1) (의문문으로)
   → _____

(2) (부정문으로)
   → _____

15 다음 괄호 안의 말을 배열하여 문장을 완성하시오. (한 단어를 고칠 것)

(1) (you / have / ever / to / be / Hawaii)?
   → _____

(2) (each / in / box / have / books / it).
   → _____

Roofs Around the World 교과서 37~39쪽

Grass Roofs

❶ Have you ever seen a goat on the roof of a house?
현재완료(경험)

❷ In Norway, we can see animals on roofs.
in+나라 이름

❸ Norway has large forests.

❹ In harmony with nature, people have built wooden houses for a long time.
~와 조화를 이루어 / 현재완료(계속) / 명사+en → 형용사 / 오랫동안

❺ To build strong and warm houses, they cover their roofs with grass.
to부정사의 부사적 용법(목적) / cover A with B: A를 B로 덮다

❻ The grass roofs protect them from the long cold winters and strong winds.
protect A from B: A를 B로부터 보호하다

❼ Sometimes, trees or plants grow out of the grass roofs, and some animals enjoy their meals there.
~ 밖으로 / the grass roofs를 가리킴

Cone-shaped Roofs

❽ A roof is an essential part of a house, but long ago some people built roofs only to take them down easily.
take down: 무너뜨리다
(목적어가 대명사이면 동사와 부사 사이에 위치)

❾ Centuries ago in southern Italy, people who had a house without a roof paid lower taxes.
주어 / 주격 관계대명사 / 동사 / low의 비교급 / 선행사 수식

해석

세계의 지붕들

잔디 지붕

❶ 집의 지붕 위에서 염소를 본 적이 있습니까?

❷ 노르웨이에서, 우리는 지붕 위에서 동물들을 볼 수 있다.

❸ 노르웨이에는 큰 숲들이 있다.

❹ 자연과 조화를 이루면서, 사람들은 오랜 시간 동안 나무로 된 집을 지어왔다.

❺ 튼튼하고 따뜻한 집을 짓기 위해, 그들은 지붕을 잔디로 덮는다.

❻ 잔디 지붕은 그들을 길고 추운 겨울과 강한 바람으로부터 보호한다.

❼ 때때로, 나무나 식물들이 잔디 지붕에서 자라나고, 몇몇 동물들은 그곳에서 식사를 즐긴다.

원뿔 모양의 지붕

❽ 지붕은 집의 필수적인 부분이지만, 오래전 어떤 사람들은 단지 지붕을 쉽게 부수기 위해서 지었다.

❾ 수백 년 전 남부 이탈리아에서는, 지붕이 없는 집을 가진 사람들이 더 적은 세금을 냈다.

Do It Yourself 다음 단어의 우리말은 영어로, 영어 단어는 우리말로 쓰시오.

01 세금 _____ 02 염소 _____ 03 나무로 된 _____ 04 ~ 없이 _____

05 century _____ 06 essential _____ 07 protect _____ 08 take down _____

⑩ To avoid high taxes on their houses, some people built cone-shaped
to부정사의 부사적 용법(목적)
roofs by piling up stones.
by+-ing: ~함으로써 / pile up: 쌓아 올리다

⑪ When tax collectors came to the town, people took their roofs down
~할 때(접속사)   동사+목적어+부사 (목적어가
quickly.   명사(구)이면 부사 뒤에도 위치 가능)

⑫ After the tax collectors left, they piled up the stones again.
~한 후에(접속사)   앞 문장의 people을 가리킴

Big Round Roofs

⑬ From the sky in a part of southern China, you can see round roofs
          주격 관계대명사   선행사 수식
that look like big doughnuts.

⑭ They are the roofs of the big round houses of the Hakka people.
round roofs를 가리킴

⑮ They have lived in houses like these for about a thousand years to
= the Hakka people   현재완료(계속)
= the Hakka people   ~같은   ~동안
protect themselves from enemies.
to부정사의 부사적 용법(목적)/protect A from B: A를 B로부터 보호하다

⑯ The houses have only one gate without any windows on the first floor.

⑰ Each house is big enough for a whole village.
each+단수명사+단수동사   형용사+enough: ~할 만큼 충분히 …한

⑱ It usually has four stories.
빈도부사는 일반동사 앞에 위치

⑲ It has kitchens on the first floor, storage rooms on the second floor,
              <on the+서수+floor>: ~층에
and living rooms and bedrooms on the third and fourth floors.

⑩ 집에 부과되는 높은 세금을 피하기 위
해서, 어떤 사람들은 돌을 쌓아 올림으
로써 원뿔 모양의 지붕을 지었다.

⑪ 세금 징수원들이 마을에 오면, 사람들
은 재빨리 지붕을 무너뜨렸다.

⑫ 세금 징수원들이 떠난 후에, 그들은 다
시 돌을 쌓아 올렸다.

크고 둥근 지붕

⑬ 중국 남부 일부 지역의 하늘에서 보면,
큰 도넛처럼 생긴 둥근 지붕들을 볼
수 있다.

⑭ 그것들은 하카 족의 크고 둥근 집의
지붕들이다.

⑮ 그들은 적들로부터 그들 자신을 보호
하기 위해 약 천 년 동안 이것들과 같
은 집에 살아왔다.

⑯ 그 집들은 1층에 창문이 없이 오직 하
나의 출입문만 있다.

⑰ 각각의 집은 전체 마을이 들어갈 만큼
충분히 크다.

⑱ 그것은 대개 4개의 층이 있다.

⑲ 그것은 1층에 부엌이, 2층에 창고가,
3층과 4층에 거실과 침실이 있다.

★ 바른답·알찬풀이 p. 13

| 09 정문 _____ | 10 둥근 _____ | 11 남쪽의 _____ | 12 쌓아 올리다 _____ |
| 13 whole _____ | 14 enemy _____ | 15 avoid _____ | 16 storage _____ |

A 다음 네모 안에서 알맞은 것을 고르시오.

01 Have you ever see / seen a goat on the roof of a house?

02 At / In Norway, we can see animals on roofs.

03 Norway has / have large forests.

04 In harmony with nature, people built / have built wooden houses for a long time.

05 To build strong and warm houses, they cover their roofs on / with grass.

06 The grass roofs protect them to / from the long cold winters and strong winds.

07 Sometimes, trees or plants grow out of the grass roofs, and some animal / animals enjoy their meals there.

08 A roof is a / an essential part of a house, but long ago some people built roofs only to take down them / take them down easily.

09 Centuries ago in southern Italy, people who / which had a house without a roof paid lower taxes.

10 To avoid high taxes on their houses, some people built cone-shaped roofs by piling / piled up stones.

11 When tax collectors came to the town, people took their roofs down quick / quickly .

12 After the tax collectors leave / left , they piled up the stones again.

13 From the sky in a part of southern China, you can see round roofs that look / look like big doughnuts.

14 They are the roofs of / in the big round houses of the Hakka people.

15 They have lived in houses like these for / during about a thousand years to protect themselves from enemies.

16 The houses have only one gate with / without any windows on the first floor.

17 Each house is / are big enough for a whole village.

18 It has usually / usually has four stories.

19 It has kitchens on the first floor, storage rooms on the second floor, and living rooms and bedrooms on the third and forth / fourth floors.

B 다음 우리말에 맞도록 문장을 완성하시오.

01 중국 남부 일부 지역의 하늘에서 보면, 큰 도넛처럼 생긴 둥근 지붕들을 볼 수 있다.

≫ From the sky in a part of southern China, you can see _____ _____ that look like big doughnuts.

02 수백 년 전 남부 이탈리아에서는, 지붕이 없는 집을 가진 사람들이 더 적은 세금을 냈다.

≫ Centuries ago in southern Italy, people who had a house without a roof _____ _____ _____.

03 집의 지붕 위에서 염소를 본 적이 있습니까?

≫ _____ you _____ _____ a goat on the roof of a house?

04 그들은 적들로부터 그들 자신을 보호하기 위해 약 천 년 동안 이것들과 같은 집에 살아왔다.

≫ They have lived in houses like these for about a thousand years to _____ _____ _____ enemies.

05 집에 부과되는 높은 세금을 피하기 위해서, 어떤 사람들은 돌을 쌓아 올림으로써 원뿔 모양의 지붕을 지었다.

≫ To avoid high taxes on their houses, some people built cone-shaped roofs _____ _____ _____ stones.

06 그 집들은 1층에 창문이 없이 오직 하나의 출입문만 있다.

≫ The houses have _____ _____ _____ without any windows on the first floor.

07 튼튼하고 따뜻한 집을 짓기 위해, 그들은 지붕을 잔디로 덮는다.

≫ _____ _____ strong and warm houses, they cover their roofs with grass.

08 각각의 집은 전체 마을이 들어갈 만큼 충분히 크다.

≫ Each house is _____ _____ for a whole village.

09 세금 징수원들이 마을에 오면, 사람들은 재빨리 지붕을 무너뜨렸다.

≫ When tax collectors came to the town, people _____ quickly.

10 자연과 조화를 이루면서, 사람들은 오랜 시간 동안 나무로 된 집을 지어왔다.

≫ In harmony with nature, people _____ for a long time.

✎ 어휘

01 다음 중 짝지어진 관계가 나머지와 <u>다른</u> 하나는?

① meal – lunch
② animal – goat
③ northern – southern
④ food – doughnut
⑤ building – storage

02 다음 영영풀이에 해당하는 단어를 쓰시오.

a period of 100 years

→ c_____

03 다음 우리말에 맞도록 빈칸에 알맞은 것은?

수면과 좋은 음식은 건강에 필수적이다.
→ Sleep and good food are _____ for health.

① whole
② special
③ enough
④ essential
⑤ unique

04 다음 빈칸에 공통으로 들어갈 말을 쓰시오.

• I like reading a detective _____.
• She lives on the second floor of a five-_____ building.

05 다음 중 밑줄 친 부분과 의미가 같은 것은?

Who is the tall man <u>next to</u> Nancy?

① across
② along
③ beside
④ behind
⑤ without

06 다음 두 문장이 같은 뜻이 되도록 빈칸에 알맞은 말을 한 단어로 쓰시오.

The table which is made of wood is yours.
= The _____ table is yours.

07 다음 빈칸에 들어갈 말이 순서대로 짝지어진 것은?

• Will you _____ in cash or by credit card?
• Wear a mask to _____ yourself from the dust.

① give – save
② get – cover
③ make – avoid
④ spend – keep
⑤ pay – protect

08 다음 중 밑줄 친 부분의 의미가 〈보기〉와 <u>다른</u> 것은?

┌ 보기 ─────────────
You can see <u>round</u> roofs.
└────────────────────

① The Earth is <u>round</u>.
② Cut the carrots into <u>rounds</u>.
③ The cute baby has a <u>round</u> face.
④ I like an owl's big and <u>round</u> eyes.
⑤ We collected the plant's <u>round</u> leaves.

09 다음 대화의 빈칸에 들어갈 말로 알맞은 것을 <u>모두</u> 고르면?

> A: What kind of movie do you want to watch?
> B: _____ an action movie.

① I watch
② I want to watch
③ I'm watching
④ I'd like to watch
⑤ I have to watch

[10~11] 다음 건물 안내도를 보고, 대화의 빈칸에 알맞은 말을 쓰시오.

3F	Watches	Men's clothing
2F	Women's clothing	Bags
1F	Shoes	Cosmetics

10

> A: Where can I find men's clothing?
> B: You can find them on the _____ floor.

11

> A: Where can I find women's bags?
> B: You can find them on the _____ floor, next to the elevator.

12 다음 빈칸 ⓐ와 ⓑ에 들어갈 말이 순서대로 짝지어진 것은?

> A: _____ⓐ_____ an amazing place! _____ⓑ_____ can I see a movie?
> B: You can see a movie on the third floor.

① What – When
② What – How
③ What – Where
④ How – When
⑤ How – Where

13 다음 중 짝지어진 대화가 <u>어색한</u> 것은?

① A: May I help you?
   B: Yes, I'd like a car for a week.
② A: Where can I find hats?
   B: They're on the third floor.
③ A: What kind of food would you like?
   B: I'm good at making Chinese food.
④ A: Where is the kitchen?
   B: It's on the second floor.
⑤ A: What kind of house do you want to live in?
   B: I want to live in a cave house.

14 다음 대화의 빈칸에 들어갈 말로 가장 알맞은 것은?

> A: What kind of room would you like?
> B: _____

① It has three bathrooms.
② I'd like a room with a bath.
③ There are no beds in the rooms.
④ I want to build a two-story house.
⑤ You can have breakfast in the dining room.

15 다음 우리말에 맞도록 빈칸에 들어갈 말로 알맞은 것은?

> 여기 당신의 지갑이 있어요.
> → _____ your wallet.

① It is
② This is
③ That is
④ Here is
⑤ There is

16 다음 우리말에 맞도록 괄호 안의 말을 이용하여 문장을 완성하시오.

> 너는 어떤 종류의 집을 짓고 싶니?
> (what kind / want to / build)

→ _____

17 다음 대화의 밑줄 친 부분의 의도로 알맞은 것은?

> A: Where can I find the nearest subway station?
> B: There is a subway station right across from this building.

① 제안하기　　　　② 의견 말하기
③ 의향 말하기　　　④ 요청 수락하기
⑤ 위치 안내하기

18 다음 대화의 빈칸에 들어갈 말로 알맞지 <u>않은</u> 것은?

> A: Thank you.
> B: _____

① Of course.　　　② Not at all.
③ My pleasure.　　④ No problem.
⑤ You're welcome.

19 다음 (A)~(D)를 자연스러운 대화가 되도록 바르게 배열하시오.

> (A) I'm looking for watches. Where can I find them?
> (B) Thank you.
> (C) Can I help you?
> (D) They're on the third floor, next to the restroom.

_____ － _____ － _____ － _____

20 다음 대화의 빈칸에 알맞은 질문을 완성하시오.

> A: _____ _____
> _____ do you want to listen to?
> B: I want to listen to rap music.

[21~23] 다음 대화를 읽고, 물음에 답하시오.

> A: Welcome to Jeonju Hanok Guesthouse. May I help you?
> B: Yes, I'd like a room for two nights.
> A: Well, ⓐwhat kind of room would you like?
> B: Do you have a room with a garden view? You have a lovely garden.
> A: Yes, we do. Every room in our house has a garden view, but there are ____ⓑ____ beds in the rooms.
> B: Do I have to sleep on the floor?
> A: Yes, you do.
> B: O.K. I'll give it a try. ____ⓒ____ can I have breakfast?
> A: You can have breakfast in the dining room, next to the kitchen.
> B: I see.
> A: O.K. You're in the Nabi room. Here's your key.
> B: Thank you.

21 위 대화의 밑줄 친 ⓐ를 해석하시오.

→ _____

22 위 대화의 빈칸 ⓑ와 ⓒ에 들어갈 말이 순서대로 짝지어진 것은?

① some – When　　② no – When
③ some – Where　　④ no – Where
⑤ any – Where

23 전주 한옥 게스트 하우스에 대한 설명으로 위 대화의 내용과 일치하지 <u>않는</u> 것은?

① 예쁜 정원을 가지고 있다.
② 정원이 보이는 방이 없다.
③ 모든 방에 침대가 없다.
④ 아침 식사를 할 수 있다.
⑤ 나비라는 이름의 방이 있다.

✎ 문법

24 다음 중 과거분사형이 <u>잘못된</u> 것은?

① lose – lost
② read – read
③ eat – eaten
④ teach – teached
⑤ bring – brought

25 다음 대화의 빈칸에 들어갈 말로 알맞은 것은?

> A: Have you been to Paris?
> B: _____ I've lived there for a year.

① Yes, I do.　　　② Yes, I did.
③ Yes, I have.　　④ No, I hasn't.
⑤ No, I haven't.

26 다음 빈칸에 공통으로 들어갈 말로 알맞은 것은?

> • Every woman in the room _____ long hair.
> • Each house _____ a beautiful garden.

① is　　　② are　　　③ has
④ have　　⑤ have been

27 다음 빈칸에 들어갈 말로 알맞지 <u>않은</u> 것은?

> Mike has been the president of our class _____.

① for a year　　　② in 2018
③ since last year　④ since March
⑤ since he was fifteen

28 다음 문장에서 usually가 들어갈 위치로 알맞은 곳은?

> The houses (①) have (②) living rooms (③) on (④) the third floor (⑤).

29 다음 우리말을 영어로 바르게 옮긴 것은?

> 각각의 방에는 주방이 있다.

① Each room has a kitchen.
② Each room has kitchen.
③ Each rooms has a kitchen.
④ Each rooms have a kitchen.
⑤ Each rooms have kitchens.

30 다음 중 어법상 틀린 문장은?

① Minho has never met her.
② I have watched the movie before.
③ Has he eaten the food yesterday?
④ They have already finished the work.
⑤ People have built wooden house for a long time.

31 다음 두 문장을 한 문장으로 바꿔 쓸 때 빈칸에 알맞은 말을 쓰시오.

> • Sam began to live in Singapore when he was 7.
> • He still lives there.

→ Sam _____ _____ in Singapore since he was 7.

32 다음 우리말에 맞도록 빈칸에 들어갈 말로 가장 알맞은 것은?

> 그녀는 지난 주말 이후로 감기에 걸렸다.
> → She _____ a cold since last weekend.

① has   ② had
③ was having   ④ has had
⑤ have had

33 다음 빈칸에 들어갈 말이 순서대로 짝지어진 것은?

> • I've played soccer _____ two years.
> • You should not eat fast food _____ hamburgers and pizza.

① in – like   ② for – alike
③ for – like   ④ during – alike
⑤ during – like

34 다음 우리말에 맞도록 괄호 안의 동사를 알맞은 형태로 바꿔 쓰시오.

> 자동차 사고를 피하기 위해 조심해야 한다. (avoid)
> → You should be careful _____ _____ car accidents.

35 다음 중 어법상 옳은 문장은?

① Could you take off it?
② Have you ever seen a goat?
③ This room isn't enough big for us.
④ At Africa, we can see many animals.
⑤ You can be a good writer in reading.

36 다음 중 빈칸에 who가 들어갈 수 <u>없는</u> 것은?

① I met a man _____ can speak French.
② This is a movie _____ is very exciting.
③ She is my friend _____ lives in Busan.
④ People like the actor _____ is good at cooking.
⑤ I know the boy _____ is wearing a yellow cap.

37 다음 밑줄 친 부분을 it으로 바꾸어 문장을 다시 쓰시오.

> When you leave, turn off <u>the light</u>.

→ _____

38 다음 질문에 대한 자신의 대답을 영어로 쓰시오.

> Q: How long have you studied English?
> A: _____

39 다음 그림을 보고, 문장을 완성하시오.

→ Each plate _____ round. Some cookies are on _____ .

독해

[40~41] 다음 글을 읽고, 물음에 답하시오.

Grass Roofs

Have you ever seen a goat on the roof of a house? In Norway, we can see animals on roofs. Norway has large forests. In harmony with nature, people _____ wooden houses for a long time. To build strong and warm houses, they cover their roofs with grass. The grass roofs protect them from the long cold winters and strong winds. Sometimes, trees or plants grow out of the grass roofs, and some animals enjoy their meals there.

40 윗글의 빈칸에 들어갈 말로 가장 알맞은 것은?

① build　　　　　② built
③ are building　　④ were building
⑤ have built

41 윗글을 읽고 답할 수 없는 질문은?

① Are there large forests in Norway?
② What kind of house have people in Norway built for a long time?
③ Which houses do people in Norway want to build?
④ What do people in Norway make the roofs with?
⑤ What are the advantages of grass roofs?

[42~43] 다음 글을 읽고, 물음에 답하시오.

Cone-shaped Roofs

A roof is an essential part of a house, but long ago some people built roofs only to take them down easily. Centuries ago in southern Italy, people who had a house without a roof paid lower taxes. To avoid high taxes on their houses, some people built cone-shaped roofs by piling up stones. When tax collectors came to the town, people took their roofs down quickly. After the tax collectors left, they piled up the stones again.

42 다음 밑줄 친 부분 중 윗글의 밑줄 친 To avoid와 용법이 같은 것은?

① My favorite hobby is to fish.
② I want to live in a quiet village.
③ She went to Jejudo to take a rest.
④ Could you help to clean the room?
⑤ To learn foreign languages is difficult.

43 윗글의 내용을 바탕으로 할 때 빈칸에 알맞은 말을 쓰시오.

In southern Italy, people had to pay _____ taxes on houses with roofs. They built _____ roofs by piling up stones and took their roofs down to pay _____ taxes.

[44~47] 다음 글을 읽고, 물음에 답하시오.

Big Round Roofs

From the sky in a part of southern China, you can see round roofs _____ look like big doughnuts. They are the roofs of the big round houses of the Hakka people. They (A) lived / have lived in houses like these for about a thousand years to protect themselves from enemies. The houses have only one gate (B) with / without any windows on the first floor. Each house (C) is / are big enough for a whole village. It usually has four stories. It has kitchens on the first floor, storage rooms on the second floor, and living rooms and bedrooms on the third and fourth floors.

44 윗글의 빈칸에 들어갈 말로 알맞은 것을 모두 고르면?

① that   ② when
③ who   ④ what
⑤ which

45 윗글의 (A), (B), (C) 각 네모 안에서 어법에 맞는 표현으로 가장 알맞은 것은?

	(A)	(B)	(C)
①	lived	with	is
②	lived	without	is
③	lived	without	are
④	have lived	with	are
⑤	have lived	without	is

46 윗글의 밑줄 친 문장과 같은 뜻이 되도록 본문에 있는 단어를 이용하여 문장을 완성하시오.

= It is usually a _____ - _____ house.

47 윗글의 내용과 일치하지 <u>않는</u> 것은?

① 하카 족의 집은 지붕이 둥글다.
② 집의 1층에는 출입문만 있다.
③ 한 집의 크기가 엄청나게 크다.
④ 집의 3층에는 부엌과 거실이 있다.
⑤ 창고가 집안에 들어 있다.

[48~49] 다음 글을 읽고, 물음에 답하시오.

Bjorn: I'm from Norway. I live in a ⓐwooden house with a grass roof.
Alberto: Hello, I live in ⓑsouth Italy. My house has a ⓒcone-shaped roof.
MeiMei: Have you ever seen a big ⓓround house? We, the Hakka people, built a big round house to protect ourselves from ⓔenemies.

48 윗글의 밑줄 친 ⓐ~ⓔ 중 낱말의 쓰임이 <u>잘못된</u> 것은?

① ⓐ   ② ⓑ   ③ ⓒ
④ ⓓ   ⑤ ⓔ

49 윗글의 내용을 바탕으로 할 때 그림의 집에서 사는 사람의 이름을 쓰시오.

→ _____

50 다음 글의 주제로 가장 알맞은 것은?

> Fine dust has been a big problem in the spring. We designed a roof that has a small garden with trees and many other plants. This garden will give us fresh air.

① 옥상 정원의 장점과 단점
② 지붕을 설계할 때 유의점
③ 미세 먼지로 인한 나쁜 공기
④ 정원을 늘리기 위한 공간 확보
⑤ 미세 먼지를 대비한 지붕 설계안

[51~52] 다음 글을 읽고, 물음에 답하시오.

> Sejong National Library is ⓐin Sejong, Korea. It is a four-story building that ⓑlooks like an open book. It has about 400 thousand books ⓒon the first and second floors and a large cafeteria on the top floor. It ⓓhas opened in 2013. Since then, many people ⓔhave visited this unique building.

51 윗글의 밑줄 친 ⓐ~ⓔ 중 어법상 틀린 것은?

① ⓐ ② ⓑ ③ ⓒ
④ ⓓ ⑤ ⓔ

52 윗글의 내용과 일치하도록 표의 빈칸을 우리말로 완성하시오.

(1)	건물의 위치	
(2)	개관 연도	
(3)	건물의 모양	
(4)	소장한 책의 수량	

[53~55] 다음 글을 읽고, 물음에 답하시오.

> (A)
> In Granada, Spain, 어떤 사람들은 오랫동안 동굴 집에 살아왔다. The weather in ⓐthis place is very hot in the summer and cold in the winter. It's not too cold or hot in cave houses.
>
> (B)
> In Cambodia, some people have lived in houses on the water for a long time. The water level of the lakes in Cambodia changes a lot during the dry season and the wet season. These water houses are very useful because ⓑthey move with the changing water levels.

53 윗글의 밑줄 친 우리말을 영작할 때 필요 없는 것은?

① have lived ② on the water
③ for a long time ④ some people
⑤ in cave houses

54 윗글의 밑줄 친 ⓐ와 ⓑ가 가리키는 것을 본문에서 찾아 각각 쓰시오.

ⓐ → _____
ⓑ → _____

55 윗글의 제목으로 가장 알맞은 것은?

① The Weather Changes
② The Reason for Building Houses
③ The Unique Houses Around the World
④ People Who Live in the Hot Countries
⑤ Which Is Better, Cave Houses or Water Houses?

01 다음 밑줄 친 It이 가리키는 단어로 알맞은 것은?

> It is a shape that has a pointed top and sides that form a circle at the bottom.

① cube   ② circle
③ cone   ④ square
⑤ triangle

02 다음 중 짝지어진 단어의 관계가 나머지와 다른 것은?

① easy – easily
② love – lovely
③ kind – kindly
④ quick – quickly
⑤ sudden – suddenly

03 다음 중 밑줄 친 부분의 우리말 뜻이 잘못된 것은?

① The snow is piling up on the roof.
　(쌓이고 있다)
② The boy sat next to my daughter.
　(~의 옆에)
③ I had to wait for him for a long time.
　(오랫동안)
④ I think it will be hard, but I'll give it a try.
　(시도해 보다)
⑤ The officer is planning to take down the bridge.
　(폭파하다)

04 다음 대화의 빈칸에 들어갈 말로 가장 알맞은 것은?

> A: What kind of _____ do you want to play?
> B: Well, I want to play the piano.

① song   ② sport
③ game   ④ robot
⑤ instrument

중요
05 다음 중 짝지어진 대화가 어색한 것은?

① A: Where is the restroom?
　 B: It's next to the elevator.
② A: Where can I find backpacks?
　 B: You can find them on the fourth floor.
③ A: I'm looking for watches. Where are they?
　 B: They are on the fifth floor.
④ A: Is there a flower shop in this mall?
　 B: Yes, it is.
⑤ A: Excuse me, where can I find men's hats?
　 B: Here is your hat.

06 다음 (A)~(D)를 자연스러운 대화가 되도록 바르게 배열하시오.

> (A) I'd like Chinese food.
> (B) There is a great Chinese restaurant on the fifth floor.
> (C) Yes. What kind of food would you like?
> (D) Excuse me, is there a restaurant in this mall?
> A: Thank you.

_____ – _____ – _____ – _____

[07~08] 다음 대화를 읽고, 물음에 답하시오.

A: Welcome to Jeonju Hanok Guesthouse. May I help you?

B: Yes, I'd like a room for two nights.

A: Well, what kind of room would you like?

B: Do you have a room with a garden view? You have a lovely garden.

A: Yes, we do. Every room in our house has a garden view, but there are no beds in the rooms.

B: Do I have to sleep on the floor?

A: Yes, you do.

B: O.K. I'll give it a try. _____

A: You can have breakfast in the dining room, next to the kitchen.

B: I see.

A: O.K. You're in the Nabi room. Here's your key.

B: Thank you.

07 위 대화의 빈칸에 들어갈 말로 가장 알맞은 것은?

① Where is the dining room?

② Where can I have breakfast?

③ Do I have to eat on the floor?

④ Is there a dining room in this house?

⑤ What kind of food can I eat for breakfast?

08 위 대화에서 두 사람의 관계로 알맞은 것은?

① 여행사 직원 – 여행자

② 여행자 – 식당 예약 담당자

③ 게스트 하우스 주인 – 조경사

④ 게스트 하우스 주인 – 여행자

⑤ 가구업체 직원 – 게스트 하우스 주인

09 다음 중 밑줄 친 부분의 형태가 잘못된 것은?

① I haven't eaten since last week.

② The woman has red the book twice.

③ Have you ever seen a whale before?

④ The police haven't caught the thief yet.

⑤ Minho has played the piano for 3 years.

10 다음 대화의 빈칸에 들어갈 말로 가장 알맞은 것은?

A: How long have you known him?

B: I have known him _____.

① last week ② in 2015

③ yesterday ④ five years ago

⑤ since last year

11 다음 중 어법상 옳은 문장은?

① Miran have been to Turkey.

② Each child makes a sandwich.

③ I have lived in Jeju-do for I was five.

④ Every girl were cleaning the classroom.

⑤ The students have finished the project yesterday.

12 다음 우리말에 맞도록 괄호 안의 말을 이용하여 영작하시오.

(1) 나는 3년 동안 수영을 배웠다.

(learn / swimming / for)

→ _____

(2) 각각의 나라는 각자의 문화가 있다.

(country / own / culture)

→ _____

13 다음 중 주어진 문장을 현재완료시제로 바꿔 쓴 것이 어법상 **틀린** 것은?

① He works in a bank.

　→ He has worked in a bank for ten years.

② I meet a kind boy.

　→ I have met a kind boy before.

③ James is in Hawaii.

　→ James has been in Hawaii since 2010.

④ They live in this house.

　→ They have lived in this house last year.

⑤ She doesn't finish the homework.

　→ She hasn't finished the homework yet.

중요
14 다음 밑줄 친 부분의 쓰임이 〈보기〉와 같은 것은?

┌─ 보기 ─────────────────────┐
│ I have been to New York before. │
└────────────────────────────┘

① John has gone to London.

② Have you ever met his grandmother?

③ Mr. Kim has taught English for five years.

④ My parents have run this shop since 2005.

⑤ She has just arrived at the Incheon International Airport.

15 다음 글에서 어법상 **틀린** 부분을 찾아 바르게 고쳐 쓰시오.

┌────────────────────────────┐
│ 　My middle school is in Dobong-gu. It is a │
│ four-story building with two main entrances. │
│ Each floors have five classrooms and two │
│ restrooms. It has had a cafeteria since 2010. │
└────────────────────────────┘

　　　　→ _____

[16~17] 다음 글을 읽고, 물음에 답하시오.

┌────────────────────────────┐
│ **Grass Roofs** │
│ 　집의 지붕 위에서 염소를 본 적이 있습니까? │
│ In Norway, we can see animals on roofs. │
│ Norway has large forests. In harmony with │
│ nature, people have built wooden houses for │
│ a long time. To build strong and warm │
│ houses, they cover their roofs with grass. │
│ The grass roofs protect them from the long │
│ cold winters and strong winds. Sometimes, │
│ trees or plants grow out of the grass roofs, │
│ and some animals enjoy their meals there. │
└────────────────────────────┘

16 윗글의 밑줄 친 우리말을 영어로 바르게 옮긴 것은?

① Do you see a goat on the roof of a house?

② Did you see a goat on the roof of a house?

③ Were you seeing a goat on the roof of a house?

④ Have you ever seen a goat on the roof of a house?

⑤ Would you like to see a goat on the roof of a house?

17 윗글의 내용과 일치하지 **않는** 것은?

① 노르웨이에는 숲이 많다.

② 노르웨이에서는 자연친화적인 나무 집을 짓는다.

③ 지붕에 잔디를 덮는 것은 보온을 위해서이다.

④ 동물들이 잔디 지붕에서 풀을 뜯기도 한다.

⑤ 지붕 위의 잔디가 강한 바람에 날아가기도 한다.

[18~19] 다음 글을 읽고, 물음에 답하시오.

Cone-shaped Roofs

A roof is an essential part of a house, but long ago some people built roofs only to ⓐtake down them easily. Centuries ago in southern Italy, people ⓑwho had a house without a roof paid lower taxes. ⓒTo avoid high taxes on their houses, some people built cone-shaped roofs by piling up stones. ⓓWhen tax collectors came to the town, people took their roofs down quickly. After the tax collectors ⓔleft, they piled up the stones again.

18 윗글의 ⓐ~ⓔ 중 어법상 틀린 부분을 찾아 바르게 고치시오.

_____ → _____

고난도
19 윗글의 내용을 바탕으로 할 때 다음 중 질문에 대한 대답이 잘못된 것은?

① Who paid lower taxes in southern Italy?
  – People who had a house without a roof.
② What did people do to avoid high taxes?
  – They didn't make roofs in their house.
③ How did people build cone-shaped roofs?
  – By piling up stones.
④ What did people do when tax collectors came to the town?
  – They took their roofs down.
⑤ What did people do after tax collectors left?
  – They piled up the stones again.

[20~21] 다음 글을 읽고, 물음에 답하시오.

Big Round Roofs

From the sky in a part of southern China, you can see round roofs that look like big doughnuts. ⓐThey are the roofs of the big round houses of the Hakka people. ⓑThey have lived in houses like these for about a thousand years to protect ⓒthemselves from enemies. The houses have only one gate without any windows on the first floor. Each house is big enough for a whole village. ⓓIt usually has four stories. ⓔIt has kitchens on the first floor, storage rooms on the second floor, and living rooms and bedrooms on the third and fourth floors.

20 윗글의 밑줄 친 ⓐ~ⓔ와 가리키는 대상이 잘못 짝지어진 것은?

① ⓐ – round roofs
② ⓑ – the Hakka people
③ ⓒ – the Hakka people
④ ⓓ – a whole village
⑤ ⓔ – each house

21 윗글의 내용을 다음과 같이 요약할 때 빈칸 (A)와 (B)에 알맞은 말이 바르게 짝지어진 것은?

In China, the Hakka people had to prevent ___(A)___ from entering the house. So, they built a big round house that had only one ___(B)___, without any windows on the first floor.

	(A)	(B)
①	animals	roof
②	ghosts	gate
③	enemies	door
④	soldiers	kitchen
⑤	strong winds	storage

22 다음 글의 빈칸에 들어갈 말로 가장 알맞은 것은?

> Fine dust has been a big problem in the spring. We can't open windows because of the fine dust these days. So, we designed a roof that _____.
> This garden will give us fresh air. We added colorful lights so that other people can enjoy the roof, too.

① has many windows
② looks like big doughnuts
③ can store the sunlight to provide energy
④ has a small swimming pool with a slide
⑤ has a small garden with trees and many other plants

23 다음 글의 세종 국립 도서관에 대한 설명과 일치하는 것은?

> Sejong National Library is in Sejong, Korea. It is a four-story building that looks like an open book. It has about 400 thousand books on the first and second floors and a large cafeteria on the top floor. It opened in 2013. Since then, many people have visited this unique building.

① 서울시에 있다.
② 펼친 책 모양의 선물이다.
③ 1층에 약 4백만 권의 책이 있다.
④ 음식을 먹을 수 있는 장소가 없다.
⑤ 10년 전에 개관했다.

[24~25] 다음 글을 읽고, 물음에 답하시오.

> (A)
> In Granada, Spain, some people have lived in cave houses for a long time. The weather in this place is very hot in the summer and cold in the winter. It's not too cold or hot in cave houses.
> (B)
> In Cambodia, some people have lived in houses on the water for a long time. The water level of the lakes in Cambodia changes a lot during the dry season and the wet season. These water houses are very useful because they move with the changing water levels.

중요
24 윗글의 밑줄 친 have lived와 쓰임이 같은 것은?

① Brian has broke the window.
② Have you read the book yet?
③ Have you ever tried Greek food?
④ Monica has walked for three hours.
⑤ I think I have met him once before.

25 캄보디아에서 수상 가옥이 유용한 이유를 윗글에서 찾아 우리말로 설명하시오.

→ _____

_____

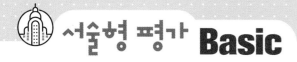
A 다음 빈칸에 괄호 안의 단어를 알맞은 형태로 쓰시오.

❶ My uncle _____ at the airport. (arrive)

❷ I _____ a dog for a week. (take care of)

❸ Brian and his brother _____ this novel twice. (read)

B 다음 문장에서 어법상 <u>틀린</u> 부분을 바르게 고쳐 쓰시오.

❶ The cat who is sleeping on the sofa is very cute.   _____ → _____

❷ Each student have his/her locker in the classroom.   _____ → _____

❸ We should keep our health on exercising every day.   _____ → _____

C 다음 우리말에 맞도록 괄호 안의 말을 배열하여 문장을 완성하시오.

❶ 각각의 방에서 바다가 보인다. (ocean / room / has / an / each / view)

→ _____

❷ 그 기차는 이미 역을 떠났다. (the train / the station / already / has / left)

→ _____

D 다음 그림을 보고, 질문에 알맞은 대답을 완성하시오.

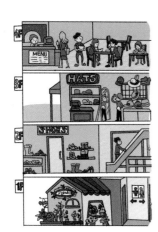

❶ A: Where can I find caps and hats?

B: You can find them on _____ _____ _____.

❷ A: Where is the flower shop?

B: It's _____ _____ the restroom.

❸ A: Is there a restaurant in this mall?

B: _____. It's on _____ _____ _____.

A 다음 소진이와 주호가 경험한 일에 대해 적은 표를 보고, 문장을 완성하시오.

Have you ever done these things before?

	Making cartoons	Visiting Croatia	Eating goulash	Going fishing
Sojin	○	○	○	×
Juho	○	×	×	○

❶ Sojin _____ Croatia.

❷ Juho _____ goulash.

❸ Sojin _____ fishing.

❹ Juho _____ cartoons.

B 다음 그림을 보고, each를 이용하여 문장을 완성하시오.

❶  ❷  ❸

❶ _____ a letter.

❷ _____ sleeping in the forest.

❸ _____ four legs.

C 다음 두 문장을 현재완료시제를 이용하여 한 문장으로 바꿔 쓰시오.

❶ · He bought this bed ten years ago.

· He still uses it.

→ _____

❷ · Victoria and I became friends when we were a child.

· We are still friends.

→ _____

A 다음 그림을 보고, 대화를 완성하시오.

① A: What kind of _____ do you want to live in?

   B: I _____ in an airplane-shaped house.

② A: What kind of _____ do you want to play?

   B: _____

③ A: What kind of _____ do you want to have?

   B: _____

④ A: What kind of _____ would you like?

   B: _____

B 다음 주어진 정보를 보고, 세빛섬을 홍보하는 글을 완성하시오.

- What's the name? – Some Sevit
- Where is it? – in Seoul, Korea
- What's special about the buildings? – look like islands
- What's in each building? – has a restaurant
- How long have they been around? – since 2011

  Some Sevit is **①** _____. It has three buildings
② which _____. They have many different spaces. We can enjoy
parties, events, cultural performance there. Each building **③** _____.
They opened **④** _____. Since then, many people
have visited these unique buildings.

>> **다음 우리말을 영어로 옮기시오.**

01 집의 지붕 위에서 염소를 본 적이 있습니까?

→ _____

02 노르웨이에서, 우리는 지붕 위에서 동물들을 볼 수 있다.

→ _____

03 노르웨이에는 큰 숲들이 있다.

→ _____

04 자연과 조화를 이루면서, 사람들은 오랜 시간 동안 나무로 된 집을 지어왔다.

→ _____

05 튼튼하고 따뜻한 집을 짓기 위해, 그들은 지붕을 잔디로 덮는다.

→ _____

06 잔디 지붕은 그들을 길고 추운 겨울과 강한 바람으로부터 보호한다.

→ _____

07 때때로, 나무나 식물들이 잔디 지붕에서 자라나고, 몇몇 동물들은 그곳에서 식사를 즐긴다.

→ _____

08 지붕은 집의 필수적인 부분이지만, 오래전 어떤 사람들은 단지 지붕을 쉽게 부수기 위해서 지었다.

→ _____

09 수백 년 전 남부 이탈리아에서는, 지붕이 없는 집을 가진 사람들이 더 적은 세금을 냈다.

→ _____

10 집에 부과되는 높은 세금을 피하기 위해서, 어떤 사람들은 돌을 쌓아 올림으로써 원뿔 모양의 지붕을 지었다.

→ _____

11 세금 징수원들이 마을에 오면, 사람들은 재빨리 지붕을 무너뜨렸다.

→ _____

12 세금 징수원들이 떠난 후에, 그들은 다시 돌을 쌓아 올렸다.

→ _____

13 중국 남부 일부 지역의 하늘에서 보면, 큰 도넛처럼 생긴 둥근 지붕들을 볼 수 있다.

→ _____

14 그것들은 하카 족의 크고 둥근 집의 지붕들이다.

→ _____

15 그들은 적들로부터 그들 자신을 보호하기 위해 약 천 년 동안 이것들과 같은 집에 살아왔다.

→ _____

16 그 집들은 1층에 창문이 없이 오직 하나의 출입문만 있다.

→ _____

17 각각의 집은 전체 마을이 들어갈 만큼 충분히 크다.

→ _____

18 그것은 대개 4개의 층이 있다.

→ _____

19 그것은 1층에 부엌이, 2층에 창고가, 3층과 4층에 거실과 침실이 있다.

→ _____

단원 마무리 노트

① 2단원에서 배운 내용을 정리한 노트를 완성해 봅시다.

Vocabulary

> 잔디 지붕은 그들을 길고 추운 겨울과 강한 바람으로부터 보호한다.

→ The grass roofs ❶ _____ them from the long cold winters and strong winds.

> 그 집들은 1층에 창문이 없이 오직 하나의 출입문만 있다.

→ The houses have only one gate ❷ _____ any windows on the first floor.

> 세금 징수원들이 떠난 후에, 그들은 다시 돌을 쌓아 올렸다.

→ After the tax collectors left, they ❸ _____ _____ the stones again.

Expressions

> A: What kind of house do you want to live in? 너는 어떤 종류의 집에서 살고 싶니?
> B: I want to live in a cave house. 나는 동굴집에서 살고 싶어.

→ 원하는 것이 무엇인지 상대방의 의향을 물을 때는 〈What kind of＋명사＋do you want to ~?〉로 표현하고, 이에 답할 때는 ❹ _____ 또는 I'd like to ~.로 표현한다.

> A: Where can I find men's hats? 남성용 모자가 어디에 있나요?
> B: You can find them on the first floor. 1층에 있습니다.

→ 특정한 장소의 위치를 물을 때는 ❺ _____ (으)로 표현하고, 건물의 층으로 위치를 말할 때는 〈on the＋서수＋floor〉로 쓴다.

Grammar

현재완료

현재완료는 〈have[has]＋과거분사〉의 형태로, 과거의 어느 시점에 시작된 동작이나 상태가 현재까지 계속되거나 영향을 미칠 때 쓴다. ❻ _____ 의 4가지 용법이 있다.

each＋단수명사

each는 '각각의'라는 뜻으로, 〈each＋단수명사〉는 단수 취급하므로, 주어로 쓰인 경우에 ❼ _____ 가 뒤따른다.

정답 ❶ protect ❷ without ❸ piled up ❹ I want to ~. ❺ Where can I find ~? ❻ 경험, 계속, 완료, 결과 ❼ 단수동사

My Travel, My Way

Listen & Speak

- 경험 묻고 답하기
  A: Have you ever eaten pancakes?
  B: Yes, I have.
- 날씨 묻고 답하기
  A: How's the weather in London in March?
  B: It's rainy and cool.

Read

- 여행지에서 쓴 그림일기

Language Use

- A B&B is a popular place **to stay** in England.
- **It** was just amazing **to see** the ring of huge stones.

다음 어휘의 뜻을 알아봅시다.

▷ Words

명사

- avatar[ǽvətɑ́ːr] 아바타 (인터넷상의 공유 공간에서 유저의 화신이 되는 캐릭터)
- B&B(Bed-and-Breakfast) 아침 식사를 제공하는 숙박 시설
- bungee jumping 번지점프
- college[kɑ́lidʒ] 대학, 칼리지
- drawing[drɔ́ːiŋ] 그림
- hall[hɔːl] 홀, (대학의) 대식당
- journal[dʒə́ːrnəl] 일기 = diary
- moment[móumənt] 순간
- object[ɑ́bdʒikt] 물건, 사물
- owner[óunər] 주인, 소유자 + own 소유하다; 자기 자신의
- plate[pleit] 접시, 그릇
- portrait[pɔ́ːrtrit] 초상화, 인물 사진
- temple[témpl] 절, 사원
- trip[trip] 여행 = travel
- university[jùːnəvə́ːrsəti] (종합) 대학
- weather forecast 일기예보

형용사/부사

- actually[ǽktʃuəli] 사실은, 정말로
- famous[féiməs] 유명한 + world famous 세계적으로 유명한
- finally[fáinəli] 마침내, 결국 = at last
- foreign[fɔ́ːrən] 외국의 ↔ domestic 국내의
- huge[hjuːdʒ] 거대한
- Indian[índiən] 인도(인)의; 명 인도인
- indoors[indɔ́ːrz] 실내에서, 실내로

- mysterious[mistí(ː)əriəs] 불가사의한, 신비한
  + mystery 불가사의, 신비
- outside[áutsáid] 바깥에, 외부에
- perfect[pə́ːrfikt] 완벽한
- popular[pɑ́pjələr] 인기 있는
- quite[kwait] 꽤, 상당히 = very
- scary[skɛ́ri] 무서운, 겁나는
- simple[símpl] 간단한, 단순한 ↔ complex 복잡한
- traditional[trədíʃənəl] 전통의 + tradition 전통

동사

- admire[ædmáiər] 감탄하다, 감탄하며 바라보다
- appear[əpíər] 나타나다 ↔ disappear 사라지다
- capture[kǽptʃər] 붙잡다, 포착하다 = catch
- create[kriéit] 창조하다, 만들어 내다
- decide[disáid] 결정하다
- expect[ikspékt] 예상하다, 기대하다
- graduate[grǽdʒuət] 졸업하다
- invite[inváit] 초대하다
- leave[liːv] (사람, 장소에서) 떠나다, 출발하다 ↔ arrive 도착하다
  (leave – left – left)
- pack[pæk] 짐을 싸다 ↔ unpack 짐을 풀다
- relax[rilǽks] 휴식을 취하다 = rest
- remain[riméin] 여전히 ~이다, 남아 있다
- spend[spend] (시간을) 보내다 (spend – spent – spent)
- touch[tʌtʃ] 만지다

▷ Phrases

- a lot of 많은 = lots of
- can't wait to ~ ~하기를 몹시 바라다
- set foot 들어서다, 발을 들여놓다
- go on a vacation 휴가를 가다

- thousands of 수천의
- be full of ~으로 가득 차다 = be filled with
- be busy -ing ~하느라 바쁘다
- get into ~로 들어가다 = enter

★ 바른답·알찬풀이 p. 21

A 다음 단어의 우리말 뜻을 쓰시오.

01 scary

02 relax

03 portrait

04 appear

05 huge

06 remain

07 mysterious

08 expect

09 perfect

10 drawing

11 admire

12 quite

13 journal

14 object

15 indoors

16 finally

17 capture

18 get into

19 be full of

20 be busy -ing

B 다음 우리말에 알맞은 단어를 쓰시오.

01 순간

02 주인, 소유자

03 간단한, 단순한

04 유명한

05 졸업하다

06 결정하다

07 접시, 그릇

08 짐을 싸다

09 바깥에, 외부에

10 인기 있는

11 만지다

12 인도(인)의; 인도인

13 (종합) 대학

14 전통의

15 창조하다

16 초대하다

17 대학, 칼리지

18 일기예보

19 수천의

20 들어서다, 발을 들여놓다

Words 집중 탐구

동사 - 명사

- admire (감탄하다) – admiration (감탄)
- appear (나타나다) – appearance (출현)
- create (창조하다) – creation (창조)
- decide (결정하다) – decision (결정)
- expect (기대하다) – expectation (기대)
- graduate (졸업하다) – graduation (졸업)

명사 + 명사

- travel journal 여행 일기
- dining table 식탁
- afternoon tea 오후 다과회
- olive tree 올리브 나무
- weather forecast 일기예보
- night market 야시장

Phrases 집중 탐구

- be full of: ~으로 가득 차다

The roof of the house **is full of** snow. (집의 지붕이 눈으로 가득 차 있다.)

- get into: ~로 들어가다

Many people are **getting into** the stadium. (많은 사람들이 경기장으로 들어가고 있다.)

- thousands of: 수천의

There are **thousands of** books in the library. (그 도서관에는 수천 권의 책이 있다.)

- set foot: 들어서다, 발을 들여놓다

He is the first man to **set foot** on the moon. (그는 달에 발을 들여놓은 최초의 사람이다.)

- be busy -ing: ~하느라 바쁘다

I **was busy writing** the report yesterday. (나는 어제 보고서를 쓰느라 바빴다.)

★ 바른답·알찬풀이 p. 21

Pop Quiz ◄

1 다음 짝지어진 단어의 관계가 같도록 빈칸에 알맞은 말을 쓰시오.

appear : appearance = graduate : _____

2 다음 괄호 안에서 알맞은 것을 고르시오.

(1) She was busy (to answer / answering) people's phone calls.

(2) (Thousand / Thousands) of people die from car accidents every year.

3 다음 영영풀이에 해당하는 단어를 쓰시오.

(1) _____ : having no mistakes or errors

(2) _____ : a book to write down your personal experiences and thoughts

A 다음 우리말에 맞도록 빈칸에 알맞은 말을 쓰시오.

(1) 눈이 많이 와서 나는 하루 종일 실내에 있었다.
→ It snowed a lot and I stayed _____ all day long.

(2) 나의 삼촌은 작은 법률 회사의 주인이다.
→ My uncle is the _____ of a small law firm.

(3) 일기예보에서 내일 비가 올 거라고 합니다.
→ The _____ _____ says it will rain tomorrow.

(4) 그의 실험은 몇 번의 실패 후에 결국 성공했다.
→ His experiment _____ succeeded after several failures.

W·O·R·D·S
☐ all day long 하루 종일
☐ law firm 법률 회사
☐ experiment ⑲ 실험
☐ succeed ⑧ 성공하다
☐ several ⑲ 몇몇의
☐ failure ⑲ 실패

B 다음 빈칸에 가장 알맞은 말을 〈보기〉에서 골라 쓰시오.

┌─ 보기 ────────────────────────────────┐
│   simple   scary   mysterious   foreign   │
└───┘

(1) It is _____ to use this coffee machine.

(2) The writer wrote many beautiful and _____ stories.

(3) The shark in the film looked so _____.

(4) Do you want to live in _____ countries?

☐ shark ⑲ 상어
☐ film ⑲ 영화

C 다음 짝지어진 단어의 관계가 같도록 빈칸에 들어갈 말로 가장 알맞은 것은?

┌───┐
│   relax : rest = catch : _____   │
└───┘

① expect   ② remain   ③ touch
④ admire   ⑤ capture

D 다음 글의 This가 설명하는 단어로 알맞은 것은?

┌───┐
│   This is a painting of a person that usually includes the person's face. │
│ Most artists drew their own faces themselves. Gogh is one of the most │
│ famous artists in the world for this.   │
└───┘

① plate   ② portrait   ③ temple
④ object   ⑤ drawing

☐ usually ⑨ 보통
☐ include ⑧ 포함하다

1 경험 묻고 답하기

상대방에게 이전에 경험한 일을 물을 때는 〈Have you ever+과거분사 ~?〉를 사용하며, '너는 ~해 본 적이 있니?'라는 의미를 나타낸다. 이에 대한 응답으로 해 본 적이 있을 때는 Yes, I have.로 답하고, 해 본 적이 없을 때는 No, I haven't.로 답한다. 경험을 묻고 답할 때는 ever, never, once, before 등의 부사와 함께 쓰는 경우가 흔하다.

A: Have you ever eaten pancakes?
B: Yes, I have. / No, I haven't.

중요표현 더하기

- Have you been to Australia before?
  너는 전에 호주에 가 본 적이 있니?
- How was your vacation?
  너의 방학은 어땠니?
- Do you have any experience of having pets?
  너는 애완동물을 기른 경험이 있니?
- I've never seen such a big whale.
  나는 그렇게 큰 고래를 본 적이 없어.

Pop Quiz

★ 바른답·알찬풀이 p. 22

1 다음 대화의 빈칸에 들어갈 말을 쓰시오.

A: _____ _____ _____ a roller coaster?
B: Yes, I have. It was very exciting.

2 날씨 묻고 답하기

특정 지역의 날씨가 어떤지 물을 때는 〈How's the weather+in+장소?〉를 사용하며, '~의 날씨는 어때?'라는 의미를 나타낸다. 이에 대한 대답으로는 〈It's+날씨를 나타내는 말.〉을 쓴다. 그 밖에 날씨를 묻는 표현으로 What's the weather like ~?도 자주 쓰인다.

• 날씨를 나타내는 말: sunny, cloudy, rainy, snowy, windy, foggy, hot, cold, warm, cool 등

A: How's the weather in London in March?
B: It's rainy and cool.

중요표현 더하기

- How does the weather look today?
  오늘 날씨가 어때 보여?
- What's the weather forecast for tomorrow?
  내일 일기예보는 어때?
- It's snowing heavily.
  눈이 펑펑 내리고 있어.
- The weather is getting warm in Korea.
  한국의 날씨가 점점 따뜻해시고 있어.

Pop Quiz

★ 바른답·알찬풀이 p. 22

2 다음 대화에서 어색한 부분을 바르게 고치시오.

A: What's the weather in L.A.?
B: It's sunny and hot all the year round.

A 다음 괄호 안에서 알맞은 것을 고르시오.

(1) **A:** Have you ever seen ostrich eggs?
   B: (Yes, I have. / No, I haven't.) How big are they?
   A: They're quite big. Some people in Africa eat them.

(2) **A:** (How / What) is the weather like in Berlin?
   B: It's getting cold.

W·O·R·D·S
☐ **ostrich** ⑲ 타조
☐ **quite** ⑲ 꽤, 매우
☐ **get** ⑧ ~해지다

B 다음 괄호 안에 주어진 말을 배열하여 문장을 완성하시오.

(1) (is / in Bangkok / it / very / hot)
   → _____ in March.

(2) (rain / going / to / it's / in the afternoon).
   → _____

(3) (you / been / any / have / to / special places)
   → _____ in Korea?

☐ **special** ⑲ 특별한
☐ **place** ⑲ 장소

C 다음 대화의 빈칸에 알맞지 <u>않은</u> 것은?

> **A:** How's the weather today?
> **B:** _____

① It's a little cold.
② It's cloudy and cool.
③ It often rains in summer.
④ It's raining cats and dogs.
⑤ It's a beautiful day for a picnic.

☐ **a little** 약간
☐ **rain cats and dogs**
   비가 세차게 오다
☐ **picnic** ⑲ 소풍

D 다음 (A)~(D)를 자연스러운 대화가 되도록 바르게 배열한 것은?

> (A) Yes, I have. How about you?
> (B) It was fun, but it was a little scary, too.
> (C) No, I haven't. How was it?
> (D) Have you ever ridden a horse?

☐ **ride a horse** 말을 타다

① (B) - (A) - (D) - (C)   ② (B) - (C) - (D) - (A)
③ (B) - (D) - (C) - (A)   ④ (D) - (A) - (C) - (B)
⑤ (D) - (C) - (A) - (B)

Listen & Speak 1

1 G: Have you ever tried Indian food?

B: Yes, I have, but I've only tried Indian curry.

G: How was it?

B: It was really hot, but I loved it.

2 G: Bill, have you ever gone bungee jumping?

B: No, I haven't. How about you, Katie?

G: When I visited New Zealand, I tried bungee jumping once.

B: Wasn't it scary?

G: No, I liked it. I want to do it again.

 표현 해설
- 〈Have you ever+과거분사 ~?〉는 '~해 본 적이 있니?'라는 뜻으로, 상대방의 경험을 묻는 표현이다. 해 본 적이 있는 경우 Yes, I have.로 답하고, 해 본 적이 없는 경우 No, I haven't.로 답한다.
- How was ~?는 '~은 어땠니?'라는 뜻으로, 과거의 경험을 묻는 표현으로도 쓸 수 있다.

Listen & Speak 2

1 B: Mom, how's the weather today? Do I need an umbrella?

W: It's quite cloudy outside. I'll check the weather forecast.

B: Thank you, Mom.

W: Well, it's not going to rain today.

B: Good! Then, I don't need an umbrella today.

2 W: Good morning, and welcome to the weather forecast. It's sunny outside, but we're expecting some rain in the afternoon. Don't leave home without your umbrella. That's the weather forecast for today. Have a nice day!

 표현 해설
- How's the weather ~?는 '~ 날씨가 어때?'라는 뜻으로, 날씨를 묻는 표현이다. 날씨를 말할 때는 〈It's+날씨를 나타내는 말.〉로 표현한다.
- We're expecting ~.은 '~을 예상[기대]하고 있다.'라는 뜻으로, 앞으로 일어날 일을 예측할 때 쓸 수 있다.

해석

1 G: 너는 인도 음식을 먹어 본 적이 있니?
B: 응, 있지만, 난 인도 카레만 먹어 봤어.
G: 어땠니?
B: 정말 매웠지만, 난 그것이 아주 좋았어.

2 G: Bill, 너는 번지점프를 하러 간 적이 있니?
B: 아니, 없어. 넌 어때, Katie?
G: 내가 뉴질랜드를 방문했을 때, 한번 번지점프를 해봤어.
B: 무섭지 않았니?
G: 아니, 난 좋았어. 나는 다시 그것을 하고 싶어.

1 B: 엄마, 오늘 날씨가 어때요? 제가 우산이 필요할까요?
W: 밖이 꽤 흐리구나. 내가 일기예보를 확인해볼게.
B: 감사해요, 엄마.
W: 음, 오늘 비가 오지 않을 거야.
B: 좋아요! 그럼, 저는 오늘 우산이 필요하지 않겠어요.

2 W: 좋은 아침입니다, 일기예보를 알려 드리겠습니다. 밖은 화창합니다만, 오후에는 비가 좀 오겠습니다. 우산 없이 집을 나서지 마십시오. 오늘의 일기예보였습니다. 좋은 하루 보내십시오!

Communicate

Suho: Anna, have you been to Australia before?

Anna: Yes, I have. Actually, I lived in Sydney for a year.

Suho: Great! How's the weather there in April? I'm going to visit Sydney on vacation next week.

Anna: April is a great time to visit Sydney. In April, it's autumn in Australia.

Suho: Good. I'm planning to spend some time on the beach and relax in the sun.

Anna: Well, it often rains in April, but you may have some sunny days.

Suho: I'll take my hat and pack an umbrella, too.

Anna: That's a good idea. Have a great trip.

➕ **표현 해설**
- 〈Have you been to+장소?〉는 어떤 곳에 다녀 온 적이 있는지 물을 때 쓰는 표현이다. cf. have gone to+장소: ~에 가 버렸다
- How's the weather ~? 뒤에 특정 지역과 특정 시기를 나타내는 부사(구)를 넣어서 날씨를 물을 수 있다.
- I'm going to ~.(나는 ~할 예정이다.) / I'm planning to ~.(나는 ~할 계획이다.)는 자신의 계획을 말할 때 쓰는 표현이다.

Progress Check

1
G: Have you ever ridden a horse?

B: Yes, I have. How about you?

G: No, I haven't. How was it?

B: It was fun, but it was a little scary, too.

2
B: Mom, how's the weather today?

W: It's quite cloudy outside. I'll check the weather forecast.

B: Thanks, Mom.

W: Well, it's going to rain in the afternoon.

3
M: Good evening, and welcome to the weather forecast. It's raining right now, but we're expecting a sunny day tomorrow. Don't leave home tomorrow without your hat.

➕ 해석

수호: Anna, 너는 전에 호주에 가 본 적이 있니?

Anna: 응, 있어. 사실, 나는 시드니에서 1년 동안 살았어.

수호: 멋지다! 4월의 거기 날씨는 어때? 나는 다음 주 방학에 시드니에 방문할 거야.

Anna: 4월은 시드니를 방문하기에 아주 좋은 시기야. 4월에 호주는 가을이거든.

수호: 좋아. 난 해변에서 시간을 좀 보내고 햇볕을 쬐며 쉴 생각이야.

Anna: 음, 4월에는 비가 자주 오지만, 맑은 날을 좀 즐길 수 있을 거야.

수호: 내 모자를 가져가고, 우산도 챙겨야겠다.

Anna: 좋은 생각이야. 즐거운 여행 보내.

1 G: 너는 말을 타 본 적이 있니?
B: 응, 있어. 너는 어때?
G: 난 없어. 어땠니?
B: 재미있었지만, 약간 무섭기도 했어.

2 B: 엄마, 오늘 날씨가 어때요?
W: 밖이 꽤 흐리구나. 일기예보를 확인해볼게.
B: 감사해요, 엄마.
W: 음, 오후에 비가 올 거야.

3 M: 좋은 저녁입니다. 일기예보를 알려 드리겠습니다. 지금 당장은 비가 오고 있습니다만, 내일은 맑겠습니다. 모자 없이 내일 집을 나서지 마십시오.

Listen & Speak 1

HINTS

1 G: Have you ever tried Indian food?

   B: ❶ _____, _____ _____, but I've only tried Indian curry.

   G: ❷ _____ _____ it?

   B: It was really hot, but I loved it.

❶ 응, 먹어 봤어.

❷ ~은 어땠니

2 G: Bill, have you ever gone bungee jumping?

   B: No, I haven't. ❸ _____ _____ _____, Katie?

   G: When I visited New Zealand, I tried bungee jumping ❹ _____.

   B: Wasn't it scary?

   G: No, I liked it. I want to do it again.

❸ 너는 어때

❹ 한번

Listen & Speak 2

1 B: Mom, ❺ _____ _____ _____ today? Do I need an umbrella?

   W: It's ❻ _____ _____ outside. I'll check the ❼ _____ _____.

   B: Thank you, Mom.

   W: Well, it's not going to rain today.

   B: Good! Then, I ❽ _____ _____ an umbrella today.

❺ 날씨가 어때

❻ 꽤 흐린

❼ 일기예보

❽ 필요하지 않다

2 W: Good morning, and welcome to the weather forecast. ❾ _____ _____ outside, but we're expecting some rain in the afternoon. Don't leave home ❿ _____ your umbrella. That's the weather forecast for today. Have a nice day!

❾ 화창하다

❿ ~ 없이

Communicate

Suho: Anna, ⑪_____ _____ _____ _____ Australia before?

Anna: Yes, I have. Actually, I ⑫_____ _____ Sydney for a year.

Suho: Great! How's the weather there ⑬_____ _____? I'm going to visit Sydney on vacation next week.

Anna: April is a great time ⑭_____ _____ _____. In April, it's autumn in Australia.

Suho: Good. ⑮_____ _____ _____ spend some time on the beach and relax in the sun.

Anna: Well, it often rains in April, but you may have some sunny days.

Suho: I'll take my hat and ⑯_____ _____ _____, too.

Anna: That's a good idea. Have a great trip.

HINTS

⑪ ~에 가 본 적이 있니

⑫ ~에 살았다

⑬ 4월에

⑭ 시드니를 방문할

⑮ 나는 ~할 계획이다

⑯ 우산을 챙기다

Progress Check

1 **G:** Have you ever ⑰_____ _____ _____?

B: Yes, I have. How about you?

G: No, I haven't. How was it?

B: It was fun, but it was ⑱_____ _____ _____, too.

⑰ 말을 탄 (적이 있니)

⑱ 약간 무서운

2 **B:** Mom, how's the weather today?

W: It's quite cloudy outside. I'll check the weather forecast.

B: Thanks, Mom.

W: Well, it's going to rain in the afternoon.

3 **M:** Good evening, and welcome to the weather forecast. It's raining right now, but ⑲_____ _____ a sunny day tomorrow. ⑳_____ _____ _____ tomorrow without your hat.

⑲ 우리는 예상하고 있다

⑳ 집을 나서지 마라

1 to부정사의 형용사적 용법

- A B&B is a popular place **to stay** in England.

  B&B는 영국에서 머물기에 인기 있는 곳이다.

- It has become a world famous place **to visit**.

  그곳은 방문해야 할 세계적으로 유명한 장소가 되었다.

- That was a great way **to capture** all the special moments.

  그것은 모든 특별한 순간을 포착하는 데 아주 좋은 방법이었다.

(1) **의미**: ~하는, ~할

(2) **역할**: to부정사가 형용사처럼 쓰여 명사(구) 또는 대명사를 수식한다.

I'll bring a book **to read** on the train. 나는 기차에서 읽을 책을 가져올 것이다.
　　　　　명사

He's looking for someone **to look** after his dog. 그는 자기 개를 돌볼 사람을 찾고 있다.
　　　　　　　　대명사

(3) **형태**

① (대)명사＋to부정사

She bought a hat **to wear** on sunny days. 그녀는 햇빛 나는 날에 쓸 모자를 샀다.

Let's buy something **to eat** for camping. 캠핑 때 먹을 것을 사러 가자.

cf. -thing, -one, -body로 끝나는 대명사가 형용사의 수식을 받으면, 〈대명사＋형용사＋to부정사〉의 어순이 되어 '~할 …한 (대)명사'의 의미가 된다.

I want something *cold* **to drink**. 나는 마실 찬 것을 원한다.

② (대)명사＋to부정사＋전치사: 수식을 받는 (대)명사가 to부정사 뒤에 이어지는 전치사의 목적어인 경우 그 전치사를 반드시 써야 한다.

Do you have a pencil **to write with**? 너는 쓸 연필을 가지고 있니?

I need a comfortable chair **to sit on**. 나는 앉을 편안한 의자가 필요하다.

My father built a wooden house **to live in**. 나의 아버지는 살 나무로 된 집을 지으셨다.

He doesn't have anyone **to talk to**. 그는 말 할 사람이 아무도 없다.

Pop Quiz ◀

★ 바른답·알찬풀이 p. 22

1 다음 어법상 **틀린** 부분을 바르게 고치시오.

　(1) We have no time waste.

　(2) Give me some juice drinking.

　(3) James has some friends to play.

2 가주어 it ~ to부정사

- **It** was just amazing **to see** the ring of huge stones.
  원형으로 둘러서 있는 거대한 돌들을 보는 것은 그저 놀라웠다.
- **It** is O.K. **to draw** everyday objects like cups and plates in your journal.
  너의 일기에 컵이나 접시 같은 일상용품들을 그리는 것은 괜찮다.

(1) 가주어와 진주어

to부정사(구)로 된 주어의 길이가 긴 경우, it으로 문장을 시작하고 to부정사(구)는 문장 뒤로 위치시킨다. 이때 it을 가주어, to부정사(구)를 진주어라고 한다. 가주어 it은 해석하지 않는다.

(2) 형태: 〈It＋be동사＋형용사＋to부정사(구) ~.〉

To bake cookies isn't difficult. 과자를 굽는 것은 어렵지 않다.

→ **It** isn't difficult **to bake** cookies.
　　가주어　　　　　　　　진주어

To keep the school rules is important. 학교 규칙을 지키는 것은 중요하다.

→ **It** is important **to keep** the school rules.
　　가주어　　　　　　진주어

(3) to부정사의 의미상 주어

to부정사 동작의 주체가 되는 행위자를 의미상 주어라고 하며, 〈for＋목적격〉으로 나타낸다.

It is impossible **for** you **to climb** the tree. 네가 나무를 오르는 것은 불가능하다.

It is hard **for** him **to cross** this river. 그가 이 강을 건너는 것은 어렵다.

cf. It is 다음의 형용사가 kind, nice, smart, clever, careful, foolish, polite 등 사람의 성격을 나타내는 경우에는 의미상 주어로 〈of＋목적격〉을 쓴다.

It is *kind* **of** her **to help** sick people. 그녀는 친절하게도 아픈 사람들을 도와주었다.

★ 바른답·알찬풀이 p. 22

Pop Quiz

2 다음 문장을 가주어 it을 이용하여 바꿔 쓰시오.

(1) To exercise regularly is important.

→ _____

(2) To catch a cold in winter is easy.

→ _____

Grammar Practice

01 다음 우리말에 맞도록 빈칸에 알맞은 것은?

> 나는 이야기할 친구가 많다.
> → I have many friends _____.

① talk
② talking
③ to talk
④ talking with
⑤ to talk with

02 다음 빈칸에 공통으로 들어갈 알맞은 말을 쓰시오.

> • _____ is freezing here.
> • _____ is important to save our Earth.

03 다음 빈칸에 들어갈 말로 가장 알맞은 것은?

> I'm thirsty. I need something _____.

① to eat
② to sell
③ to drink
④ to buy
⑤ to bring

04 다음 중 밑줄 친 부분의 쓰임이 나머지와 다른 것은?

① It is better to get there by train.
② It is amazing to travel into space.
③ Is it interesting to watch the movie?
④ How far is it from here to the park?
⑤ It isn't safe for her to go out alone at night.

05 다음 우리말에 맞도록 괄호 안의 말을 이용하여 문장을 완성하시오.

(1) 내게 그것에 대해 생각할 시간을 좀 주겠니? (time, think)
→ Can you give me _____ _____ _____ _____ about it?

(2) 그 일을 끝내는 것이 중요하다. (it, finish)
→ _____ _____ _____ _____ _____ the work.

06 다음 중 밑줄 친 부분의 쓰임이 〈보기〉와 다른 것은?

> ─ 보기 ─
> I have a question to ask.

① He needs a newspaper to read.
② My sister went to Boston to study.
③ David has much work to do today.
④ Would you like something to drink?
⑤ They don't have any chairs to sit on.

07 다음 빈칸에 들어갈 말이 순서대로 짝지어진 것은?

> • It is very hard _____ a bad habit.
> • I'll give you some paper _____.

① breaking – writing
② breaking – to write
③ to break – writing
④ to break – to write on
⑤ to break – to write with

08 다음 밑줄 친 부분 중에서 어법상 틀린 것은?

Yesterday we ①bought a ②comfortable sofa ③to sit with. Now, we need some books ④to read ⑤on the sofa.

09 다음 두 문장이 같은 뜻이 되도록 빈칸에 알맞은 말을 쓰시오.

To ride a roller coaster is very exciting.
= ＿＿＿＿＿ ＿＿＿＿＿＿ very exciting ＿＿＿＿＿＿＿＿ a roller coaster.

10 다음 대화의 빈칸에 들어갈 말로 가장 알맞은 것은?

A: How about playing soccer?
B: Sorry. I have ＿＿＿＿＿＿＿＿＿ .

① time to play
② to play soccer
③ no time to play
④ no friends to play
⑤ much time to play

11 다음 문장을 괄호 안의 지시대로 바꿔 쓰시오.

(1) To play a board game is interesting.
(가주어 it을 사용하여)
→ ＿＿＿＿＿＿＿＿＿＿＿＿＿＿＿

(2) It is foolish to buy the used car.
(의미상 주어 her를 넣어서)
→ ＿＿＿＿＿＿＿＿＿＿＿＿＿＿＿

12 다음 우리말을 영어로 옮길 때 4번째로 오는 것은?

우리는 사야 할 새로운 것이 있다.

① we   ② new
③ to buy   ④ have
⑤ something

13 다음 우리말을 영어로 옮긴 것 중 나머지와 의미가 <u>다른</u> 하나는?

과속하는 것은 위험하다.

① It isn't safe to drive too fast.
② Driving too fast is dangerous.
③ To drive too fast isn't safe.
④ To drive too fast is dangerous.
⑤ It is dangerous for him to drive too fast.

14 다음 중 어법상 옳은 문장은?

① That is impossible to met her.
② Was it easily to make a pizza?
③ I want something hot drinking.
④ It is very nice for you to say so.
⑤ It isn't good for the health to eat fast food.

15 다음 괄호 안의 말을 배열하여 문장을 완성하시오.

(1) (I / problems / have / a lot of / to solve).
→ ＿＿＿＿＿＿＿＿＿＿＿＿＿＿＿

(2) (poems / it / easy / not / to / is / write).
→ ＿＿＿＿＿＿＿＿＿＿＿＿＿＿＿

교과서 본문의 해석을 확인해 봅시다.

My Special Travel Journal 교과서 57~59쪽

❶ Hi, I am Lucy Hunter, and I live in London.

❷ Last week, my family went on a vacation for three days.
for(~동안)+숫자로 표시된 기간
go on a vacation: 휴가를 가다

❸ During our trip, I made simple drawings in my journal.
during+특정 시점을 나타내는 명사

❹ That was a great way to capture all the special moments.
to부정사의 형용사적 용법

August 5

❺ At last, we set foot at Stonehenge, one of the most mysterious places on Earth.
=Finally 발을 들여놓다 = one of the+최상급+복수명사: 가장 ~한 것들 중의 하나

❻ After a two-hour drive from our home in London, we finally got to Stonehenge.
~ 후에(전치사) get to: ~에 도착하다

❼ It was just amazing to see the ring of huge stones.
가주어 진주어

❽ How did those huge stones get there thousands of years ago?
수천의

❾ What were they for?
~을 위한

❿ I guess Stonehenge will remain a mystery for a long time.
접속사 that 생략 오랫동안

Lucy's Drawing Tips

⓫ Don't try to make a perfect drawing.
try+to부정사: ~하려고 애쓰다 cf. try+-ing: 한번 시도해 보다

⓬ A few colors will be enough.
a few+복수명사

August 6

⓭ In the morning, we walked around the Cotswolds.
날씨를 나타내는 비인칭 주어

⓮ It started to rain in the afternoon, so we decided to stay indoors at our B&B.
to부정사의 명사적 용법(목적어)=raining decide+to부정사

⓯ A B&B is a popular place to stay in England.
to부정사의 형용사적 용법

⓰ It feels more like a home than a hotel.
비교급+than
feel like+명사: ~처럼 느끼다

해석

나의 특별한 여행 일기

❶ 안녕, 나는 Lucy Hunter이고, 런던에 살아.

❷ 지난주, 우리 가족은 3일간 휴가를 갔어.

❸ 여행 동안에, 나는 내 일기에 간단한 그림을 그렸어.

❹ 그것은 모든 특별한 순간을 포착하는 데 아주 좋은 방법이었어.

8월 5일

❺ 드디어, 우리는 지구상에서 가장 불가사의한 장소들 중 하나인 스톤헨지에 발을 들여놨어.

❻ 런던에 있는 우리 집에서 차로 두 시간 달린 후에, 우리는 마침내 스톤헨지에 도착했어.

❼ 원형으로 둘러서 있는 거대한 돌들을 보는 것은 그저 놀라웠어.

❽ 어떻게 저 거대한 돌들이 수천 년 전에 그곳에 도달했을까?

❾ 그것들은 무엇을 위한 것이었을까?

❿ 나는 스톤헨지가 오랫동안 불가사의로 남아 있을 거라고 생각해.

Lucy의 그림 그리기 팁

⓫ 완벽한 그림을 그리려고 하지 마.

⓬ 몇 가지 색으로 충분할 거야.

8월 6일

⓭ 아침에, 우리는 코츠월드 주변을 걸어 다녔어.

⓮ 오후에 비가 오기 시작해서, 우리는 B&B 안에서 머물기로 결정했어.

⓯ B&B는 영국에서 머물기에 인기 있는 곳이야.

⓰ 호텔보다는 집처럼 더 느껴져.

Do It Yourself 다음 단어의 우리말은 영어로, 영어 단어는 우리말로 쓰시오.

01 간단한 _____   02 완벽한 _____   03 남아 있다 _____   04 거대한 _____

05 finally _____   06 capture _____   07 mysterious _____   08 journal _____

⑰ The owner invited us for afternoon tea today.

⑱ The dining table was full of cookies, cake, bread, and cheese.
be full of: ~으로 가득 차다 = be filled with

⑲ While I was busy eating, Mom was admiring the beautiful cups and plates.
~하는 동안(접속사)   be busy -ing: ~하느라 바쁘다

⑳ I ate too much, so I couldn't eat anything for dinner.

Lucy's Drawing Tips

㉑ It is O.K. to draw everyday objects like cups and plates in your journal.
가주어   ~같은(전치사)   진주어

August 7

㉒ Our last stop was Oxford.

㉓ We first visited Christ Church College.

㉔ It has become a world famous place to visit since it appeared in the *Harry Potter* movies.
현재완료(계속)   ~한 이후로(접속사)   to부정사의 형용사적 용법

㉕ In the movies, Harry and everyone else eat dinner at the Hall of Christ Church.

㉖ We also saw portraits of famous people who graduated from the college.
주격 관계대명사

㉗ When we were outside the building, I walked to the famous olive tree and touched it.

㉘ "Because I touched this tree," I said, "I will get into Oxford University!"
= the famous olive tree   Because+주어+동사   = enter

㉙ Then, my brother said to me with a smile, "I can't wait to see your portrait on the wall."
~하기를 몹시 바라다

Lucy's Drawing Tips

㉚ Create your own avatar.

㉛ Your drawing journal will become much more interesting.
훨씬 (비교급 수식하는 부사)

★ 바른답·알찬풀이 p. 23

| 09 접시 _____ | 10 감탄하다 _____ | 11 (종합) 대학 _____ | 12 물건, 사물 _____ |
| 13 appear _____ | 14 portrait _____ | 15 owner _____ | 16 graduate _____ |

⑰ 주인은 오늘 오후 다과회에 우리를 초대했어.

⑱ 식탁에는 과자, 케이크, 빵, 그리고 치즈가 가득했어.

⑲ 내가 먹느라고 바쁜 동안에, 엄마는 아름다운 컵과 접시에 감탄하고 계셨어.

⑳ 나는 너무 많이 먹어서, 저녁 식사로 아무것도 먹을 수가 없었어.

Lucy의 그림 그리기 팁

㉑ 너의 일기에 컵과 접시 같은 일상용품들을 그리는 것은 괜찮아.

8월 7일

㉒ 우리가 마지막으로 들른 곳은 옥스퍼드였어.

㉓ 우리는 먼저 크라이스트 처치 칼리지에 갔어.

㉔ 그곳은 《해리 포터》 영화에 나온 이후로 방문해야 할 세계적으로 유명한 장소가 되었어.

㉕ 영화에서는, Harry와 다른 모든 사람이 크라이스트 처치 홀에서 저녁을 먹거든.

㉖ 우리는 또한 그 대학을 졸업한 유명한 사람들의 초상화를 봤어.

㉗ 우리가 건물 밖으로 나왔을 때, 나는 유명한 올리브 나무로 걸어가서 그것을 만졌어

㉘ "나는 이 나무를 만졌기 때문에, 옥스퍼드 대학에 들어갈 거야!"라고 내가 말했어.

㉙ 그러자, 오빠가 내게 웃으며 말했어. "벽에 걸려 있는 네 초상화를 빨리 보고 싶은걸."

Lucy의 그림 그리기 팁

㉚ 네 자신의 아바타를 만들어.

㉛ 너의 그림일기가 훨씬 더 흥미로워질 거야.

A 다음 네모 안에서 알맞은 것을 고르시오.

01 Hi, I am Lucy Hunter, and I live in / on London.

02 Last week, my family go / went on a vacation for three days.

03 While / During our trip, I made simple drawings in my journal.

04 That was a great way capturing / to capture all the special moments.

05 At last, we set foot at Stonehenge, one of the most mysterious place / places on Earth.

06 After a two hour / two-hour drive from our home in London, we finally got to Stonehenge.

07 It / That was just amazing to see the ring of huge stones.

08 How did those huge stones get there thousand of / thousands of years ago? What were they for?

09 I guess Stonehenge will remain a mystery / mysterious for a long time.

10 Don't try making / to make a perfect drawing. A few colors will be enough.

11 At / In the morning, we walked around the Cotswolds.

12 It started to rain in the afternoon, so / because we decided to stay indoors at our B&B.

13 A B&B is a popular place to stay / staying in England. It feels much / more like a home than a hotel.

14 The owner invited / was invited us for afternoon tea today.

15 The dining table was full of / with cookies, cake, bread, and cheese.

16 Since / While I was busy eating, Mom was admiring the beautiful cups and plates.

17 I ate too much, so I couldn't eat something / anything for dinner.

18 This / It is O.K. to draw everyday objects like cups and plates in your journal.

19 Our last stop was Oxford. We first visit / visited Christ Church College.

20 It has become a world famous place to visit while / since it appeared in the *Harry Potter* movies.

21 In the movies, Harry and everyone else eat dinner / the dinner at the Hall of Christ Church.

22 We also saw portraits of famous people who / × graduated from the college.

23 When we were outside the building, I walked to the famous olive tree and touched it / them .

24 "Because / Because of I touched this tree," I said, "I will get into Oxford University!"

25 Then, my brother said to me with a smile, "I can / can't wait to see your portrait on the wall."

26 Create your own avatar. Your drawing journal will become very / much more interesting.

B 다음 우리말에 맞도록 문장을 완성하시오.

01 B&B는 영국에서 머물기에 인기 있는 곳이야.

≫ A B&B is a popular place _____ _____ in England.

02 드디어, 우리는 지구상에서 가장 불가사의한 장소들 중 하나인 스톤헨지에 발을 들여놨어.

≫ At last, we set foot at Stonehenge, one of the _____ _____ _____ on Earth.

03 크라이스트 처치 칼리지는 《해리 포터》 영화에 나온 이후로 방문해야 할 세계적으로 유명한 장소가 되었어.

≫ Christ Church College _____ _____ a world famous place to visit since it appeared in the *Harry Potter* movies.

04 완벽한 그림을 그리려고 하지 마.

≫ Don't _____ _____ _____ a perfect drawing.

05 원형으로 둘러서 있는 거대한 돌들을 보는 것은 그저 놀라웠어.

≫ It was just amazing _____ _____ the ring of huge stones.

06 우리는 또한 그 대학을 졸업한 유명한 사람들의 초상화를 봤어.

≫ We also saw portraits of famous people _____ _____ _____ the college.

07 내가 먹느라고 바쁜 동안에, 엄마는 아름다운 컵과 접시에 감탄하고 계셨어.

≫ While I was busy eating, Mom _____ _____ the beautiful cups and plates.

08 너의 그림일기가 훨씬 더 흥미로워질 거야.

≫ Your drawing journal will become _____ _____ _____.

09 그것은 모든 특별한 순간을 포착하는 데 아주 좋은 방법이었어.

≫ That was _____ all the special moments.

10 너의 일기에 컵과 접시 같은 일상용품들을 그리는 것은 괜찮아.

≫ It is O.K. _____ like cups and plates in your journal.

✎ **어휘**

01 다음 영영풀이에 해당하는 단어로 알맞은 것은?

> very large in size, amount, or degree

① scary   ② simple
③ huge   ④ perfect
⑤ popular

02 다음 짝지어진 단어의 관계와 같도록 빈칸에 알맞은 말을 쓰시오.

> trip : travel = diary : _____

03 다음 중 밑줄 친 부분의 우리말 뜻이 잘못된 것은?

① There's something <u>mysterious</u> about her.
　　　　　　　　　　　(신비)
② The man has a <u>world famous</u> painting.
　　　　　　　　　　(세계적으로 유명한)
③ I always hear the <u>weather forecast</u>.
　　　　　　　　　　　(일기예보)
④ We all sat around the <u>dinner table</u>.
　　　　　　　　　　　　(식탁)
⑤ The shop sells <u>everyday objects</u> like cups and plates.
　　　　　　　(일상용품)

04 다음 괄호 안에서 알맞은 것을 고르시오.

(1) I can't wait (riding / to ride) the roller coaster.

(2) She was busy (preparing / to prepare) the exam.

05 다음 빈칸에 공통으로 들어갈 알맞은 말을 쓰시오.

> • There are lots _____ tall trees in the forest.
> • Thousands _____ people are running along the river.

06 다음 우리말에 맞도록 빈칸에 들어갈 말로 알맞은 것은?

> 그는 달 표면에 발을 들여놓은 첫 번째 사람이었다.
> → He was the first man to _____ foot on the surface of the moon.

① go   ② set
③ get   ④ put
⑤ take

07 다음 중 빈칸에 들어갈 수 <u>없는</u> 것은?

> • The portrait will _____ a mystery.
> • What college did you _____ from?
> • I have to _____ a few things for the trip.
> • I want to _____ them for afternoon tea.

① pack   ② remain
③ invite   ④ expect
⑤ graduate

08 다음 중 밑줄 친 단어의 쓰임이 <u>잘못된</u> 것은?

① France is <u>famous</u> for wine.
② She wore a <u>simple</u> black dress.
③ He worked <u>indoors</u> all afternoon.
④ The band's performance was <u>perfect</u>.
⑤ The ending of the movie was <u>quiet</u> sad.

표현

[09~10] 다음 대화의 빈칸에 들어갈 말로 알맞은 것을 고르시오.

09

A: How's the weather outside?
B: It's _____. Take an umbrella.

① windy
② sunny
③ cold
④ rainy
⑤ foggy

10

A: Have you ever caught the fish?
B: _____ It's my favorite hobby.

① Never.
② Yes, I do.
③ Yes, I have.
④ No, I haven't.
⑤ Of course, I do.

11 다음 대화의 빈칸 ⓐ와 ⓑ에 들어갈 말이 순서대로 짝지어진 것은?

A: ___ ⓐ ___ you ever been to Singapore?
B: Yes. I've been there once.
A: ___ ⓑ ___ have you been there?
B: For a week.

　　　ⓐ　　　　　　ⓑ
① Have ····· What
② Has ····· When
③ Has ····· How long
④ Have ····· When
⑤ Have ····· How long

12 다음 두 문장이 같은 뜻이 되도록 빈칸에 알맞은 말을 쓰시오.

How is the weather today?
= _____ is the weather _____ today?

13 다음 우리말에 맞도록 빈칸에 알맞은 말을 쓰시오.

A: 너는 베니스에 가 본 적이 있니?
→ _____ _____ _____ to Venice?
B: Yes. I went to Venice last winter.

14 다음 빈칸에 공통으로 들어갈 알맞은 말을 쓰시오.

A: _____ is the weather in Cairo?
B: It's hot and sunny. _____ about London?
A: It's raining.

15 다음 중 문장의 의미가 〈보기〉와 다른 것은?

　보기
I'm going to climb the mountain.

① I plan to climb the mountain.
② My plan is to climb the mountain.
③ I would like to climb the mountain.
④ I have a plan to climb the mountain.
⑤ I am planning to climb the mountain.

16 다음 (A)~(D)를 자연스러운 대화가 되도록 바르게 배열하시오.

(A) How was it?
(B) Yes, I have, but I've only tried Indian curry.
(C) Have you ever tried Indian food?
(D) It was really hot, but I loved it.

_____ - _____ - _____ - _____

17 그림을 보고, 다음 질문의 대답으로 가장 알맞은 것은?

Seoul	Moscow	Paris	L.A.

Q: How is the weather in Moscow?

① It rains a lot.

② It is very cloudy.

③ It is sunny outside.

④ It is cold and snowy.

⑤ It is heavily raining in Moscow.

18 다음 대화의 빈칸에 들어갈 수 <u>없는</u> 것은?

> **A:** _____
>
> **B:** No, I haven't.

① Have you ever baked cookies?

② Have you ever seen the movie?

③ Have you ever tried Greek food?

④ Have you ever drawn your portrait?

⑤ Have you ever gone to Vancouver?

19 다음 우리말에 맞도록 괄호 안의 말을 이용하여 문장을 완성하시오.

(1) 너는 코끼리를 타 본 적이 있니?

   (have / ever / ride / elephant)

   → _____

(2) 8월에 카이로 날씨는 어떠니?

   (how / the weather / Cairo / August)

   → _____

20 다음 질문에 대한 대답을 자신의 경우에 맞게 쓰시오.

> **A:** Have you ever read *The Little Prince*?
>
> **B:** (1) _____ How was it?
>
> **A:** It was very (2) _____.

[21~23] 다음 대화를 읽고, 물음에 답하시오.

> **Suho:** ⓐ너는 전에 호주에 가 본 적이 있니?
>
> **Anna:** Yes, I have. Actually, I lived in Sydney for a year.
>
> **Suho:** Great! ⓑWhat's the weather like there in April? I'm going to visit Sydney on vacation next week.
>
> **Anna:** April is a great time to visit Sydney. In April, it's autumn in Australia.
>
> **Suho:** Good. I'm planning to spend some time on the beach and relax in the sun.
>
> **Anna:** Well, it often rains in April, but you may have some sunny days.
>
> **Suho:** I'll take my hat and pack an umbrella, too.
>
> **Anna:** That's a good idea. Have a great trip.

21 위 대화의 밑줄 친 ⓐ를 괄호 안의 말을 이용하여 영작하시오.

(have / been / Australia / before)

→ _____

22 위 대화의 밑줄 친 ⓑ와 같은 뜻이 되도록 빈칸에 알맞은 말을 쓰시오.

= _____ the weather there in April?

23 위 대화의 내용과 일치하지 <u>않는</u> 것은?

① Suho hasn't been to Australia.

② Anna has lived in Sydney for a year.

③ April is the best time to visit Sydney.

④ Anna plans to go to the beach.

⑤ Suho will pack a hat and an umbrella for a trip.

✏️ 문법

24 다음 빈칸에 들어갈 말로 알맞은 것은?

> I'm thirsty. I want something _____ .

① drink
② drinks
③ drinking
④ to drink
⑤ to drinking

25 다음 빈칸에 들어갈 말이 순서대로 짝지어진 것은?

> • They have no chairs to sit _____ .
> • Seho needs a pen to write _____ .

① in – to
② in – on
③ on – with
④ with – in
⑤ from – with

26 다음 중 밑줄 친 부분의 쓰임이 나머지와 다른 것은?

① It was dark outside.
② It is exciting to go skiing.
③ It is easy to make cartoons.
④ It is a hard work to build a house.
⑤ It is impossible for me to get up early.

27 다음 우리말을 영어로 옮길 때 괄호 안에서 4번째 오는 단어로 알맞은 것은?

> 나는 이번 주말에 할 일이 많다.
> → I (things / have / to / many / do) this weekend.

① things
② have
③ to
④ many
⑤ do

28 다음 문장에서 어법상 틀린 부분을 찾아 바르게 고치시오.

> The building is very taller than the tower.

_____ → _____

29 다음 중 밑줄 친 부분을 생략할 수 없는 것은?

① I know that she isn't a liar.
② I think that he will win the race.
③ I hope that I'll have a chance to meet him.
④ I know a man that is talking with my teacher.
⑤ I guess that the stones will remain a mystery.

30 다음 중 어법상 틀린 문장은?

① I read a few books this week.
② Try to make a perfect drawing.
③ It's a good place to visit in Seoul.
④ That's not easy to finish the report.
⑤ I'll travel to Spain during the holiday.

31 다음 문장에서 who가 들어갈 위치로 알맞은 곳은?

> She saw (①) portraits of (②) famous (③) people (④) graduated (⑤) from the college.

32 다음 빈칸에 들어갈 말이 순서대로 짝지어진 것은?

> • _____ I was eating, she washed the dishes.
> • _____ it's raining, I stayed home.

① When – After   ② While – Because
③ After – While   ④ Since – Because
⑤ Because – While

33 다음 그림의 내용을 묘사한 것으로 가장 알맞은 것은?

① He has something to drink.
② He doesn't have a steak to eat.
③ He has a knife to cut the steak.
④ He doesn't have a fork to use.
⑤ He needs a knife to cut the steak.

34 다음 문장을 주어진 말로 시작하여 바꿔 쓰시오.

> To solve the questions was easy.
> → It _____.

35 다음 중 어법상 옳은 문장은?

① We decided go fishing.
② I have some pictures showing you.
③ That was a good way to get there.
④ It has became a world famous place.
⑤ She is one of the best student in the school.

36 다음 중 밑줄 친 부분의 쓰임이 나머지와 <u>다른</u> 것은?

① Here are some books <u>to read</u>.
② It is nice <u>to help</u> poor children.
③ They bought a bike <u>to give</u> to her.
④ Do you have anything <u>to play</u> with?
⑤ My sister needs some time <u>to rest</u>.

37 다음 빈칸에 들어갈 말로 알맞지 <u>않은</u> 것은?

> It's _____ for me to take care of cats.

① easy   ② hard
③ kind   ④ important
⑤ impossible

38 다음 빈칸 ⓐ와 ⓑ에 들어갈 말이 순서대로 짝지어진 것은?

> I went to Hawaii this summer. It was a great place ___ⓐ___ the beach and sunny days. I also ate a lot of local food. I hope I will have a chance ___ⓑ___ Hawaii again.

    ⓐ   ⓑ
① enjoy ······ visited
② enjoy ······ to visit
③ enjoyed ······ to visit
④ to enjoy ······ visiting
⑤ to enjoy ······ to visit

39 다음 우리말에 맞도록 괄호 안의 말을 이용하여 영작하시오.

> 소설을 쓰는 것은 어렵다.
> (it / difficult / novel)

→ _____

✎ 독해

40 다음 글의 <u>뒤</u>에 나올 내용으로 알맞은 것은?

> Hi, I am Lucy Hunter, and I live in London. Last week, my family went on a vacation for three days. During our trip, I made simple drawings in my journal. That was a great way to capture all the special moments. I will tell about my travel story.

① 런던 방문기
② 휴가 계획 짜기
③ 일기 쓰는 것의 장점
④ 일기에 그림을 그리는 팁
⑤ 자신의 여행을 기록한 일기

[41~43] 다음 글을 읽고, 물음에 답하시오.

> **August 5**
>
> At last, we set foot at Stonehenge, one of the most mysterious place on Earth. After a two-hour drive from our home in London, we finally got to Stonehenge. _____ⓐ_____ was just amazing to see the ring of huge stones. How did those huge stones get there thousands of years ago? What were they for? I guess Stonehenge will remain a mystery for a long time.
>
> **Lucy's Drawing Tips**
> Don't try _____ⓑ_____ a perfect drawing. A few colors will be enough.

41 윗글의 밑줄 친 부분에서 어법상 <u>틀린</u> 부분을 찾아 바르게 고쳐 쓰시오.

_____ → _____

42 윗글의 빈칸 ⓐ와 ⓑ에 들어갈 말이 순서대로 짝지어진 것은?

	ⓐ	ⓑ
①	It	…… make
②	It	…… to make
③	It	…… making
④	That	…… making
⑤	That	…… to make

43 스톤헨지에 대한 설명으로 윗글의 내용과 일치하지 <u>않는</u> 것은?

① 8월 5일의 여행 목적지이다.
② 지구상의 불가사의한 장소로 여겨진다.
③ 런던에서 차로 2시간 거리이다.
④ 원형으로 둘러서 있는 거대한 돌들이다.
⑤ 수천만 년 전부터 그곳에 있었다.

44 다음은 두 친구가 학교에서 갔던 여행에 대해 쓴 글이다. 빈칸에 공통으로 들어갈 말을 주어진 철자로 시작하여 쓰시오.

> **Mira:** We went on a f_____ t_____ to Namhae last month. It was just amazing to see so many beautiful islands. We also visited Namhae German Village. We'll never forget that trip.
>
> **Jiho:** We went on a f_____ t_____ to Yeosu last month. It was amazing to visit so many parks and museums. We also ate a lot of great food. We'll never forget that trip.

[45~47] 다음 글을 읽고, 물음에 답하시오.

August 6

In the morning, we walked around the Cotswolds. It started to rain in the afternoon, so we decided (A)|staying / to stay| indoors at our B&B. A B&B is a popular place (B)|staying / to stay| in England. It feels more like a home than a hotel. The owner invited us for afternoon tea today. The dining table was full of cookies, cake, bread, and cheese. (C)|While / After| I was busy eating, Mom was admiring the beautiful cups and plates. I ate too much, so I couldn't eat anything for dinner.

Lucy's Drawing Tips
To draw everyday objects like cups and plates is O.K.

45 윗글의 (A), (B), (C) 안에서 어법에 맞는 표현으로 가장 알맞은 것은?

(A)	(B)	(C)
① staying	⋯⋯ staying	⋯⋯ While
② staying	⋯⋯ to stay	⋯⋯ After
③ to stay	⋯⋯ staying	⋯⋯ While
④ to stay	⋯⋯ to stay	⋯⋯ While
⑤ to stay	⋯⋯ to stay	⋯⋯ After

46 윗글의 밑줄 친 부분을 가주어 It을 이용하여 다시 쓰시오.

→ ＿＿＿＿＿＿＿＿＿＿＿＿＿＿

47 윗글의 내용과 일치하도록 빈칸에 알맞은 말을 본문에서 찾아 쓰시오.

Lucy walked around the Cotswolds in the morning. Because it rained in the afternoon, she stayed ＿＿＿＿＿ at a B&B. She enjoyed ＿＿＿＿＿＿＿＿ there.

[48~51] 다음 글을 읽고, 물음에 답하시오.

August 7

Our last stop was Oxford. (①) It has become a world famous place ＿＿＿＿＿ since (A)it appeared in the *Harry Potter* movies. (②) In the movies, Harry and everyone else eat dinner at the Hall of Christ Church. (③) We also saw portraits of famous people who graduated from the college. (④) When we were outside the building, I walked to the famous olive tree and touched (B)it. (⑤) "Because I touched this tree," I said, "I will get into Oxford University!" Then, my brother said to me with a smile, "I can't wait to see your portrait on the wall."

Lucy's Drawing Tips
Create your own avatar. Your drawing journal will become much more interesting.

48 윗글의 ①~⑤ 중 주어진 문장이 들어가기에 알맞은 곳은?

We first visited Christ Church College.

①   ②   ③   ④   ⑤

49 윗글의 빈칸에 들어갈 말로 알맞은 것은?

① visit
② visits
③ visiting
④ to visit
⑤ was visiting

50 윗글의 밑줄 친 (A)와 (B)가 가리키는 것을 각각 영어로 쓰시오.

(A) _____

(B) _____

51 Christ Church College에 대한 설명으로 윗글의 내용과 일치하지 <u>않는</u> 것은?

① 옥스퍼드에 있다.
② 《해리 포터》의 촬영지로 유명하다.
③ 그 대학을 졸업한 유명한 사람들의 초상화가 걸려 있다.
④ 건물 밖에 유명한 올리브 나무가 있다.
⑤ 올리브 나무의 잎을 따면 옥스퍼드 대학에 들어가게 된다는 미신이 있다.

[52~53] 다음 글을 읽고, 물음에 답하시오.

> Last winter, I went to Laos with my family. We _____ⓐ_____ a lot of beautiful temples and went to the night market in Vientiane. Then, we moved to Vang Vieng and went river tubing. We also enjoyed their traditional food. It was a lot of fun to try new things in a foreign country. I hope I will have a chance _____ⓑ_____ Laos again.

52 윗글의 빈칸 ⓐ와 ⓑ에 visit의 알맞은 형태를 각각 쓰시오.

ⓐ _____
ⓑ _____

53 윗글의 내용으로 알 수 <u>없는</u> 것은?

① 여행지
② 날씨
③ 먹은 음식
④ 여행 시기
⑤ 방문한 장소

[54~55] 다음 글을 읽고, 물음에 답하시오.

> ***The Voyage of the Beagle***
> by Charles Darwin
> September 15, 1835
> We finally arrived on this island. There are many animals to study here. Today, I saw some strange turtles. <u>그것들을 관찰하는 것은 놀라웠다.</u>
>
> ***The Travels of Marco Polo***
> by Marco Polo
> May, 11, 1292
> We finally set off home to Europe from China. For the past 20 years, we explored China from east to west. It was great to learn about other cultures, but we miss home!

54 윗글의 밑줄 친 우리말에 맞도록 괄호 안의 말을 배열하여 문장을 완성하시오.

(to watch / was / it / amazing / them).

→ _____

55 윗글의 제목으로 가장 알맞은 것은?

① The Famous Books
② Good Places to Visit
③ Historical Travel Journals
④ The Adventure of Explorers
⑤ The Importance of Journals

01 다음 중 단어의 영영풀이가 <u>잘못된</u> 것은?

① capture: to catch something

② moment: a very short period of time

③ simple: not easy to understand or do

④ owner: a person that owns something

⑤ object: a thing that you can see and touch

02 다음 짝지어진 단어의 관계가 〈보기〉와 같은 것은?

┌─ 보기 ─────────────────────┐
│ tradition : traditional │
└───────────────────────────┘

① huge : giant

② simple : complex

③ sudden : suddenly

④ mystery : mysterious

⑤ graduate : graduation

03 다음 밑줄 친 부분과 바꿔 쓸 수 있는 것은?

┌───────────────────────────────────┐
│ Mr. Kim, <u>finally</u>, bought one of the most │
│ expensive cars in the world. │
└───────────────────────────────────┘

① at first   ② at last

③ at least   ④ at that time

⑤ at all times

04 다음 대화의 빈칸에 알맞은 말을 쓰시오.

┌───────────────────────────────────┐
│ A: Bill, have you ever gone bungee jumping? │
│ B: _____ _____ _____ │
│   How about you, Katie? │
│ A: When I visited New Zealand, I tried │
│   bungee jumping once. │
│ B: Wasn't it scary? │
│ A: No, I liked it. I want to do it again. │
└───────────────────────────────────┘

05 다음 (A)~(D)를 자연스러운 대화가 되도록 바르게 배열한 것은?

┌───────────────────────────────────┐
│ (A) It's quite cloudy outside. I'll check the │
│   weather forecast. │
│ (B) Well, it's going to rain in the afternoon. │
│ (C) Mom, how's the weather today? │
│ (D) Thanks, Mom. │
└───────────────────────────────────┘

① (A) – (C) – (B) – (D)

② (A) – (D) – (C) – (B)

③ (B) – (C) – (A) – (D)

④ (C) – (A) – (D) – (B)

⑤ (C) – (B) – (A) – (D)

06 다음 중 짝지어진 대화가 어색한 것은?

① A: Have you ever seen ostrich eggs?

   B: Yes, I have.

② A: How was Indian food?

   B: It was really hot, but I loved it.

③ A: It's freezing here. How's the weather there?

   B: It's raining.

④ A: Have you been to any special places in Korea?

   B: Yes. I went to Ulleungdo last summer.

⑤ A: How's the weather in Bangkok in March?

   B: Sorry, I don't know. It's hot and sunny.

[07~08] 다음 대화를 읽고, 물음에 답하시오.

> Suho: Anna, have you been to Australia before? (①)
>
> Anna: Yes, I have. Actually, I lived in Sydney for a year.
>
> Suho: Great! (②) I'm going to visit Sydney on vacation next week.
>
> Anna: April is a great time to visit Sydney. In April, it's autumn in Australia. (③)
>
> Suho: Good. I'm planning to spend some time on the beach and relax in the sun. (④)
>
> Anna: Well, it often rains in April, but you may have some sunny days.
>
> Suho: I'll take my hat and pack an umbrella, too. (⑤)
>
> Anna: That's a good idea. Have a great trip.

07 위 대화의 ①~⑤ 중 주어진 문장이 들어가기에 가장 알맞은 곳은?

> How's the weather there in April?

①   ②   ③   ④   ⑤

08 위 대화의 내용과 일치하지 <u>않는</u> 것은?

① Anna는 시드니에 1년간 살았다.
② 수호는 방학에 시드니 여행을 계획하고 있다.
③ 4월은 호주 여행의 적기가 아니다.
④ 호주의 4월은 가을이다.
⑤ 호주는 4월에 비가 자주 온다.

^{중요}
09 다음 중 밑줄 친 부분의 쓰임이 〈보기〉와 <u>다른</u> 것은?

> ─ 보기 ─
> <u>It</u> is hard to solve the problem.

① <u>It</u> is good to see you again.
② <u>It</u> is kind of you to say so.
③ <u>It</u> was exciting to listen to hiphop music.
④ <u>It</u> is important to warm up before swimming.
⑤ <u>It</u> was much more interesting than the book.

10 다음 우리말을 영어로 바르게 옮긴 것은?

> 내가 애완동물을 기르는 것은 쉽지 않아.

① It is not easy for I to have a pet.
② It is not easy of I to have a pet.
③ It is not easy for me having a pet.
④ It is not easy for me to have a pet.
⑤ It was not easy for me having a pet.

11 다음 우리말에 맞도록 괄호 안의 말을 이용하여 빈칸에 알맞은 말을 쓰시오.

(1) 맛있는 빵을 파는 빵집이 있다. (bakery / sell)
    → There is ＿＿＿＿＿ ＿＿＿＿＿
    ＿＿＿＿＿ delicious bread.

(2) 이 호수에서 수영하는 것은 위험하다. (swim)
    → ＿＿＿＿＿ ＿＿＿＿＿ dangerous
    ＿＿＿＿＿ ＿＿＿＿＿ in this lake.

12 다음 빈칸에 들어갈 말로 알맞지 <u>않은</u> 것은?

> It is nice to ＿＿＿＿＿＿＿＿＿.

① tell a lie
② keep a journal
③ eat healthy food
④ exercise every day
⑤ help friends in need

13 다음 중 밑줄 친 부분이 어법상 틀린 것은?

① We have no water to drink.
② She needs a chair to sit on.
③ The child has a toy to play.
④ Would you like something to eat?
⑤ I finally found a house to live in.

14 다음 빈칸에 들어갈 말로 가장 알맞은 것은?

_____ I was busy doing my homework, Mom was making dinner for me.

① After
② If
③ Since
④ While
⑤ Because

15 다음 글에서 어법상 틀린 부분을 두 군데 찾아 바르게 고쳐 쓰시오.

September 15, 1835
We finally arrived on this island. There are many animals studying here. Today, I saw some strange turtles. It was amazing watch them.

(1) _____ → _____

(2) _____ → _____

[16~17] 다음 글을 읽고, 물음에 답하시오.

Hi, I am Lucy Hunter, and I live in London. Last week, my family went on a vacation for three days. During our trip, I made simple drawings in my journal. That was a great way to capture all the special moments.

August 5
At last, we set foot at Stonehenge, ⓐone of the most mysterious places on Earth. After a two-hour drive from our home in London, we finally got to ⓑStonehenge. ⓒIt was just amazing to see ⓓthe ring of huge stones. How did those huge stones get there thousands of years ago? What were ⓔthey for? I guess Stonehenge will remain a mystery for a long time.

Lucy's Drawing Tips
Don't try to make a perfect drawing. A few colors will be enough.

16 윗글의 밑줄 친 ⓐ~ⓔ 중 가리키는 것이 나머지와 다른 것은?

① ⓐ
② ⓑ
③ ⓒ
④ ⓓ
⑤ ⓔ

17 윗글의 내용과 일치하도록 다음 질문에 대한 대답을 완성하시오.

Q: How long did it take from London to Stonehenge?
A: It took _____ _____ by _____.

[18~19] 다음 글을 읽고, 물음에 답하시오.

August 6

In the morning, we walked around the Cotswolds.

(A) The owner invited us for afternoon tea today. The dining table was full of cookies, cake, bread, and cheese.

(B) It started to rain in the afternoon, so we decided to stay indoors at our B&B. A B&B is a popular place to stay in England. It feels more like a home than a hotel.

(C) While I was busy eating, Mom was admiring the beautiful cups and plates. I ate too much, so I couldn't eat anything for dinner.

Lucy's Drawing Tips

It is O.K. to draw everyday objects like cups and plates in your journal.

18 윗글의 (A)~(C)를 일이 일어난 순서에 따라 바르게 배열한 것은?

① (A) - (C) - (B)　　② (B) - (A) - (C)
③ (B) - (C) - (A)　　④ (C) - (A) - (B)
⑤ (C) - (B) - (A)

중요
19 윗글의 밑줄 친 to stay와 용법이 다른 것은?

① She needs a chair to sit on.
② Let's look for something to eat.
③ Jack has a lot of work to do today.
④ They stopped to take pictures of the view.
⑤ I want to bring a hat to wear on sunny days.

[20~21] 다음 글을 읽고, 물음에 답하시오.

August 7

Our last stop was Oxford. We first visited Christ Church College. It ⓐhas become a world famous place to visit since it appeared in the *Harry Potter* movies. In the movies, Harry and everyone else eat dinner at the Hall of Christ Church. We also saw portraits of famous people ⓑwho graduated from the college. When we were outside the building, I walked to the famous olive tree and ⓒtouched it. "Because I touched this tree," I said, "I ⓓwill get into Oxford University!" Then, my brother said to me with a smile, "I can't wait to see your portrait on the wall."

Lucy's Drawing Tips

Create your own avatar. Your drawing journal will become ⓔvery more interesting.

20 윗글의 밑줄 친 ⓐ~ⓔ 중 어법상 틀린 것을 찾아 바르게 고쳐 쓰시오.

_____ → _____

고난도
21 Which of the following is correct?

① The first stop was Oxford.
② Christ Church College became a world famous place to visit.
③ Lucy and her family ate dinner at the Hall of Christ Church.
④ Lucy drew portraits of famous people.
⑤ Lucy's brother touched the famous olive tree.

[22~23] 다음 글을 읽고, 물음에 답하시오.

Stonehenge and Oxford Tour

Would you like to take your family on an unforgettable trip? Join our 2-Day Stonehenge and Oxford Tour.

Day One
- Visit Stonehenge, one of the most mysterious places on Earth.
- See the ring of huge stones.

Day Two
- Arrive in Oxford. For *Harry Potter* fans, go to Christ Church College.
- Do you want to <u>get into</u> Oxford University? Touch the famous olive tree.

DON'T WAIT. BOOK NOW!

22 윗글의 밑줄 친 부분과 바꿔 쓸 수 있는 것은?

① admire   ② enter
③ capture   ④ create
⑤ graduate

23 Stonehenge and Oxford Tour에 대한 설명으로 윗글의 내용과 일치하지 <u>않는</u> 것은?

① 이틀간의 일정이다.
② 첫째 날에 스톤헨지를 방문한다.
③ 둘째 날에 옥스퍼드로 이동한다.
④ 크라이스트 처치 칼리지 방문이 포함된다.
⑤ 올리브 나무 만지기 행사에 참여할 수 있다.

[24~25] 다음 글을 읽고, 물음에 답하시오.

Last winter, I (A) went / have been to Laos with my family. We visited a lot of beautiful temples and went to the night market in Vientiane. Then, we moved to Vang Vieng and went river tubing. We also enjoyed their traditional food. (B) It / That was a lot of fun to try new things in a foreign country. I hope I will have a chance (C) visiting / to visit Laos again.

중요 24 윗글의 (A), (B), (C) 각 네모 안에서 어법에 맞는 표현으로 가장 알맞은 것은?

	(A)	(B)	(C)
①	went	It	visiting
②	went	That	visiting
③	went	It	to visit
④	have been	It	to visit
⑤	have been	That	visiting

25 지난겨울의 라오스 여행을 정리한 표이다. 윗글의 내용을 바탕으로 할 때 빈칸에 알맞은 말을 쓰시오.

where I visit	(1) _____ and _____ in Laos
what I did	• visited a lot of beautiful (2) _____ • went to the (3) _____ _____ • went river tubing • enjoyed their (4) _____ _____
what I felt	a lot of fun to try (5) _____ _____ in a foreign country

★ 바른답·알찬풀이 p. 30

A 다음 빈칸에 괄호 안의 동사를 알맞은 형태로 바꿔 쓰시오.

❶ It is good for him _____ a bike to work. (ride)

❷ Have you ever _____ *Harry Potter*? (read)

❸ We have to buy a flour _____ pizza. (make)

B 다음 문장에서 어법상 <u>틀린</u> 부분을 바르게 고치시오.

❶ It is kind of you to saying so. _____ → _____

❷ The lake is a popular place fish in Korea. _____ → _____

❸ While our trip, I drew simple drawings in my journal. _____ → _____

C 다음 그림을 보고, 질문에 알맞은 대답을 쓰시오.

❶ A: Has he ever seen a ghost in his dream?

B: _____ , _____ _____ .

❷ A: Has she finished cleaning the room?

B: _____ , _____ _____ .

D 다음 문장을 가주어 it을 이용하여 바꿔 쓰시오.

❶ To walk more than 10 hours a day is amazing.

→ _____

❷ To wear a seatbelt in the car is very important.

→ _____

My Travel, My Way **115**

A 다음 그림을 보고, 괄호 안의 말을 이용하여 〈보기〉와 같이 Ms. Kim이 해야 할 일을 문장으로 쓰시오.

· 보기 ·
I have a lot of reports to write.

❶ I _____
(many books / read)

❷ I _____
(some people / meet)

❸ I _____
(a few cats / feed)

B 다음 우리말에 맞도록 괄호 안의 말을 바르게 배열하여 문장을 완성하시오.

❶ 너는 이집트에 가 본 적이 있니? (you / have / to / ever / been / Egypt)

→ _____

❷ 중국어를 배우는 것은 어렵다. (Chinese / it / learn / is / difficult / to)

→ _____

❸ Rebecca는 이 마을에서 가장 예쁜 소녀 중의 한 명이다. (Rebecca / one / is / the prettiest / of / girls)

→ _____ in this village.

C 다음 일기예보를 읽고, 각 질문에 알맞은 대답을 쓰시오.

Good morning, and welcome to the weather forecast. It's sunny outside, but we're expecting some rain tomorrow. Don't leave home without your umbrella. That's the weather forecast for today. Have a nice day!

❶ How's the weather today? – _____

❷ What will be the weather like tomorrow? – _____

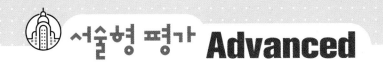
A 다음 그림을 보고, 지도에서 4개의 나라를 골라서 그 나라의 날씨를 묻는 질문에 완전한 문장으로 대답하시오.

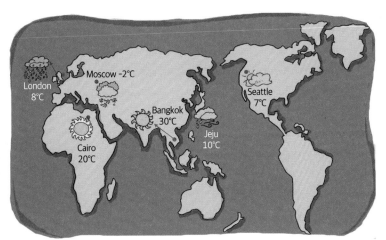

London
8°C

Moscow -2°C

Seattle
7°C

Bangkok
30°C

Jeju
10°C

Cairo
20°C

<World Weather Map for March>

Q: How is the weather in March?

❶ It's _____ in _____ .

❷ _____

❸ _____

❹ _____

B 다음은 Jenny가 다녀온 라오스 여행을 정리한 표이다. 표의 내용을 바탕으로 글을 완성하시오.

When	last summer
Where	Vientiane and Van Vieng in Laos
With whom	with her family
What	in Vientiane	• visited beautiful temples and the night market
	in Van Vieng	• dived in the Blue Ragoon • enjoyed the traditional food
She thought ...	• To try new things in a foreign country was exciting. • She wanted to visit Laos again.

Jenny went to ❶ _____ last summer. She

❷ _____ in Vientiane. Then, she moved to Vang

Vieng and dived in the Blue Ragoon. She also ❸ _____ . It was

exciting ❹ _____ . She thought she wanted to have

a chance ❺ _____ .

>> **다음 우리말을 영어로 옮기시오.**

01 안녕, 나는 Lucy Hunter이고, 런던에 살아.

→ _____

02 지난주, 우리 가족은 3일간 휴가를 갔어

→ _____

03 여행 동안에, 나는 내 일기에 간단한 그림을 그렸어.

→ _____

04 그것은 모든 특별한 순간을 포착하는 데 아주 좋은 방법이었어.

→ _____

05 드디어, 우리는 지구상에서 가장 불가사의한 장소들 중 하나인 스톤헨지(Stonehenge)에 발을 들여놨어.

→ _____

06 런던에 있는 우리 집에서 차로 두 시간 달린 후에, 우리는 마침내 스톤헨지에 도착했어.

→ _____

07 원형으로 둘러서 있는 거대한 돌들을 보는 것은 그저 놀라웠어.

→ _____

08 어떻게 저 거대한 돌들이 수천 년 전에 그곳에 도달했을까? 그것들은 무엇을 위한 것이었을까?

→ _____

09 나는 스톤헨지가 오랫동안 불가사의로 남아 있을 거라고 생각해.

→ _____

10 완벽한 그림을 그리려고 하지 마. 몇 가지 색으로 충분할 거야

→ _____

11 아침에, 우리는 코츠월드(Cotswolds) 주변을 걸어 디녔어.

→ _____

12 오후에 비가 오기 시작해서, 우리는 B&B 안에서 머물기로 결정했어.

→ _____

13 B&B는 영국에서 머물기에 인기 있는 곳이야. 호텔보다는 집처럼 더 느껴져.

→ _____

14 주인은 오늘 오후 다과회에 우리를 초대했어.

→ _____

15 식탁에는 과자, 케이크, 빵, 그리고 치즈가 가득했어.

→ _____

16 내가 먹느라고 바쁜 동안에, 엄마는 아름다운 컵과 접시에 감탄하고 계셨어

→ _____

17 나는 너무 많이 먹어서, 저녁 식사로 아무것도 먹을 수가 없었어.

→ _____

18 너의 일기에 컵이나 접시 같은 일상용품들을 그리는 것은 괜찮아.

→ _____

19 우리가 마지막으로 들른 곳은 옥스퍼드였어. 우리는 먼저 크라이스트 처치 칼리지(Christ Church College)에 갔어.

→ _____

20 그곳은 《해리 포터(Harry Potter)》 영화에 나온 이후로 방문해야 할 세계적으로 유명한 장소가 되었어.

→ _____

21 영화에서는, Harry와 다른 모든 사람이 크라이스트 처치 홀(the Hall of Christ Church)에서 저녁을 먹거든.

→ _____

22 우리는 또한 그 대학을 졸업한 유명한 사람들의 초상화를 봤어.

→ _____

23 우리가 건물 밖으로 나왔을 때, 나는 유명한 올리브 나무로 걸어가서 그것을 만졌어.

→ _____

24 "나는 이 나무를 만졌기 때문에, 옥스퍼드 대학에 들어갈 거야!"라고 내가 말했어.

→ _____

25 그러자, 오빠가 내게 웃으며 말했어. "벽에 걸려 있는 네 초상화를 빨리 보고 싶은걸."

→ _____

26 네 자신의 아바타를 만들어. 너의 그림일기가 훨씬 더 흥미로워질 거야.

→ _____

단원 마무리 노트

3단원에서 배운 내용을 정리한 노트를 완성해 봅시다.

Vocabulary

> 여행 동안에, 나는 내 일기에 간단한 그림을 그렸어.

→ During our trip, I made simple drawings in my ❶_____.

> 내가 먹느라고 바쁜 동안에, 엄마는 아름다운 컵과 접시에 감탄하고 계셨어.

→ While I was busy eating, Mom was ❷_____ the beautiful cups and plates.

> 우리는 또한 그 대학을 졸업한 유명한 사람들의 초상화를 봤어.

→ We also saw ❸_____ of famous people who ❹_____ from the college.

Expressions

> A: Have you ever eaten pancakes? 팬케이크를 먹어 본 적이 있니?
> B: Yes, I have. / No, I haven't. 응, 있어. / 아니, 없어.

→ 상대방의 경험을 물을 때는 〈Have you ever+과거분사 ~?〉로 표현하고, 이에 대한 응답으로 해 본 적이 있으면 ❺_____(으)로 답하고, 해 본 적이 없으면 No, I haven't.로 답한다.

> A: How's the weather in London in March? 3월에 런던의 날씨는 어떠니?
> B: It's rainy and cool. 비가 오고 쌀쌀해.

→ 날씨를 물을 때는 의문사 how를 써서 ❻_____(으)로 표현하며, 뒤에 〈in+장소〉를 써서 특정 지역의 날씨를 물을 수 있다. 이에 대한 대답은 〈It's+날씨를 나타내는 말.〉로 표현한다.

Grammar

to부정사의 형용사적 용법

to부정사가 형용사처럼 쓰여 ❼_____(을)를 수식한다. 〈(대)명사+to부정사〉의 형태로 '~하는/~할 (명사)'이라고 해석한다.

가주어 it ~ to부정사

to부정사(구)로 된 주어의 길이가 긴 경우, ❽_____(으)로 문장을 시작하고 to부정사(구)는 문장 뒤로 위치시킨다. 이때 it을 가주어, to부정사(구)를 진주어라고 한다.

정답 ❶ journal ❷ admiring ❸ portraits ❹ graduated ❺ Yes, I have. ❻ How's the weather ~? ❼ 명사(구) 또는 대명사 ❽ it

Giving a Hand

Listen & Speak

- 도움 요청하기
  Can you do me a favor?
- 감사하기
  Thank you for sharing your umbrella with me.

Read

- 할아버지를 위해 만든 특별한 양말

Language Use

- He was the person **who(m)** Kenneth respected the most in the world.
- He was **so** happy **that** he jumped for joy.

다음 어휘의 뜻을 알아봅시다.

▷ Words

명사

- chance[ʧæns]] 기회 = opportunity
- condition[kəndíʃən] 상태, 조건, 상황
- cook[kuk] 요리사; ⑧ 요리하다
- device[diváis] 장치, 기구
- disease[dizíːz] 병, 질병 = illness
- favor[féivər] 호의, 부탁
- generation[dʒènəréiʃən] 세대
- heel[hiːl] 뒤꿈치
- invention[invénʃən] 발명(품)
  + invent 발명하다, inventor 발명가
- lesson[lésn] 교훈
- material[mətíəriəl] 재료, 소재
- pressure[préʃər] 압력
- project[prádʒekt] 과제, 계획
- safety[séifti] 안전 + safe 안전한
- sensor[sénsər] 감지기, 센서
- shock[ʃɑk] 충격
- signal[sígnəl] 신호, 통신
- trial and error 시행착오
- volunteer[vàləntíər] 자원봉사; ⑧ 자원봉사하다

형용사/부사

- close[klous] 친밀한, 가까운

- comfortable[kʌmfərtəbl] 편안한, 쾌적한
  ↔ uncomfortable 불편한, 불쾌한
- elderly[éldərli] 나이 드신 = old
- important[impɔ́ːrtənt] 중요한
  ↔ unimportant 중요하지 않은
- lost[lɔ́ːst] 길을 잃은
- perfect[pə́ːrfikt] 완벽한 = complete
- proud[praud] 자랑스러운 + pride 자랑
- trusty[trʌ́sti] 믿을 수 있는, 의지할 수 있는 + trust 신뢰, 믿음
- worse[wə́ːrs] 악화된, 더 심한

동사

- break[breik] 부러뜨리다 (break – broke – broken)
- create[kriéit] 만들다, 창조하다
- invite[inváit] 초대하다
- respect[rispékt] 존경하다, 존중하다
- send[send] 보내다 (send – sent – sent)
- succeed[səksíːd] 성공하다 + success 성공
- support[səpɔ́ːrt] 지지하다, 뒷받침하다
- teach[tiːʧ] 가르치다 (teach – taught – taught)
- understand[ʌndərstǽnd] 이해하다
  (understand – understood – understood)
- water[wɔ́ːtər] 물을 주다; ⑨ 물
- work[wə́ːrk] (기계가) 작동하다

▷ Phrases

- all night long 밤새도록
- be in shock 충격을 받다
- cheer up 격려하다, 기운을 북돋우다
- feel like -ing ~하고 싶다
- get lost 길을 잃다
- give ~ a bath ~을 목욕시키다
- give up 포기하다

- go out for a walk 산책하러 나가다
- grow up 자라다, 성장하다
- jump for joy 기뻐 날뛰다
- keep an eye on ~ ~을 계속 지켜보다
- say to oneself 혼잣말을 하다
- thank you for ~ ~에 대해 감사하다
- wander off 돌아다니다, 헤매다

A 다음 단어의 우리말 뜻을 쓰시오.

01 pressure

02 elderly

03 condition

04 trusty

05 invention

06 chance

07 signal

08 disease

09 favor

10 safety

11 support

12 comfortable

13 material

14 sensor

15 generation

16 trial and error

17 say to oneself

18 wander off

19 go out for a walk

20 keep an eye on ~

B 다음 우리말에 알맞은 단어를 쓰시오.

01 성공하다

02 친밀한, 가까운

03 자원봉사(하다)

04 존경하다, 존중하다

05 교훈

06 자랑스러운

07 이해하다

08 물을 주다; 물

09 부러뜨리다

10 악화된, 더 심한

11 뒤꿈치

12 충격

13 장치, 기구

14 과제, 계획

15 (기계가) 작동하다

16 초대하다

17 자라다, 성장하다

18 포기하다

19 길을 잃다

20 격려하다

Words 집중 탐구

동사 + 전치사

- grow up (자라다)
- look for (~을 찾다)
- wander off (돌아다니다)
- think about (~에 대해서 생각하다)
- succeed in (~에 성공하다)

동사 + 부사

- cheer up (격려하다)
- give up (포기하다)
- turn on/off (불을 켜다/끄다)
- put on (입다, 신다, 쓰다)
- hand in (제출하다)

* 〈동사+전치사〉에서는 동사와 전치사를 분리하여 쓸 수 없지만, 〈동사+부사〉에서는 동사와 부사 사이에 목적어가 올 수 있다.

Phrases 집중 탐구

- feel like -ing: ~하고 싶다

  Do you **feel like eating** out tonight? (오늘 밤 너는 외식하고 싶니?)

- give up: 포기하다

  The doctor told me to **give up** sweets. (의사는 나에게 단것을 끊으라고 말했다.)

- wander off: 돌아다니다, 헤매다

  The little boy **wandered off** and got lost. (어린 소년은 돌아다니다가 길을 잃었다.)

- thank you for ~: ~에 대해 감사하다

  Thank you for answering my question. (제 질문에 답해 주셔서 감사합니다.)

- keep an eye on ~: ~을 계속 지켜보다

  Will you **keep an eye on** my dog while I'm away? (제가 없는 동안 제 개를 좀 봐주시겠어요?)

★ 바른답·알찬풀이 p. 32

Pop Quiz ◀

1 다음 짝지어진 단어의 관계가 같도록 빈칸에 알맞은 말을 쓰시오.

invite : invitation = _____ : success

2 다음 빈칸에 공통으로 알맞은 말을 쓰시오.

- I think that he will never give _____.

- We tried our best to cheer them _____.

- He wants to be a firefighter when he grows _____.

3 다음 영영풀이에 해당하는 단어를 쓰시오.

_____ : the bottom back part of the foot

A 다음 우리말에 맞도록 빈칸에 알맞은 말을 쓰시오.

(1) 우리는 자주 시행착오를 통해서 배운다.
→ We often learn through _____ and error.

(2) 나에게 설명할 기회를 주겠니?
→ Can you give me a _____ to explain?

(3) 나의 가족은 4대가 같은 집에서 산다.
→ My family lives in the same house for four _____.

(4) 그 여행자는 지난밤에 돌아다니다가 길을 잃었다.
→ The traveler _____ off and got _____ last night.

B 다음 빈칸에 알맞은 말을 〈보기〉에서 골라 쓰시오.

┌ 보기 ─────────────────────────────┐
elderly   worse   trusty   comfortable
└──────────────────────────────────────┘

(1) Don't touch the wound. It will get _____.

(2) She lay down on the soft, _____ bed.

(3) This medical device is a product for _____ people.

(4) I never go anywhere without my _____ dog, Bolt.

C 다음 단어들을 포함할 수 있는 것은?

┌──────────────────────────────────────┐
stone, wood, steel, paper, plastic, etc.
└──────────────────────────────────────┘

① signal   ② sensor   ③ nature
④ invention   ⑤ material

D 다음 글의 빈칸에 들어갈 말로 가장 알맞은 것은?

┌──────────────────────────────────────┐
King Sejong made *Hangeul* in 1443. He wanted his people to read and
write easily. We must thank him for it. I _____ him very
much.
└──────────────────────────────────────┘

① expect   ② create   ③ respect
④ trust   ⑤ understand

W·O·R·D·S

☐ **error** ⑲ 실수
☐ **explain** ⑧ 설명하다
☐ **same** ⑲ 같은
☐ **traveler** ⑲ 여행자

☐ **wound** ⑲ 상처
☐ **lie down** 누워 있다, 눕다
☐ **medical** ⑲ 의학의
☐ **product** ⑲ 제품, 상품
☐ **anywhere** ⑨ 어디에(도)

☐ **steel** ⑲ 철
☐ **etc.** ~ 등 (et cetera)

☐ **thank A for B** A에게
B에 대해 감사하다

1 도움 요청하기

상대방에게 도움을 요청할 때는 Can[Could/Will/Would] you do me a favor?를 사용하며, '나를 도와주겠니?, 내 부탁 하나 들어줄래?'라는 의미를 나타낸다. 요청에 수락할 때는 Sure. / O.K. / Of course. / No problem. / Why not? 등으로 답하고, 거절할 때는 Sorry, but I can't. / I'm afraid I can't. 등으로 답한다.

A: Can you do me a favor?
B: Sure. What is it?
A: Can you fix my computer?
B: Sure. No problem. / Sorry, but I can't.

중요표현 더하기

- Can[Could] I ask you a favor?
  내가 너에게 부탁 하나 해도 되니?
  = Can I ask a favor of you?
- Can you help me with my report?
  내가 보고서 쓰는 것을 도와주겠니?
- Can you give me a hand?
  나를 도와줄 수 있니?
- I need your help.
  나는 네 도움이 필요해.

Pop Quiz

★ 바른답·알찬풀이 p. 33

1 다음 대화의 빈칸에 알맞은 대답을 쓰시오.

A: Can you walk my dog?
B: _____ _____ _____ _____. I broke my leg.

2 감사하기

어떤 일에 대해 감사를 표현할 때는 〈Thank you for+(동)명사 ~.〉를 사용하며, '~해서 고마워.'라는 의미를 나타낸다. 감사의 말에 답할 때는 You're welcome. / (It's) My pleasure. / No problem. / Not at all. / Don't mention it. 등이 쓰인다.

A: Thank you for sharing your umbrella with me.
B: You're welcome. / My pleasure.

중요표현 더하기

- I am very grateful. 정말 감사합니다.
- Thank you so much. 대단히 감사합니다.
- I really appreciate it. 정말 감사합니다.
- I can't thank you enough. 대단히 감사합니다.
- I don't know what to say to thank you.
  뭐라고 감사해야 할지 모르겠어요.

Pop Quiz

★ 바른답·알찬풀이 p. 33

2 다음 대화의 빈칸에 알맞은 감사 표현을 쓰시오.

A: _____ _____ _____ inviting me to your birthday party.
B: My pleasure.

W·O·R·D·S

☐ **take a picture** 사진을 찍다
☐ **pleasure** 몡 기쁨

A 다음 괄호 안에서 알맞은 것을 고르시오.

(1) **A:** (Can I / Will you) take a picture of me?
   B: Sure. No problem.

(2) **A:** Harry, thank you (for / of) being my good friend.
   B: My pleasure.

☐ **favor** 몡 호의
☐ **invite** 동 초대하다

B 다음 괄호 안의 말을 배열하여 문장을 완성하시오.

(1) (I / you / can / a favor / ask / of)
   → _____ ?

(2) (you / thank / me / inviting / for / to)
   → _____ your party.

(3) (you / can / me / with / my / help / science project)
   → _____ this afternoon?

C 다음 대화의 밑줄 친 부분과 바꿔 쓸 수 <u>없는</u> 것은?

> **A:** <u>Can you do me a favor?</u>
> **B:** Sure.

① Can you help me?
② Can I ask you a favor?
③ What can I do for you?
④ Will you do me a favor?
⑤ Can you give me a hand?

☐ **heavy** 몡 무거운

D 다음 (A)~(C)를 자연스러운 대화가 되도록 바르게 배열한 것은?

> (A) Can you move this table with me? It's too heavy.
> (B) Thank you for helping me.
> (C) Sure. No problem.

① (A) - (C) - (B)   ② (B) - (A) - (C)   ③ (B) - (C) - (A)
④ (C) - (A) - (B)   ⑤ (C) - (B) - (A)

Listen & Speak 1

1 G: Mark, can you do me a favor?

  B: Sure. What is it?

  G: My family is going on vacation for a week. Can you come to our house and water the plants?

  B: Yes, I can.

2 G: Kevin, can you do me a favor?

  B: O.K. What is it?

  G: Can you help me with my science project this afternoon?

  B: Sorry, but I can't. I have to visit my grandma with my mom.

> **표현 해설**
> - Can you do me a favor?는 '나를 도와주겠니?'라는 뜻으로, 상대방에게 도움을 요청하는 표현이다. 요청을 수락할 때는 Sure. / Of course. 등으로 답한다.
> - Can you ~?를 써서 구체적으로 도움을 요청할 수 있다.
> - Can you help me with ~?는 '내가 ~하는 것을 도와주겠니?'라는 뜻으로, 특정한 일에 도움을 요청하는 표현이다.
> - Sorry, but I can't.는 요청을 거절하는 표현으로, 뒤에 거절하는 이유가 나온다.

Listen & Speak 2

1 G: Hi, Mom! Hi, Dad! As you know, today is my 15th birthday. I haven't had a chance to thank you for being my parents. You've truly been my friends and my teachers. Thank you for supporting me and always trying to understand me. I'm really proud to be your daughtcr.

2 G: What are you doing this weekend, Eric?

  B: Nothing special. I'll just stay home and watch TV.

  G: Great! I'm having a birthday party this weekend. Can you come?

  B: Sure. Thank you for inviting me.

> **표현 해설**
> - 〈Thank you for+(동)명사 ~.〉는 '~해서 고마워.'라는 뜻으로, 감사하는 표현이다.
> - Nothing special.은 '특별한 것은 없어.'라는 뜻이다.

+ 해석

1 G: Mark, 나를 도와주겠니?
  B: 물론이지. 뭔데?
  G: 우리 가족이 일주일간 휴가를 갈 거야. 우리 집에 와서 식물들에 물을 줄 수 있겠니?
  B: 응, 그럴 수 있어.

2 G: Kevin, 나를 도와주겠니?
  B: 응. 뭔데?
  G: 오늘 오후에 내 과학 과제를 도와줄 수 있겠니?
  B: 미안하지만, 그럴 수 없어. 나는 엄마와 할머니를 뵈러 가야 해.

1 G: 안녕, 엄마! 안녕, 아빠! 아시다시피, 오늘은 제 15번째 생일이에요. 저는 제 부모님이 되어 주신 것에 대해 감사할 기회를 갖지 못했어요. 두 분은 정말로 제 친구이자 선생님이세요. 저를 지지하고 항상 저를 이해하려고 하신 것에 감사 드려요. 저는 정말로 두 분의 딸이어서 자랑스러워요.

2 G: 이번 주말에 뭐 할 거니, Eric?
  B: 특별한 것 없어. 나는 그냥 집에서 TV를 볼 거야.
  G: 잘됐다! 내가 이번 주말에 생일 파티를 열 거야. 너 올래?
  B: 물론이지. 날 초대해줘서 고마워.

Communicate

Jaden: Can you do me a favor, Yuri?

Yuri: Sure. What is it, Jaden?

Jaden: Can we go shopping together for a baseball cap for a girl?

Yuri: Yes, of course. Who is it for?

Jaden: It's for my little sister Kate.

Yuri: Oh, are you getting her a birthday gift?

Jaden: No, her birthday isn't until October.

Yuri: Then, why are you getting a baseball cap for her?

Jaden: She broke her leg while she was riding her bike last week. I just want to cheer her up.

Yuri: Oh, I see. I can go this Friday afternoon.

Jaden: That sounds perfect. Thank you.

> **표현 해설**
> • Who is it for?는 '그것은 누구를 위한 거니?, 그것은 누구 (줄) 거니?'라는 뜻이다.
> • not until ~은 직역하면 '~까지 아니다'라는 뜻이지만, 보통 '~이 되어야 그렇다'라고 해석한다.

Progress Check

1 **G:** Andrew, can you do me a favor?

   B: O.K. What is it?

   G: My family is going to go to Jejudo this weekend. Can you take care of my cat during the weekend?

   B: Sure. Don't worry about her, and enjoy your trip.

2 **G:** Hello, Mr. Smith. We haven't had a chance to thank you for being our teacher. Every morning, you welcome us in the classroom. You always teach us important and interesting things. We're lucky to have you, and we're proud to be your students.

3 **G:** Do you have any special plans this weekend?

   B: No, I'm just going to stay home.

   G: Oh, then can you come over to my house for dinner?

   B: Sure. Thank you for inviting me.

+ 해석

Jaden: 유리야, 나를 도와주겠니?
유리: 물론이지. 뭔데, Jaden?
Jaden: 여자아이를 위한 야구 모자를 사러 함께 갈 수 있겠니?
유리: 응, 당연하지. 누구를 위한 건데?
Jaden: 내 여동생 Kate를 위한 거야.
유리: 오, 그녀에게 생일 선물을 사 주는 거니?
Jaden: 아니, 그녀의 생일은 10월이나 되어야 해.
유리: 그럼, 왜 그녀에게 야구 모자를 사 주려는 건데?
Jaden: 그녀는 지난주에 자전거를 타다가 다리가 부러졌거든. 그냥 그녀의 기운을 북돋워 주고 싶어.
유리: 오, 알겠어. 나는 이번 금요일 오후에 갈 수 있어.
Jaden: 완벽해. 고마워.

1 **G:** Andrew, 나를 도와주겠니?
   B: 응. 뭔데?
   G: 우리 가족이 이번 주말에 제주도에 갈 거야. 주말 동안 내 고양이를 돌봐줄 수 있겠니?
   B: 물론이지. 그녀에 대해서 걱정하지 말고 여행 즐겁게 보내.

2 **G:** 안녕하세요, Smith 선생님. 우리는 우리 선생님이 되어 주신 것에 대해 감사할 기회를 갖지 못했어요. 매일 아침, 선생님은 교실에서 우리를 맞아주세요. 선생님은 항상 우리에게 중요하고 재미있는 것들을 가르쳐 주시고요. 우리는 선생님이 있어 행운이고, 우리는 선생님의 학생들이어서 자랑스러워요.

3 **G:** 이번 주말에 특별한 계획 있니?
   B: 아니, 나는 그냥 집에 있을 거야.
   G: 오, 그럼 저녁 먹으러 나의 집에 올 수 있겠니?
   B: 물론이지. 날 초대해줘서 고마워.

Listen & Speak 1

1 G: Mark, can you do me ❶_____ _____?

B: Sure. What is it?

G: My family is going on vacation ❷_____ _____ _____. Can you come to our house and ❸_____ _____ _____?

B: Yes, I can.

2 G: Kevin, can you do me a favor?

B: O.K. What is it?

G: Can you ❹_____ me _____ my science project this afternoon?

B: Sorry, but I can't. I ❺_____ _____ _____ my grandma with my mom.

HINTS

❶ 부탁, 호의

❷ 일주일 동안

❸ 식물들에 물을 주다

❹ ~을 도와주다

❺ 방문해야 한다

Listen & Speak 2

1 G: Hi, Mom! Hi, Dad! ❻_____ _____ _____, today is my 15th birthday. I haven't had a chance to thank you for being my parents. You've truly been my friends and my teachers. Thank you ❼_____ _____ me and always trying to understand me. I'm really ❽_____ to be your daughter.

2 G: What are you doing this weekend, Eric?

B: ❾_____ _____. I'll just stay home and watch TV.

G: Great! I'm having a birthday party this weekend. Can you come?

B: Sure. ❿_____ _____ _____ me.

❻ 알다시피

❼ 지지해 주셔서

❽ 자랑스러운

❾ 특별한 것 없어

❿ 초대해 줘서 고마워

Communicate

Jaden: Can you ⑪_____ ___ _____ _____ _____, Yuri?

Yuri: Sure. What is it, Jaden?

Jaden: Can we go shopping together for a baseball cap for a girl?

Yuri: Yes, of course. Who is it for?

Jaden: It's for my little sister Kate.

Yuri: Oh, are you getting her a birthday gift?

Jaden: No, her birthday isn't ⑫_____ _____.

Yuri: Then, why are you getting a baseball cap for her?

Jaden: She broke her leg ⑬_____ she was riding her bike last week. I just want to ⑭_____ _____ _____.

Yuri: Oh, I see. I can go this Friday afternoon.

Jaden: That sounds perfect. Thank you.

⑪ 부탁을 들어주다, 도와주다

⑫ 10월까지

⑬ ~하는 동안
⑭ 그녀의 기운을 북돋우다

Progress Check

1 **G:** Andrew, can you do me a favor?

B: O.K. What is it?

G: My family is going to go to Jejudo this weekend. Can you take care of my cat ⑮_____ _____ _____?

B: Sure. ⑯_____ _____ _____ her, and enjoy your trip.

2 **G:** Hello, Mr. Smith. We haven't ⑰_____ _____ _____ to thank you for being our teacher. Every morning, you welcome us in the classroom. You always teach us important and interesting things. We're ⑱_____ to have you, and we're proud to be your students.

3 **G:** Do you have any ⑲_____ _____ this weekend?

B: No, I'm just going to stay home.

G: Oh, then can you ⑳_____ _____ _____ my house for dinner?

B: Sure. Thank you for inviting me.

⑮ 주말 동안

⑯ ~에 대해 걱정하지 마

⑰ 기회를 가지다

⑱ 행운의

⑲ 특별한 계획들

⑳ ~에 들르다

1 목적격 관계대명사

- He was the person (**who/whom/that**) Kenneth respected the most in the world.

  그는 Kenneth가 세상에서 가장 존경한 사람이었다.

- There were many things (**that/which**) Kenneth had to do.

  Kenneth가 해야 할 일이 많았다.

- He is the person (**who/whom/that**) I have been waiting for.

  그는 내가 기다려 왔던 사람이다.

(1) **역할**: 관계대명사는 두 문장을 연결하는 접속사의 역할과 앞에 나온 명사(선행사)를 대신하는 대명사의 역할을 동시에 한다. 관계대명사가 이끄는 절은 앞의 선행사를 수식하는데, 이때 관계대명사가 절 안에서 목적어 역할을 할 때 '목적격 관계대명사'라고 한다.

Max is a singer. + Many Asians love him.

→ Max is a singer **who(m)** many Asians love. Max는 많은 아시아인들이 사랑하는 가수이다.
  선행사 └──────┘ 관계대명사

(2) **목적격 관계대명사의 종류**

선행사	사람	사물, 동물	사람, 사물, 동물
목적격 관계대명사	who(m)	which	that

The boys were very nice. + I met them at the park.

→ The boys **who(m)**[**that**] I met at the park were very nice. 내가 공원에서 만난 소년들은 매우 친절했다.

This is the cake. + I made it for Mom.

→ This is the cake **which**[**that**] I made for Mom. 이것은 내가 엄마를 위해 만든 케이크이다.

(3) 목적격 관계대명사는 생략할 수 있다. 단, 전치사의 목적어로 쓰인 목적격 관계대명사의 경우, 전치사가 관계대명사 바로 앞에 올 때는 생략할 수 없다.

This is the house (**which**) he lives in. 이것은 그가 사는 집이다.

= This is the house in **which** he live.

★ 바른답·알찬풀이 **p. 33**

Pop Quiz

1 다음 괄호 안에서 알맞은 것을 <u>모두</u> 고르시오.

(1) I'll give you some tips (who / which) you can use the device.

(2) They are the students (which / that) Mr. Lee teaches English.

(3) He had the guitar (whom / which / that) his uncle bought for him.

2 so ~ that 구문

- He was **so** happy **that** he jumped for joy.

  그는 너무 행복해서 팔짝팔짝 뛰며 좋아했다.

- He wandered off at night **so** often **that** someone had to keep an eye on him.

  그가 밤에 너무 자주 돌아다녀서 누군가는 그를 지켜보아야 했다.

(1) **의미와 형태**: 〈so+형용사/부사+that+주어+동사〉는 '너무 ~해서 (그 결과) …하다'라는 뜻으로, that 이하의 내용이 결과를 나타낸다.

  Angela was **so** tired **that** she went home early. Angela는 너무 피곤해서 일찍 집에 갔다.
  형용사

  The horse ran **so** fast **that** it could win the race. 그 말은 아주 빨리 달려서 경주에서 우승할 수 있었다.
  부사

  cf. 〈so that+주어+동사〉는 '(주어)가 ~하기 위해서'라는 뜻으로, that 이하의 내용이 목적을 나타낸다. so that은 in order that으로 바꿔 쓸 수 있다.

  I drink a lot of water **so that** I stay healthy. 나는 건강을 유지하기 위해 물을 많이 마신다.

(2) 〈so+형용사/부사+that+주어+can+동사원형〉 = 〈형용사/부사+enough to+동사원형〉: 매우 ~해서 …할 수 있다(…할 만큼 충분히 ~하다)

  Tommy is **so** smart **that** he **can** solve the math problem. Tommy는 매우 똑똑해서 그 수학 문제를 풀 수 있다.

  = Tommy is smart **enough to** solve the math problem.

(3) 〈so+형용사/부사+that+주어+can't+동사원형〉 = 〈too+형용사/부사+to+동사원형〉: 너무 ~해서 …할 수 없다

  I was **so** tired **that** I **couldn't** take a walk with my dog. 나는 너무 피곤해서 개와 산책할 수 없었다.

  = I was **too** tired **to** take a walk with my dog.

★ 바른답·알찬풀이 p. 33

Pop Quiz

2 다음 빈칸에 공통으로 알맞은 말을 쓰시오.

- I searched the Internet so _____ I did my history homework.

- It is so hot _____ I can't focus on studying.

3 다음 두 문장이 같은 뜻이 되도록 빈칸에 알맞은 말을 쓰시오.

You are so young that you can't drive a car.
= You are _____ young _____ drive a car.

01 다음 빈칸에 들어갈 말로 알맞은 것을 <u>모두</u> 고르면?

> I know the girl _____ I met at the concert last night.

① that   ② what   ③ who
④ which   ⑤ whose

02 다음 빈칸에 공통으로 들어갈 알맞은 말을 쓰시오.

> - He was _____ sick that he went see a doctor.
> - I'll take a taxi _____ that I can arrive there in time.

03 다음 빈칸에 들어갈 말이 순서대로 짝지어진 것은?

> - He is the boy _____ I'm looking for.
> - The cheesecake _____ you made was delicious.

① that – whom   ② who – that
③ which – that   ④ what – which
⑤ whom – When

04 다음 두 문장을 한 문장으로 바꿔 쓸 때 빈칸에 알맞은 말을 쓰시오.

> - She is very smart.
> - Her parents are proud of her.

→ She is _____ smart _____ her parents are proud of her.

05 다음 중 밑줄 친 부분을 생략할 수 있는 것은?

① I have a friend <u>that</u> likes soccer.
② He is the man <u>who</u> lives next door.
③ Look at the bird <u>that</u> is on the tree.
④ These are the animals <u>which</u> eat fruit and seed.
⑤ This is the cartoon <u>which</u> I read two years ago.

06 다음 우리말에 맞도록 빈칸에 들어갈 말로 알맞지 <u>않은</u> 것은?

> 내가 어제 만난 사람들은 Jenny와 Kelly였다.
> → _____ were Jenny and Kelly.

① The people I met yesterday
② The people that I met yesterday
③ The people who I met yesterday
④ The people which I met yesterday
⑤ The people whom I met yesterday

07 다음 우리말에 맞도록 빈칸에 들어갈 말을 〈보기〉에서 골라 쓰시오.

> ┌─ 보기 ─────────────────────────┐
> │   so   which   whom   │
> └────────────────────────────────┘

(1) 그는 내가 잘 아는 과학자이다.
    → He is the scientist _____ I know well.

(2) 너는 저녁으로 먹은 음식을 좋아하니?
    → Do you like the food _____ you had for dinner?

(3) 그 책은 너무 재미있어서 읽기를 멈출 수 없었다.
    → The book was _____ interesting that I couldn't stop reading it.

08 다음 중 밑줄 친 부분의 쓰임이 나머지와 <u>다른</u> 하나는?

① This is the poem <u>that</u> I wrote.
② We got the letter <u>that</u> she sent.
③ The singer <u>that</u> I like is singing now.
④ He was so sick <u>that</u> he didn't eat anything.
⑤ The child <u>that</u> I helped yesterday is my teacher's son.

09 다음 두 문장이 같은 뜻이 되도록 빈칸에 알맞은 말을 쓰시오.

(1) He gets up so early that he can take the first train.
 = He gets up _____ _____ _____ take the first train.

(2) I was so scary that I couldn't see the movie to the end.
 = I was _____ _____ _____ see the movie to the end.

10 다음 문장에서 어법상 <u>틀린</u> 부분을 바르게 고쳐 쓰시오.

Do you like the new house that he built it?

_____ → _____

11 다음 중 문장의 밑줄 친 부분과 바꿔 쓸 수 있는 것은?

I work hard <u>so that</u> I succeed.

① for succeed
② to succeed
③ in succeeding
④ in order succeed
⑤ in order that succeed

12 다음 우리말을 영어로 바르게 옮긴 것은?

내가 산 배낭은 검은색이다.

① The backpack that I buy is black.
② The backpack who bought is black.
③ The backpack which I'll buy is black.
④ The backpack whom bought is black.
⑤ The backpack which I bought is black.

13 다음 그림을 보고, ⟨so ~ that⟩ 구문을 이용하여 문장의 빈칸을 완성하시오.

→ This box is _____ _____ _____ I _____ move it.

14 다음 중 어법상 <u>틀린</u> 문장은?

① I got the gift which Mike sent.
② I'm so busy that I can't meet you.
③ This computer was too slow to use.
④ The dress that she's wearing is nice.
⑤ We saw a dog and a boy who were playing with a ball.

15 다음 괄호 안의 말을 배열하여 문장을 완성하시오. (한 단어를 추가할 것)

(1) (I / so / buy / expensive / can't / it)
 → The bike is _____.

(2) (you / told / the story / us)
 → I don't believe _____.

Socks for Grandpa 교과서 77~79쪽

① Kenneth Shinozuka grew up in a big happy family of three
generations.
grow up: 자라다

② Since he was little, he has always been very close to his grandfather.
빈도부사는 조동사 뒤에 위치
~한 이후로[때부터] 현재완료(계속) ~와 가까운

③ He was Kenneth's first friend, his trusty driver, and his cook.
보어1 보어2 보어3

④ He also taught him many life lessons.
수여동사 teach + 간접목적어 + 직접목적어

⑤ He was the person who Kenneth respected the most in the world.
목적격 관계대명사 (선행사가 사람이므로 who(m)를 씀)

⑥ When Kenneth was four, his grandfather went out for a walk one day
~할 때 = four years old go out for a walk: 산책하러 나가다
and got lost.
get lost: 길을 잃다

⑦ He had Alzheimer's disease.
have: (병에) 걸리다

단수 취급

⑧ Everyone in Kenneth's family was in shock.
주어 동사 be in shock: 충격을 받다

⑨ His condition became worse over the next 10 years.
악화된 (bad의 비교급)

have to의 과거형
⑩ He wandered off at night so often that someone had to keep an eye on
so ~ that …: 너무 ~해서 …하다 ~을 계속 지켜보다
him all night long.
밤새도록

할아버지를 위한 양말

① Kenneth Shinozuka는 3대에 걸친 행복한 대가족에서 자랐다.

② 그는 어렸을 때부터, 언제나 할아버지와 매우 가깝게 지냈다.

③ 그는 Kenneth의 첫 번째 친구이자, 그의 믿음직한 운전사였고, 그의 요리사였다.

④ 그는 또한 그에게 많은 인생의 교훈을 가르쳐 주었다.

⑤ 그는 Kenneth가 세상에서 가장 존경한 사람이었다.

⑥ Kenneth가 네 살이었을 때, 그의 할아버지는 어느 날 산책을 나갔다가 길을 잃었다.

⑦ 그는 알츠하이머병을 앓고 있었다.

⑧ Kenneth의 가족 모두는 충격을 받았다.

⑨ 그의 상태는 그 후 10년간 더 나빠졌다.

⑩ 그가 밤에 너무 자주 돌아다녀서 누군가는 그를 밤새 지켜보아야 했다.

Do It Yourself 다음 단어의 우리말은 영어로, 영어 단어는 우리말로 쓰시오.

| 01 교훈 _____ | 02 병, 질병 _____ | 03 존경하다 _____ | 04 길을 잃다 _____ |
| 05 condition _____ | 06 generation _____ | 07 wander off _____ | 08 trusty _____ |

⑪ One night, Kenneth's grandfather got out of bed, and Kenneth saw it.

⑫ At that moment, he said to himself, "Why don't I put pressure sensors
say to oneself: 혼잣말을 하다
on the heels of his socks?"

⑬ There were many things that Kenneth had to do.
목적격 관계대명사

had to의 과거형
⑭ He first had to create a pressure sensor and then find a way to send a
주어   동사1   동사 2   to부정사의
                                                             형용사적 용법
signal to his smart phone.
send A to B: B에게 A를 보내다

⑮ Kenneth also tried many different materials to make comfortable
                                            to부정사의 부사적 용법 (목적)
socks for his elderly grandfather.

⑯ When he felt like giving up, he thought about his grandfather's safety.
feel like -ing: ~하고 싶다

⑰ After much trial and error, he finally succeeded in making his device.
        시행착오   succeed in -ing: ~하는 데 성공하다

⑱ When it first worked, he was so happy that he jumped for joy.
= his device 작동했다   so ~ that …: 너무 ~해서 …하다

⑲ He could not believe that his invention actually worked.
                        접속사 (생략 가능)

⑳ For his grandfather, Kenneth is the best inventor in the world.

㉑ For Kenneth, his grandfather is still his best friend.

➕ 해석

⑪ 어느 날 밤, Kenneth의 할아버지가 침대에서 나왔고, Kenneth는 그것을 보았다.

⑫ 그 순간, 그는 '그의 양말 뒤꿈치에 압력 감지기를 붙이는 건 어떨까?'라고 혼잣말을 했다.

⑬ Kenneth가 해야 할 일이 많았다.

⑭ 그는 우선 압력 감지기를 만들어야 했고 그 다음에 그의 스마트폰으로 신호를 보내는 방법을 찾아야 했다.

⑮ Kenneth는 또한 나이 드신 그의 할아버지를 위한 편안한 양말을 만들기 위해 많은 다양한 재료들을 시도해 보았다.

⑯ 그는 포기하고 싶었을 때, 그의 할아버지의 안전에 대해 생각했다.

⑰ 수많은 시행착오 끝에, 그는 마침내 그의 장치를 만드는 데 성공했다.

⑱ 그것이 처음 작동했을 때, 그는 너무 행복해서 팔짝팔짝 뛰며 좋아했다.

⑲ 그는 자신의 발명품이 실제로 작동했다는 것을 믿을 수 없었다.

⑳ 그의 할아버지에게, Kenneth는 세계 최고의 발명가이다.

㉑ Kenneth에게, 그의 할아버지는 여전히 가장 좋은 친구이다.

★ 바른답·알찬풀이 p. 34

| 09 재료 _____ | 10 장치 _____ | 11 압력 _____ | 12 성공하다 _____ |
| 13 heel _____ | 14 elderly _____ | 15 signal _____ | 16 comfortable _____ |

A 다음 네모 안에서 알맞은 것을 고르시오.

01 Kenneth Shinozuka grow / grew up in a big happy family of three generations.

02 Since he was little, he has always been / always has been very close to his grandfather.

03 He was Kenneth's first friend, his trusty driver, and / but his cook.

04 He also taught him to / × many life lessons.

05 He was the person who / which Kenneth respected the most in the world.

06 When / While Kenneth was four, his grandfather went out for a walk one day and got lost.

07 He had Alzheimer's disease. Everyone in Kenneth's family was / were in shock.

08 His condition became worse / more worse over the next 10 years.

09 He wandered off at night very / so often that someone had to keep an eye on him all night long.

10 One night, Kenneth's grandfather got out of bed, and Kenneth saw / has seen it.

11 At that moment, he said to him / himself, "Why don't I put pressure sensors on the heels of his socks?"

12 There were many things who / that Kenneth had to do.

13 He first had to create a pressure sensor and then find / found a way to send a signal to his smart phone.

14 Kenneth also tried many different materials to make comfortable / uncomfortable socks for his elderly grandfather.

15 When he felt like giving up, he thought about his grandfather's safe / safety.

16 After much trial and error, he finally succeeded in / on making his device.

17 When it first worked, he was so happy / happily that he jumped for joy.

18 He could not believe that / what his invention actually worked.

19 For his grandfather, Kenneth is the best inventor / invention in the world.

20 For Kenneth, his grandfather is / was still his best friend.

B 다음 우리말에 맞도록 문장을 완성하시오.

01 Kenneth가 해야 할 일이 많았다.

　》 ＿＿＿＿＿＿ ＿＿＿＿＿＿ many things that Kenneth had to do.

02 그는 어렸을 때부터, 언제나 할아버지와 매우 가깝게 지냈다.

　》 Since he was little, he has always been very ＿＿＿＿＿＿ ＿＿＿＿＿＿ his grandfather.

03 그가 밤에 너무 자주 돌아다녀서 누군가는 그를 밤새 지켜보아야 했다.

　》 He wandered off at night ＿＿＿＿＿＿ ＿＿＿＿＿＿ ＿＿＿＿＿＿ someone had to keep an eye on him all night long.

04 Kenneth는 나이 드신 그의 할아버지를 위한 편안한 양말을 만들기 위해 많은 다양한 재료들을 시도해 보았다.

　》 Kenneth tried many different materials ＿＿＿＿＿＿ ＿＿＿＿＿＿ ＿＿＿＿＿＿ ＿＿＿＿＿＿ for his elderly grandfather.

05 그의 상태는 그 후 10년간 더 나빠졌다.

　》 His condition ＿＿＿＿＿＿ ＿＿＿＿＿＿ over the next 10 years.

06 수많은 시행착오 끝에, 그는 마침내 그의 장치를 만드는 데 성공했다.

　》 After much ＿＿＿＿＿＿ ＿＿＿＿＿＿ ＿＿＿＿＿＿, he finally succeeded in making his device.

07 그의 양말 뒤꿈치에 압력 감지기를 붙이는 건 어떨까?

　》 Why don't I ＿＿＿＿＿＿ ＿＿＿＿＿＿ ＿＿＿＿＿＿ on the heels of his socks?

08 그는 그의 스마트폰으로 신호를 보내는 방법을 찾아야 했다.

　》 He find a way ＿＿＿＿＿＿ ＿＿＿＿＿＿ ＿＿＿＿＿＿ ＿＿＿＿＿＿ to his smart phone.

09 그는 Kenneth가 세상에서 가장 존경한 사람이었다.

　》 He was the person ＿＿＿＿＿＿＿＿＿＿＿＿＿＿＿＿ in the world.

10 그것이 처음 작동했을 때, 그는 너무 행복해서 팔짝팔짝 뛰며 좋아했다.

　》 When it first worked, he was so happy ＿＿＿＿＿＿＿＿＿＿＿＿＿＿＿.

01 다음 중 짝지어진 단어의 관계가 나머지와 다른 것은?

① elderly : old

② lost : found

③ disease : illness

④ perfect : complete

⑤ chance : opportunity

02 다음 빈칸에 들어갈 말로 가장 알맞은 것은?

> Rap and hip-hop music became popular among young _____.

① sensor   ② signal

③ volunteer   ④ character

⑤ generation

03 다음 중 단어의 영영풀이가 잘못된 것은?

① comfortable: feeling unpleasant

② respect: to feel admiration for someone

③ lesson: something learned through experience

④ invent: to create something for the first time

⑤ pressure: the force that is made when something pushes

04 다음 우리말에 맞도록 빈칸에 알맞은 말을 쓰시오.

> 그들은 아픈 딸을 밤새도록 지켜볼 것이다.
> → They will _____ _____
> _____ on their sick daughter all night long.

05 다음 중 밑줄 친 부분의 의미가 나머지와 다른 것은?

① She is my close friend.

② I think he is close to my brother.

③ My house is very close to the office.

④ We have to close the library for safety.

⑤ You can watch the whale at a close distance.

06 다음 빈칸에 공통으로 들어갈 말로 알맞은 것은?

> • I couldn't give _____ this work.
> • He grew _____ to become a cook.

① on   ② for   ③ up

④ off   ⑤ down

07 다음 중 밑줄 친 부분의 우리말 뜻이 잘못된 것은?

① This song will cheer him up.
  (기운을 북돋우다)

② My grandma always said to herself.
  (큰 소리로 말했다)

③ I felt like making comfortable socks.
  (만들고 싶었다)

④ He went through much trial and error.
  (시행착오)

⑤ I think the dog wandered off quite far.
  (돌아다녔다)

08 다음 두 문장이 같은 뜻이 되도록 빈칸에 알맞은 말을 쓰시오.

> I'm sure he'll have a success in Asia.
> = I'm sure he'll _____ in Asia.

09 다음 대화의 빈칸 ⓐ와 ⓑ에 들어갈 말이 순서대로 짝지어진 것은?

> A: _____ⓐ_____ you do me a favor?
> B: Sure. _____ⓑ_____ is it?
> A: Can you wash the dishes?
> B: Sure.

	ⓐ		ⓑ
①	Do	·····	What
②	Can	·····	What
③	Will	·····	When
④	Did	·····	Which
⑤	Could	·····	Where

10 다음 질문에 대한 대답으로 가장 알맞은 것은?

> Do you have any special plans tonight?

① Nothing special.
② Sure. Who is it for?
③ Yes, I had a birthday party.
④ No, I'll come over to my uncle's.
⑤ Yes, I'm just going to stay home.

11 다음 대화의 밑줄 친 부분과 바꿔 쓸 수 없는 것은?

> A: I will go to Jejudo this weekend. Can you take care of my dog?
> B: Sure. Don't worry about her.

① O.K. ② Of course.
③ Why? ④ Yes, I can.
⑤ No problem.

12 다음 우리말에 맞도록 빈칸에 알맞은 말을 쓰시오.

> 우리를 초대해 줘서 고마워.
> → _____ _____ _____
>   inviting us.

13 다음 중 짝지어진 대화가 어색한 것은?

① A: Can you water the plants?
   B: Sorry, but I can't. I'm busy.
② A: Will you do me a favor?
   B: Sure. What is it?
③ A: Can you help me with my work?
   B: Thank you for helping me.
④ A: Could you take a picture of me?
   B: Sure. No problem.
⑤ A: Thank you for coming.
   B: Don't mention it.

14 다음 대화의 빈칸에 들어갈 말로 알맞은 것을 모두 고르면?

> A: Thank you so much.
> B: _____

① Sure. ② Of course.
③ Why not? ④ My pleasure.
⑤ You're welcome.

15 다음 대화의 빈칸에 들어갈 말로 알맞은 것은?

> A: Could you move this chair upstairs?
> B: _____ I'm very tired.

① Okay. ② Of course.
③ Not at all. ④ Sorry, I can't.
⑤ No problem.

16 다음 중 나머지와 의도가 다른 하나는?

① Will you help me?
② Can I ask a favor of you?
③ Can you give me a hand?
④ Would you do me a favor?
⑤ Would you like some help?

17 다음 대화의 밑줄 친 부분과 의미가 같은 것은?

> A: Thank you for coming to my house.
> B: You're welcome.

① Excellent!　　② I think so.
③ That's right.　　④ Don't mention it.
⑤ You did a good job.

18 다음 두 문장이 같은 뜻이 되도록 빈칸에 알맞은 말을 쓰시오.

> Can you do me a favor?
> = Can you give me _____ _____?

19 다음 (A)~(D)를 자연스러운 대화가 되도록 바르게 배열하시오.

> (A) What are you doing this weekend?
> (B) Great! I'm having a birthday party this weekend. Can you come?
> (C) Nothing special. I'll just stay home and watch TV.
> (D) Sure. Thank you for inviting me.

_____ – _____ – _____ – _____

20 다음 우리말에 맞도록 괄호 안의 말을 이용하여 문장을 완성하시오. (필요하면 어형을 바꿀 것)

(1) 나에게 너의 자전거를 빌려주겠니?
(can / lend / bike)
→ _____

(2) 내가 숙제하는 것을 도와줘서 고마워.
(thank / for / help / with my homework)
→ _____

[21~23] 다음 대화를 읽고, 물음에 답하시오.

> Jaden: Can you do me a favor?
> Yuri: Sure. What is it, Jaden?
> Jaden: Can we go shopping together for a baseball cap for a girl?
> Yuri: Yes, of course. Who is it _____?
> Jaden: It's _____ my little sister Kate.
> Yuri: Oh, are you getting her a birthday gift?
> Jaden: No, her birthday isn't until October.
> Yuri: Then, why are you getting a baseball cap for her?
> Jaden: She broke her leg while she was riding her bike last week. I just want to cheer her up.
> Yuri: Oh, I see. I can go this Friday afternoon.
> Jaden: That sounds perfect. Thank you.

21 위 대화의 밑줄 친 부분과 바꿔 쓸 수 있는 것은?

① Can I help you?
② How can I help you?
③ Do you need any help?
④ What can I do for you?
⑤ Can I ask a favor of you?

22 위 대화의 빈칸에 공통으로 알맞은 것은?

① on　　② of　　③ for
④ to　　⑤ with

23 Jaden이 야구 모자를 사려는 이유가 되는 문장을 위 대화에서 찾아 쓰시오.

→ _____

24 다음 빈칸에 들어갈 수 <u>없는</u> 것은?

> This is the _____ which my brother likes.

① song　　　　② game
③ girl　　　　④ movie
⑤ animal

25 다음 빈칸에 공통으로 들어갈 말로 알맞은 것은?

> • I was so happy _____ I cried.
> • I have to get up early so _____ I catch the first train.

① to　　　　② as
③ too　　　　④ that
⑤ enough

26 다음 문장에서 어법상 틀린 부분을 찾아 바르게 고치시오.

> This is the watch whom my uncle gave to me.

_____ → _____

27 다음 빈칸에 들어갈 관계대명사가 순서대로 짝지어진 것은?

> • The woman _____ they will meet tomorrow is a pianist.
> • I want to see the movie _____ Hojin saw last week.

① who – whom　　② that – who
③ which – who　　④ which – that
⑤ whom – that

28 다음 중 always가 들어갈 위치로 가장 알맞은 곳은?

> I (①) have (②) been (③) very close (④) to my uncle (⑤).

29 다음 중 〈보기〉와 밑줄 친 부분의 쓰임이 같은 것은?

> 보기
> This is the boy <u>who</u> we like.

① <u>Who</u> is that woman?
② I don't know <u>who</u> he is.
③ The girl <u>who</u> has my bag is Jenny.
④ He was the person <u>who</u> I respected.
⑤ I met a cute girl <u>who</u> has brown eyes.

30 다음 우리말을 영어로 옮길 때 빈칸에 알맞은 말을 쓰시오.

> 나의 남동생 세준이는 너무 친절해서 모두가 그를 좋아한다.
> → My brother Sejun is _____ kind _____ everyone likes him.

31 다음 중 밑줄 친 부분이 어법상 틀린 것은?

① I think <u>that</u> they are right.
② These are shoes <u>which</u> I want to have.
③ This is the wallet <u>which</u> I lost yesterday.
④ He walked so fast <u>that</u> I couldn't follow him.
⑤ Mt. Halla is the mountain <u>where</u> we will climb tomorrow.

32 다음 우리말을 영어로 바르게 옮긴 것은?

> 이것은 내가 사는 집이다.

① This is the house I live.
② This is the house that I live.
③ This is the house which I lived.
④ This is the house whom I live in.
⑤ This is the house which I live in.

[33~34] 다음 두 문장이 같은 뜻이 되도록 빈칸에 알맞은 말을 쓰시오.

33

> I'm so sick that I can't come to the party.
> = I'm _____ _____ _____ come to the party.

34

> She studied hard so that she could pass the exam.
> = She studied hard _____ _____ the exam.

35 다음 중 밑줄 친 부분을 생략할 수 <u>없는</u> 것은?

① I don't think <u>that</u> he is a fool.
② This is the cake <u>that</u> my dad baked.
③ That boy <u>talking</u> to her is my friend.
④ Do you know the girl <u>whom</u> Bill likes?
⑤ I bought a book <u>which</u> I wanted to read.

36 다음 빈칸에 들어갈 말로 알맞은 것은?

> I _____ the violin since I was five.

① play
② played
③ are playing
④ was playing
⑤ have played

37 다음 중 어법상 옳은 문장은?

① I'm enough strong to move the box.
② He was enough sleepy to watch the movie.
③ The bike was so nicely that I bought it.
④ I exercise every day so that I stay healthy.
⑤ The rabbit ran very fast that I couldn't catch it.

38 다음 중 빈칸에 who/whom이 들어갈 수 <u>없는</u> 것은?

① This is the artist _____ people like.
② Do you know _____ it is dangerous?
③ He is the writer _____ I want to meet.
④ The boy _____ I met in the park was kind.
⑤ Sujin is a student _____ every teacher likes.

39 다음 두 문장을 관계대명사를 이용하여 한 문장으로 바꿔 쓰시오.

> • The sneakers are new.
> • I am wearing the sneakers.

→ _____

독해

[40~42] 다음 글을 읽고, 물음에 답하시오.

Kenneth Shinozuka ___①___ in a big happy family of three generations. Since he was little, he has always been very close to his grandfather. He was Kenneth's first friend, his trusty driver, and his cook. (A)He also taught him many life lessons. He was the person who Kenneth respected the most in the world.

When Kenneth was four, his grandfather went out for a walk one day and ___②___ . He had Alzheimer's disease. Everyone in Kenneth's family ___③___ . His condition ___④___ over the next 10 years. He wandered off at night so often that someone had to ___⑤___ him all night long.

40 윗글의 밑줄 친 (A)를 다음과 같이 바꿔 쓸 때 빈칸에 알맞은 말을 쓰시오.

He also taught him many life lessons.
→ He also taught many life lessons _____ .

41 윗글의 빈칸 ①~⑤에 들어갈 말로 알맞지 <u>않은</u> 것은?

① grew up   ② got lost
③ was in shock   ④ became better
⑤ keep an eye on

42 윗글의 내용으로 답할 수 <u>없는</u> 질문은?

① Who was Kenneth's frist friend?
② Who taught him many life lessons?
③ What happened when he was four?
④ What kind of disease does his grandfather have?
⑤ Who cared for his grandfather?

[43~45] 다음 글을 읽고, 물음에 답하시오.

One night, Kenneth's grandfather got out of bed, and Kenneth saw it. At that moment, ⓐhe said to himself, "Why don't I put pressure sensors on the heels of ⓑhis socks?"

There were many things _____ Kenneth had to do. ⓒHe first had to create a pressure sensor and then find a way to send a signal to ⓓhis smart phone. Kenneth also tried many different materials to make comfortable socks for ⓔhis elderly grandfather.

43 윗글의 밑줄 친 ⓐ~ⓔ 중 가리키는 대상이 나머지와 <u>다른</u> 것은?

① ⓐ   ② ⓑ   ③ ⓒ
④ ⓓ   ⑤ ⓔ

44 윗글의 빈칸에 들어갈 관계대명사를 쓰시오.

→ _____

45 다음은 Kenneth가 할아버지의 특별한 양말을 만든 과정을 순서대로 쓴 것이다. 윗글의 내용을 바탕으로 빈칸에 알맞은 말을 쓰시오.

> 1. Kenneth created _____ _____.
> 2. He put them on the _____ of his grandfather's socks.
> 3. He found a way to send a signal from the sensor to his _____ _____.
> 4. He tried many different materials to make _____ socks.

[46~48] 다음 글을 읽고, 물음에 답하시오.

> _____ⓐ_____ he felt like giving up, he thought about his grandfather's safety. After much trial and error, he finally succeeded in making his device. _____ⓐ_____ it first worked, he was so happy that he jumped for joy. He could not believe that his ⓑinvention actually worked. For his grandfather, Kenneth is the best inventor in the world. For Kenneth, his grandfather is still his best friend.

46 윗글의 빈칸 ⓐ에 공통으로 들어갈 말로 가장 알맞은 것은?

① Since
② After
③ While
④ When
⑤ Before

47 윗글의 밑줄 친 ⓑ와 바꿔 쓸 수 있는 단어를 본문에서 찾아 쓰시오.

→ _____

48 윗글에 나타난 Kenneth의 심경으로 알맞은 것은?

① sad
② nervous
③ upset
④ pleased
⑤ disappointed

49 다음 글의 밑줄 친 부분에 해당하지 않는 것은?

> I'd like to talk about the volunteer work that we're planning to do for the elderly people in our city. We came up with four activities. One of them is to make *patbingsu* for them and eat it together. Second is to go to a swimming pool. Third, we want to sing several songs that they like. The last thing is to play *yut* with them.

① 노래 부르기
② 수영장 가기
③ 노래 만들기
④ 윷놀이 하기
⑤ 팥빙수 만들어 함께 먹기

50 다음 글의 내용을 바탕으로 다음 질문에 영어로 대답을 쓰시오.

> Hi, Mom! Hi, Dad! As you know, today is my 15th birthday. I haven't had a chance to thank you for being my parents. You've truly been my friends and my teachers. Thank you for supporting me and always trying to understand me. I'm really proud to be your daughter.   (I = Amy)

Q. What is the purpose of this passage?
A. To _____ _____ _____.

[51~53] 다음 글을 읽고, 물음에 답하시오.

Hello, I am Kim Doha, and I would like to join your volunteer project. One day, I saw some poor dogs on TV. ⓐThey looked very sad. So, I wanted to help them. I like dogs, and there are many things ____ⓑ____ I can do for them. I can walk the dogs, give them a bath, and play with them. I am the person ____ⓒ____ you are looking for!

51 윗글의 밑줄 친 ⓐ를 〈so ~ that …〉을 이용하여 한 문장으로 바꿔 쓰시오.

→ _____

52 윗글의 빈칸 ⓑ, ⓒ에 들어갈 말이 순서대로 짝지어진 것은?

	ⓑ		ⓒ
①	that	……	which
②	that	……	who
③	which	……	whose
④	whom	……	that
⑤	what	……	who

53 글쓴이에 대한 윗글의 내용과 일치하지 <u>않는</u> 것은?

① 자원봉사에 참여하고 싶어 한다.
② TV에서 불쌍한 개들을 봤다.
③ 개들을 돕기 위해 기부금을 내려고 한다.
④ 개를 좋아한다.
⑤ 개를 산책시키거나 목욕시킬 수 있다.

[54~55] 다음 글을 읽고, 물음에 답하시오.

(A)
Do you want to help children? Join our Child Care Project in Laos. You'll teach local children. You'll also build a school for them. The work is so _____ that you'll want to go home at first, but you'll find happiness in helping these children.

(B)
Do you want to help others? Join Volunteer in Building & Construction Projects in Guatemala. You'll build and repair homes, add classrooms to schools or improve an orphanage. You have to work at least once a week for three to four hours a day. The work is so _____ that you may want to stop, but you'll be very happy after the work is finished.

54 윗글의 빈칸에 공통으로 들어갈 말로 알맞은 것은?

① hard
② proud
③ huge
④ happy
⑤ important

55 윗글의 제목으로 가장 알맞은 것은?

① Let's Help Children
② How to Join Volunteer
③ Building Schools for Children
④ A Project to Find the Happiness
⑤ Giving the World a Helping Hand

01 다음 우리말에 맞도록 빈칸에 들어갈 말이 순서대로 짝지어 진 것은?

> • 나의 부모님은 정말 나를 자랑스러워하신다.
> → My parents are really _____ of me.
> • 그 믿음직한 변호사가 새로운 증인을 찾았다.
> → The _____ lawyer found a new witness.

① close – proud
② pride – perfect
③ proud – trusty
④ trusty – awesome
⑤ important – perfect

02 다음 빈칸에 공통으로 알맞은 말을 쓰시오.

> • We got _____ in the forest.
> • I found my bag at the _____ and found.

03 다음 중 밑줄 친 단어의 쓰임이 <u>어색한</u> 것은?

① He ignored the traffic <u>signal</u>.
② A keyboard is a kind of <u>material</u>.
③ I <u>respect</u> his thoughts and actions.
④ The scientist showed his new <u>invention</u>.
⑤ People were in <u>shock</u> because of the accident.

중요
04 다음 대화의 빈칸에 들어갈 말로 가장 알맞은 것은?

> A: Will you do me a favor?
> B: Sure. What is it?
> A: My computer broke down. Can you fix it this afternoon?
> B: _____ I have to visit my grandma with my mom.

① Of course.
② Sorry, but I can't.
③ Yes, I can. No problem.
④ Sorry. Don't worry about it.
⑤ Sure. I'll fix the computer for you.

05 다음 (A)~(D)를 자연스러운 대화가 되도록 바르게 배열한 것은?

> (A) Can you take care of my dog this weekend? My family is going on a trip.
> (B) Sure. What is it?
> (C) Can you do me a favor?
> (D) Sure. No problem.

① (A) – (C) – (B) – (D)
② (A) – (D) – (C) – (B)
③ (B) – (A) – (C) – (D)
④ (C) – (B) – (A) – (D)
⑤ (C) – (D) – (B) – (A)

06 다음 밑줄 친 부분의 의도로 알맞은 것은?

> Hi, Mom! Hi, Dad! As you know, today is my 15th birthday. I haven't had a chance to thank you for being my parents. You've truly been my friends and my teachers. <u>Thank you for supporting me and always trying to understand me.</u> I'm really proud to be your daughter.

① 의향 말하기　　　② 감사하기
③ 지원 요청하기　　④ 확신 표현하기
⑤ 이해 점검하기

[07~08] 다음 대화를 읽고, 물음에 답하시오.

> Jaden: Can you do me a favor, Yuri?
>
> Yuri: Sure. What is it, Jaden?
>
> Jaden: Can we go shopping together for a baseball cap for a girl?
>
> Yuri: Yes, of course. _____ⓐ_____ is it for?
>
> Jaden: It's for my little sister Kate.
>
> Yuri: Oh, are you getting her a birthday gift?
>
> Jaden: No, her birthday isn't until October.
>
> Yuri: Then, _____ⓑ_____ are you getting a baseball cap for her?
>
> Jaden: She broke her leg while she was riding her bike last week. I just want to cheer her up.
>
> Yuri: Oh, I see. I can go this Friday afternoon.
>
> Jaden: That sounds perfect. Thank you.

07 위 대화의 빈칸 ⓐ와 ⓑ에 들어갈 말이 순서대로 짝지어진 것은?

	ⓐ		ⓑ
①	Who	·····	Why
②	What	·····	Who
③	Who	·····	What
④	What	·····	Why
⑤	Why	·····	What

08 위 대화에서 Jaden이 유리에게 부탁한 일로 알맞은 것은?

① 여동생 병문안 가기
② 함께 야구 보러 가기
③ 함께 야구 모자 사러 가기
④ 주말에 자전거 타러 가기
⑤ 여동생 생일 선물 사러 가기

중요
09 다음 중 〈보기〉와 밑줄 친 부분의 쓰임이 다른 것은?

> ─ 보기 ─
> Emma is the actress who I like most.

① I know the man who he met.
② This is the book which I gave you.
③ The house that he built is very nice.
④ I have a friend who lives in Vancouver.
⑤ The woman whom I saw yesterday was Aunt Annie.

10 다음 두 문장을 한 문장으로 바꿔 쓸 때 알맞지 않은 것은?

> • This is the man.
> • I saw him last night.

① This is the man I saw last night.
② This is the man that I saw last night.
③ This is the man who I saw last night.
④ This is the man whom I saw last night.
⑤ This is the man which I saw last night.

중요
11 다음 우리말에 맞도록 괄호 안의 말을 이용하여 문장을 완성하시오.

(1) 날씨가 너무 좋아서 우리는 소풍을 갔다.
   (nice / go)
   → The weather was _____ _____
   _____ _____ _____ on a
   picnic.

(2) 나는 너무 배가 고파서 잠을 잘 수가 없다.
   (hungry / sleep)
   → I'm _____ _____ _____
   I _____ _____ .

12 다음 중 밑줄 친 부분의 쓰임이 나머지와 다른 것은?

① I have many things to say.

② He has no money to buy food.

③ Would you like something to drink?

④ She did her best to realize her dream.

⑤ I need some books to read in the train.

13 다음 두 문장이 같은 뜻이 되도록 빈칸에 알맞은 말을 쓰시오.

I felt so sad that I couldn't do anything.

= I felt _____ sad _____

_____ anything.

고난도
14 다음 중 어법상 옳은 문장은?

① She always has been with her dogs.

② I can't believe what he won first prize.

③ Mr. Wilson taught us to English drama.

④ He didn't have time meeting his family.

⑤ Peter is the person that everybody likes.

15 다음 글에서 어법상 틀린 부분을 두 군데 찾아 바르게 고치시오.

Hello, I am Kim Bomi. My class soccer team lost in the finals. The players are very disappointed that I want to cheer up them. Can you play the song "Heroes" for them?

(1) _____ → _____

(2) _____ → _____

16 Kenneth Shinozuka에 대한 다음 글의 내용과 일치하지 않는 것은?

Kenneth Shinozuka grew up in a big happy family of three generations. Since he was little, he has always been very close to his grandfather. He was Kenneth's first friend, his trusty driver, and his cook. He also taught him many life lessons. He was the person who Kenneth respected the most in the world.

① 3대 가족의 일원이다.

② 어렸을 때부터 할아버지와 함께 살았다.

③ 집에 운전사와 요리사가 따로 있었다.

④ 인생의 교훈을 할아버지에게 배웠다.

⑤ 가장 존경하는 사람은 할아버지이다.

17 다음 글의 ①~⑤ 중 주어진 문장이 들어가기에 알맞은 곳은?

He had Alzheimer's disease.

When Kenneth was four, his grandfather went out for a walk one day. (①) Soon after that, he got lost. (②) Everyone in Kenneth's family was in shock. (③) His condition became worse over the next 10 years. (④) He wandered off at night so often that someone had to keep an eye on him all night long. (⑤)

[18~19] 다음 글을 읽고, 물음에 답하시오.

One night, Kenneth's grandfather got out of bed, and Kenneth saw it. At that moment, he said to himself, "Why don't I put pressure sensors on the heels of his socks?"

There were many things that Kenneth had to do. He first had to create a pressure sensor and then find a way to send a signal to his smart phone. Kenneth also tried many different materials to make comfortable socks for his elderly grandfather.

18 윗글의 밑줄 친 that과 쓰임이 같은 것은?

① He has a cat that always follows him.
② This is the book which I want to read.
③ The girl who went there alone is my sister.
④ There are some people who are sleeping in the library.
⑤ I'm looking for a woman who can take care of my baby.

중요
19 윗글의 내용을 바탕으로 다음 질문에 알맞은 대답을 완성하시오.

Q: How do Kenneth's special socks work?
A: When his grandfather steps onto the floor, the _____ _____ on the heels of his socks _____ _____ to his smart phone.

[20~21] 다음 글을 읽고, 물음에 답하시오.

When he felt like giving up, he thought about his grandfather's safety. After much trial and error, he finally succeeded in making his device. ⓐ그것이 처음 작동했을 때, 그는 너무 행복해서 팔짝팔짝 뛰며 좋아했다. He could not believe that his ___ⓑ___ actually worked. For his grandfather, Kenneth is the best ___ⓒ___ in the world. For Kenneth, his grandfather is still his best friend.

20 윗글의 밑줄 친 ⓐ의 우리말에 맞도록 괄호 안의 말을 이용하여 문장을 완성하시오.

그것이 처음 작동했을 때, 그는 너무 행복해서 팔짝팔짝 뛰며 좋아했다.
(so / happy / jumped / for joy)

→ When it first worked, _____
_____

21 윗글의 빈칸 ⓑ와 ⓒ에 들어갈 말이 순서대로 짝지어진 것은?

	ⓑ	ⓒ
①	invent	invention
②	inventor	invent
③	inventor	invention
④	invention	inventor
⑤	invention	invention

★ 바른답·알찬풀이 p. 39

22 지원이가 Smith 선생님께 쓴 감사 카드이다. 빈칸에 들어갈 말로 가장 알맞은 것은?

Dear. Mr. Smith,

Hello, Mr. Smith. We haven't had a chance to thank you for being our teacher. Every morning, you welcome us in the classroom. You always teach us important and interesting things. We're lucky to have you, and we're _____ to be your students.

Jiwon

① hard
② special
③ funny
④ proud
⑤ disappointing

23 다음 글의 내용을 바탕으로 할 때 이어지는 질문의 대답으로 알맞은 것은?

Hello, I am Kim Doha, and I would like to join your volunteer project. One day, I saw some poor dogs on TV. They looked so sad that I wanted to help them. I like dogs, and there are many things that I can do for them. I can walk the dogs, feed them, give them a bath, and play with them. I am the person who you are looking for!

Q. What CAN'T the writer do for the dogs?

① 산책시키기
② 먹이 주기
③ 개집 청소하기
④ 목욕시키기
⑤ 함께 놀아주기

[24~25] 다음 글을 읽고, 물음에 답하시오.

_____ **to help local children in Laos**

Do you want to help children? Join our Child Care Project in Laos. You'll teach ⓐlocal children. You'll also build a school for them. The work is so hard that you'll want to go home at first, but you'll find ⓑhappy in helping these children.

_____ **to build houses in Guatemala**

Do you want to help others? Join Volunteer in Building & Construction Projects in Guatemala. You'll build and ⓒrepair homes, add classrooms to schools or improve an orphanage. You have to work at least once a week for three to four hours a day. The work is so ⓓhard that you may want to stop, but you'll be very happy ⓔafter the work is finished.

24 윗글의 빈칸에 공통으로 들어갈 단어를 영영풀이를 참고하여 주어진 철자로 시작하여 쓰시오.

to offer to do something without getting paid for it

→ v_____

고난도
25 윗글의 밑줄 친 ⓐ~ⓔ 중에서 문맥상 단어의 쓰임이 <u>잘못된</u> 것은?

① ⓐ
② ⓑ
③ ⓒ
④ ⓓ
⑤ ⓔ

A 다음 빈칸에 괄호 안의 동사를 알맞은 형태로 바꿔 쓰시오.

❶ I _____ very close to Jihun since I was a child. (be)

❷ I felt like _____ after watching the movie. (cry)

❸ Last night, everyone in the room _____ surprised at the news. (be)

B 다음 문장의 밑줄 친 부분을 어법상 알맞은 형태로 고쳐 쓰시오.

❶ The boy finally succeeded in made his new device. → _____

❷ The story whom my friend told me was true. → _____

❸ This book is so difficultly that I can't understand it. → _____

C 다음 두 문장이 같은 뜻이 되도록 빈칸에 알맞은 말을 쓰시오.

❶ This toy is safe enough for kids to play with.

  = This toy is _____ safe _____ kids _____ play with it.

❷ My parents were too tired to help me.

  = My parents were _____ tired _____ they _____ help me.

D 다음 그림을 보고, 대화의 빈칸에 알맞은 말을 쓰시오.

A: Can you do me a favor?

B: ❶ _____ What is it?

A: Can you ❷ _____ _____
  _____ ?

B: No problem.

A: Thank you for helping me.

B: ❸ _____

A 다음 〈A〉와 〈B〉에서 하나씩 골라 보기와 같이 문장을 완성하시오.

〈A〉	〈B〉
busy smart tired strong	• can't go shopping with you • can lift the boxes alone • couldn't get up early • could learn many things

┌ 보기 ─────────────────────────┐
I am *so busy that I can't go shopping with you*.
└────────────────────────────────┘

❶ My mom was _____.

❷ I am _____.

❸ He was _____.

B 다음 두 문장을 관계대명사를 이용하여 한 문장으로 바꿔 쓰시오.

❶ This is the house. My uncle lives in this house.

→ _____

❷ Music is the subject. I am interested in it.

→ _____

❸ He is the man. I saw him on TV yesterday.

→ _____

C 다음 우리말에 맞도록 괄호 안의 말을 바르게 배열하여 문장을 완성하시오. (한 단어를 바꿀 것)

❶ 이것은 내가 사고 싶은 CD이다. (I / want / the CD / what / to / buy)

→ This is _____.

❷ 우리를 파티에 초대해 줘서 고마워. (you / inviting / of / thank / us)

→ _____ to the party.

❸ 그는 너무 졸려서 일찍 잠자리에 들었다. (he / he / very / was / sleepy / that / went)

→ _____ to bed early.

A 다음 그림을 보고, 〈보기〉와 같이 관계대명사를 이용하여 Kevin의 물건을 설명하는 문장을 완성하시오.

· Susan made this bag.

· Kevin wears the glasses while studying.

· Kevin has to fix this robot.

· His grandmother wrote this cookbook.

· His parents bought the smart phone for him.

─ 보기 ─

This is the bag *which[that] Susan made*.

❶ This is the robot _____.

❷ This is the cookbook _____.

❸ This is the smart phone _____.

❹ These are the glasses _____.

B 다음은 지수가 보미에게 도움을 요청하고 있는 SNS 대화 내용이다. 밑줄 친 우리말에 해당하는 표현을 괄호 안의 말을 이용하여 쓰시오.

Hi, Bomi. ❶ 나를 도와주겠니? 10:08 p.m.

10:08 p.m. Sure. What is it?

I'm going to go on a trip this weekend. 10:08 p.m.
❷ 내 개를 돌봐주겠니?

10:09 p.m. OK. No problem.

❸ 내 개는 매우 온순해서 네가 잘 돌볼 수 있어. 10:09 p.m.

10:09 p.m. Don't worry. Enjoy your trip.

❹ 날 도와줘서 고마워. 10:09 p.m.

10:09 p.m. You're welcome.

❶ (a favor)

_____

❷ (take care of)

_____

❸ (so nice that)

_____

❹ (thank)

_____

>> 다음 우리말을 영어로 옮기시오.

01 Kenneth Shinozuka는 3대에 걸친 행복한 대가족에서 자랐다.

→ _____

02 그는 어렸을 때부터, 언제나 할아버지와 매우 가깝게 지냈다.

→ _____

03 그는 Kenneth의 첫 번째 친구이자, 그의 믿음직한 운전사였고, 그의 요리사였다.

→ _____

04 그는 또한 그에게 많은 인생의 교훈을 가르쳐 주었다.

→ _____

05 그는 Kenneth가 세상에서 가장 존경한 사람이었다.

→ _____

06 Kenneth가 네 살이었을 때, 그의 할아버지는 어느 날 산책을 나갔다가 길을 잃었다.

→ _____

07 그는 알츠하이머병을 앓고 있었다. Kenneth의 가족 모두는 충격을 받았다.

→ _____

08 그의 상태는 그 후 10년간 더 나빠졌다.

→ _____

09 그가 밤에 너무 자주 돌아다녀서 누군가는 그를 밤새 지켜보아야 했다.

→ _____

10 어느 날 밤, Kenneth의 할아버지가 침대에서 나왔고, Kenneth는 그것을 보았다.

→ _____

11 그 순간, 그는 "그의 양말 뒤꿈치에 압력 감지기를 붙이는 건 어떨까?"라고 혼잣말을 했다.

→ _____

12 Kenneth가 해야 할 일이 많았다.

→ _____

13 그는 우선 압력 감지기를 만들어야 했고 그 다음에 그의 스마트폰으로 신호를 보내는 방법을 찾아야 했다.

→ _____

14 Kenneth는 또한 나이 드신 그의 할아버지를 위한 편안한 양말을 만들기 위해 많은 다양한 재료들을 시도해 보았다.

→ _____

15 그는 포기하고 싶었을 때, 그의 할아버지의 안전에 대해 생각했다.

→ _____

16 수많은 시행착오 끝에, 그는 마침내 그의 장치를 만드는 데 성공했다.

→ _____

17 그것이 처음 작동했을 때, 그는 너무 행복해서 팔짝팔짝 뛰며 좋아했다.

→ _____

18 그는 자신의 발명품이 실제로 작동했다는 것을 믿을 수 없었다.

→ _____

19 그의 할아버지에게, Kenneth는 세계 최고의 발명가이다.

→ _____

20 Kenneth에게, 그의 할아버지는 여전히 가장 좋은 친구이다.

→ _____

단원 마무리 노트

4단원에서 배운 내용을 정리한 노트를 완성해 봅시다.

Vocabulary

> 그는 Kenneth가 세상에서 가장 존경한 사람이었다.

→ He was the person who Kenneth ❶_____ the most in the world.

> 수많은 시행착오 끝에, 그는 마침내 그의 장치를 만드는 데 성공했다.

→ After much trial and error, he finally ❷_____ in making his device.

> 그가 밤에 너무 자주 돌아다녀서 누군가는 그를 밤새 지켜보아야 했다.

→ He ❸_____ _____ at night so often that someone had to ❹_____ _____ _____ on him all night long.

Expressions

> Can you do me a favor? 나를 도와주겠니?

→ 상대방에게 도움을 요청할 때는 Can you do me a favor?로 표현한다. 요청에 수락할 때는 Sure. / Of course. 등으로 답하고, 거절할 때는 ❺_____ 등으로 답한다.

> Thank you for sharing your umbrella with me. 나와 우산을 함께 써 줘서 고마워.

→ 어떤 일에 대해 감사를 전할 때는 〈❻_____+(동)명사 ~.〉로 표현한다. 감사의 말에 대한 응답으로 You're welcome. / My pleasure. 등이 쓰인다.

Grammar

목적격 관계대명사

관계대명사가 있는 절에서 관계대명사가 목적어 역할을 할 때 목적격 관계대명사라고 한다. 선행사가 사람이면 ❼_____, 사물이나 동물이면 which를 쓰고, that은 사람, 사물, 동물에 모두 쓰인다. 목적격 관계대명사는 생략 가능하다.

so ~ that 구문

〈so+형용사/부사+that+주어+동사〉는 '❽_____'라는 뜻으로, that 이하의 내용이 결과를 나타낸다.

정답 ❶ respected ❷ succeeded ❸ wandered off ❹ keep an eye ❺ Sorry, but I can't. / I'm afraid I can't. ❻ Thank you for ❼ who(m) ❽ 너무 ~해서 (그 결과) …하다

글 / 그림 우쿠쥐

관용 표현

글 / 그림 우쿠쥐

개념 잡고 성적 올리는 필수 개념서

올리드

미래엔 교과서

Self-study Book 중등 영어 2-1

올리드 100점 전략 개념을 꽉! 문제를 싹! 시험을 확! 오답을 꼭! 잡아라

Mirae N 에듀

올리드 100점 전략

1 단어, 의사소통, 문법, 읽기 지문 완전 분석 교과서 내용 꽉 잡기 .... 교과서 학습편

2 영역별 기본 - 응용 - 서술형의 반복 · 심화 학습으로 문제 싹 잡기

3 교과서 암기 학습과 실전 대비 문제로 학교 **시험 확 잡기** .... Self-study Book

4 문제 풀이 노하우를 담은 자세한 풀이로 **오답 꼭 잡기** .... 바른답 · 알찬풀이

Self-study Book

Part 1 단계별 암기 워크북

단원별 주요 어휘 표현 암기 워크북

스크립트 & 교과서 본문 암기 워크북

Vocabulary

A 다음 영어를 우리말로 쓰시오.

01 talent

02 clothes

03 recycle

04 once

05 amazing

06 outside

07 cafeteria

08 activity

09 super

10 unique

11 guess

12 jeans

13 coworker

14 sudden

15 adventurous

16 vote

17 dangerous

18 graphic novel

19 park ranger

20 model

B 다음 우리말을 영어로 쓰시오.

01 만화가

02 위험, 위기

03 연습하다

04 전체의

05 놀랍게도

06 갑자기

07 멋진, 굉장한

08 쾌활하게, 기분 좋게

09 ~하는 동안

10 실력, 기술

11 놀라운

12 특별한

13 (위험에서) 구하다

14 불안해하는, 초조해하는

15 경비원, 문지기, 관리인

16 놀라운

17 (경쟁, 경기 등에서) 이기다

18 ~하기 전에

19 만화

20 모험

C 다음 영어 표현을 우리말로 쓰시오.

01 model … on ~

02 take a look at

03 a few

04 in front of

05 say hello to

06 give a speech

07 be poor at

08 give away

Dialogue

★ 바른답·알찬풀이 p. 43

❶ Listen & Speak 1

1 **B:** What are you _____, Nami?

G: I'm _____ a smart phone case _____ _____ my old jeans.

B: Wow! You're _____ _____ _____ old clothes.

G: Thanks. I like recycling. It's fun, and it's also _____ _____ our Earth.

2 **B:** Hello, everyone. I'm Kim Yujin. I _____ _____ _____ your class president. I'm a good _____ and always try to _____. I'm also good at planning fun school activities. I'll _____ _____ for our class, so please _____ _____ me. Thank you for listening!

❶

1 **B:** 너 뭐 하고 있니, 나미야?
G: 나는 내 오래된 청바지로 스마트폰 케이스를 만들고 있어.
B: 와! 너는 오래된 옷으로 재활용을 잘하는구나.
G: 고마워. 나는 재활용하기를 좋아해. 그것은 재미있고, 우리 지구에도 좋은 일이야.

2 **B:** 안녕하세요, 여러분. 저는 김유진입니다. 저는 여러분들의 학급 회장이 되고 싶습니다. 저는 잘 들어주는 사람이고 항상 다른 사람들을 도우려고 노력합니다. 저는 재미있는 학교 활동을 계획하는 것도 잘합니다. 저는 우리 학급을 위해 열심히 일할 것이니, 저에게 투표해 주십시오. 들어주셔서 감사합니다!

❷ Listen & Speak 2

1 **B:** Hi, Cindy. _____ _____ _____?

G: I have to give a speech _____ _____ the whole school. I'm so nervous.

B: _____ _____. You're a very good speaker. _____ _____ you'll do a good job.

G: Thanks, Minho. I feel _____ _____ now.

2 **G:** Tomorrow is my mom's birthday. _____ _____ _____ do for her?

B: _____ _____ you bake a cake for her? You're good at baking.

G: That's a good idea. I _____ my mom will like my cake.

B: I'm _____ your mom will love it.

❷

1 **B:** 안녕, Cindy. 뭐가 잘못됐니?
G: 나는 전체 학교 앞에서 연설을 해야 돼. 나는 너무 긴장돼.
B: 걱정하지 마. 너는 매우 좋은 연설자야. 나는 네가 잘할 거라고 확신해.
G: 고마워, 민호야. 나는 이제 기분이 훨씬 좋아졌어.

2 **G:** 내일은 나의 엄마의 생신이야. 내가 엄마를 위해 무엇을 해야 할까?
B: 엄마를 위해 케이크를 굽는 게 어떠니? 너는 빵 굽기를 잘하잖아.
G: 좋은 생각이야. 나는 엄마가 내 케이크를 맘에 들어하시길 바라.
B: 너의 엄마는 그것을 아주 좋아하실 거라 확신해.

❸ Communicate

Yuri: What are you doing, Jaden?

Jaden: I'm drawing cartoons.

Yuri: Really? Can I _____ _____ _____ at them?

Jaden: No, not yet.

Yuri: Why not? You can show me a few, _____ _____?

Jaden: Well, I _____ so.

Yuri: (*pause*) Ha, ha, ha! _____! I like your cartoons. You'_____ _____ _____ _____ drawing.

Jaden: _____ _____ _____ _____? I want to be a cartoonist, but I don't think my drawing skills are _____ _____.

Yuri: Your cartoons are really funny, and you have unique characters. I'm sure you'll be a great cartoonist.

Jaden: Thank you, Yuri. You just _____ _____ _____.

❹ Progress Check

1 **B:** What are you doing?

　　G: I'm making pizza _____ _____.

　　B: Wow! You'_____ _____ _____ _____ cooking!

　　G: Thanks.

2 **B:** Is _____ _____?

　　G: I have to _____ _____ _____ in English. I'm so nervous.

　　B: Don't worry. Practice your speech _____ _____ _____ your family. I'm sure you'll do a good job.

　　G: Thank you. I'll try.

3 **W:** Everybody _____ _____ _____ something. Some people are good at drawing. _____ people are good at singing. What are you good at?

　　B: I'm good at _____ _____ _____.

---

❸

유리: 뭐 하고 있니, Jaden?
Jaden: 나는 만화를 그리고 있어.
유리: 정말? 내가 그것들을 봐도 되니?
Jaden: 아니, 아직 안 돼.
유리: 왜 안 돼? 내게 조금만 보여 줄 수 있잖아, 그렇지 않니?
Jaden: 음, 그럴 수 있지.
유리: (잠시 후) 하하해! 굉장하다! 나는 네 만화가 마음에 들어. 너 정말 그림을 잘 그리는구나.
Jaden: 그렇게 생각해? 나는 만화가가 되고 싶지만, 내 그림 실력이 충분히 좋은 것 같지 않아.
유리: 네 만화는 정말 재미있고, 독특한 캐릭터가 있어. 네가 훌륭한 만화가가 될 거라고 확신해.
Jaden: 고마워, 유리야. 네가 날 정말 기쁘게 해 줬어.

❹

1 **B:** 너 뭐 하고 있니?
　G: 나는 저녁으로 피자를 만들고 있어.
　B: 왜! 너는 요리를 정말 잘하는구나!
　G: 고마워.

2 **B:** 뭐가 잘못됐니?
　G: 나는 영어로 연설을 해야 해. 나는 너무 긴장돼.
　B: 걱정하지 마. 너의 가족 앞에서 네 연설을 연습해. 나는 네가 잘할 거라고 확신해.
　G: 고마워. 그래야겠다.

3 **W:** 모두 어떤 것을 잘합니다. 몇몇 사람들은 그림 그리기를 잘합니다. 다른 사람들은 노래 부르기를 잘합니다. 여러분은 무엇을 잘합니까?
　B: 나는 기타를 잘 칩니다.

Reading Text

Step 1 ● 다음 빈칸에 들어갈 말을 주어진 단어에서 골라 써 봅시다.

+ 해석

01 My _____ is Hojin, and I like to _____ graphic novels.
   A. make   B. name

> 내 이름은 호진이고, 나는 만화 소설 쓰는 것을 좋아한다.

02 _____ I was walking home from school last week, I _____ a woman on a scooter.
   A. while   B. saw

> 나는 지난주에 학교에서 집으로 걸어가는 중에, 스쿠터에 탄 한 여자를 봤다.

03 She _____ really cool, and her scooter was very _____.
   A. unique   B. looked

> 그녀는 정말 멋져 보였고, 그녀의 스쿠터는 정말 독특했다.

04 "Are you _____ home, Hojin?" she _____ to me suddenly.
   A. going   B. said

> "집에 가는 거니, 호진아?" 갑자기 그녀가 나에게 말했다.

05 "Yes, but do I _____ you?" I _____.
   A. asked   B. know

> "네, 그런데 저를 아시나요?" 나는 물었다.

06 "Of course," she _____. "I see you at the school _____ every day."
   A. cafeteria   B. answered

> "당연하지." 그녀는 대답했다. "나는 매일 학교 식당에서 너를 본단다."

07 _____, she was one of the cafeteria _____ at school.
   A. surprisingly   B. workers

> 놀랍게도, 그녀는 학교 식당 직원들 중 한 분이었다.

08 "_____! She looks so different _____ the school," I thought.
   A. outside   B. amazing

> '굉장하다! 그녀가 학교 밖에서는 정말 달라 보이시네.'라고 나는 생각했다.

09 "I _____ write a _____ _____ about her."
   A. graphic   B. should   c. novel

> '그녀에 대한 만화 소설을 써야겠다.'

10 _____ I got home, I _____ to write a new graphic novel, *Lunch Lady Begins*.
   A. after   B. began

> 집에 도착한 후에, 나는 《런치 레이디 탄생하다》라는 새로운 만화 소설을 쓰기 시작했다.

11 _____ it, Lunch Lady is a _____.
   A. in   B. superhero

> 그것에서, 런치 레이디는 슈퍼히어로다.

12 She _____ a _____ scooter that can fly.
   A. rides   B. super

> 그녀는 날 수 있는 슈퍼 스쿠터를 탄다.

13 She _____ people from _____ around the world.

A. saves　　　　　　　B. danger

14 She also makes 100 cookies _____ second and _____ them _____ to hungry children.

A. gives　　　　　　　B. per　　　　　　　C. away

15 A _____ days later, I _____ my graphic novel to my friends.

A. showed　　　　　　B. few

16 "_____! I love this _____. She's so _____," said all my friends.

A. cool　　　　　　　B. superhero　　　　　C. awesome

17 "Guess what? I _____ her _____ Ms. Lee, one of our _____ workers," I told them.

A. cafeteria　　　　　B. modeled　　　　　C. on

18 I _____ my _____ to Ms. Lee.

A. showed　　　　　　B. book

19 She _____ it, _____.

A. loved　　　　　　　B. too

20 She also told me about her _____ who had special _____.

A. coworkers　　　　　B. talents

21 Ms. Park, _____ cafeteria worker, _____ a dancing _____.

A. another　　　　　　B. contest　　　　　C. won

22 Mr. Kim, the _____ at our school, was _____ an adventurous park _____.

A. once　　　　　　　B. janitor　　　　　C. ranger

23 "I'd like to _____ superhero stories about them. Do you think they'll _____ that?" I _____ Ms. Lee.

A. write　　　　　　　B. like　　　　　　C. asked

24 "_____ _____ they will," she said _____.

A. cheerfully　　　　　B. of　　　　　　　C. course

25 "Let's go and _____ _____ to our new _____ friends."

A. superhero　　　　　B. say　　　　　　C. hello

그녀는 전 세계의 위험에 빠진 사람들을 구한다.

그녀는 또한 1초에 100개의 쿠키를 만들고 그것들을 배고픈 어린이들에게 나눠 준다.

며칠이 지나서, 나는 내 만화 소설을 내 친구들에게 보여 주었다.

"굉장해! 나는 이 슈퍼히어로가 마음에 들어. 그녀는 정말 멋져." 내 모든 친구들이 말했다.

"그게 있지? 나는 우리 학교 식당 직원들 중 한 분인 이 조리사님을 본떠서 그녀를 만든 거야." 나는 친구들에게 말했다.

나는 내 책을 이 조리사님께 보여 드렸다.

그녀도 그것을 좋아했다.

그녀는 또한 내게 특별한 재능을 가진 그녀의 동료들에 대해서 말했다.

또 다른 학교 식당 직원인 박 조리사님은 춤 경연 대회에서 우승했다.

우리 학교 관리인인 김 선생님은 한때 모험심 있는 공원 관리인이었다.

"저는 그분들에 관한 슈퍼히어로 이야기를 쓰고 싶어요. 그분들이 그것을 좋아할 거라고 생각하세요?" 나는 이 조리사님께 물었다.

"물론 그들은 좋아할 거야." 그녀는 쾌활하게 말했다.

"가서 우리의 새로운 슈퍼히어로 친구들에게 인사를 하자."

Step 2 • 다음 우리말에 맞도록 주어진 단어를 배열하여 문장을 완성해 봅시다.

01 내 이름은 호진이고, 나는 만화 소설 쓰는 것을 좋아한다.

→ My name is Hojin, and _____.
(novels, make, to, I, graphic, like)

02 나는 지난주에 학교에서 집으로 걸어가는 중에, 스쿠터에 탄 한 여자를 봤다.

→ _____, I saw a woman on a scooter.
(school, I, while, last, was, home, walking, from, week)

03 그녀는 정말 멋져 보였고, 그녀의 스쿠터는 정말 독특했다.

→ She looked really cool, and _____.
(unique, her, scooter, very, was)

04 "집에 가는 거니, 호진아?" 갑자기 그녀가 나에게 말했다.

→ "Are you going home, Hojin?" _____.
(to, suddenly, she, me, said)

05 "네, 그런데 저를 아시나요?" 나는 물었다.

→ "_____?" I asked.
(but, know, do, yes, you, I)

06 "당연하지." 그녀는 대답했다. "나는 매일 학교 식당에서 너를 본단다."

→ "Of course," she answered. "_____."
(see, cafeteria, every, I, at, you, school, day, the)

07 놀랍게도, 그녀는 학교 식당 직원들 중 한 분이었다.

→ Surprisingly, _____.
(one, was, at, the, workers, she, of, cafeteria, school)

08 '굉장하다! 그녀가 학교 밖에서는 정말 달라 보이시네.'라고 나는 생각했다.

→ "Amazing! _____," I thought.
(looks, the, different, so, she, school, outside)

09 '그녀에 대한 만화 소설을 써야겠다.'

→ "I should _____."
(a, write, her, graphic, about, novel)

10 집에 도착한 후에, 나는 《런치 레이디 탄생하다》라는 새로운 만화 소설을 쓰기 시작했다.

→ _____, I began to write a new graphic novel, *Lunch Lady Begins*.
(I, home, after, got)

11 그것에서, 런치 레이디는 슈퍼히어로다.

→ In it, _____.
(is, Lunch Lady, superhero, a)

12 그녀는 날 수 있는 슈퍼 스쿠터를 탄다.

→ She rides a _____.
(can, super, fly, that, scooter)

13 그녀는 전 세계의 위험에 빠진 사람들을 구한다.

→ She _____ the world.
(from, people, danger, saves, around)

14 그녀는 또한 1초에 100개의 쿠키를 만들고 그것들을 배고픈 어린이들에게 나눠 준다.

→ She also _____ hungry children.
(cookies, 100, gives, to, per, makes, away, them, and, second)

15 며칠이 지나서, 나는 내 만화 소설을 내 친구들에게 보여 주었다.

→ A few days later, I _____.
(to, my, friends, my, showed, graphic, novel)

16 "굉장해! 나는 이 슈퍼히어로가 마음에 들어. 그녀는 정말 멋져." 내 모든 친구들이 말했다.

→ "Awesome! _____," said all my friends.
(love, so, she's, this, I, superhero, cool)

17 "그게 있지? 나는 우리 학교 식당 직원들 중 한 분인 이 조리사님을 본떠서 그녀를 만든 거야." 나는 친구들에게 말했다.

→ "Guess what? I _____," I told them.
(Ms. Lee, modeled, one, our, workers, on, of, her, cafeteria)

18 나는 내 책을 이 조리사님께 보여 드렸다.

→ I _____.
   (Ms. Lee, showed, book, to, my)

19 그녀도 그것을 좋아했다.

→ _____
  (too, loved, she, it)

20 그녀는 또한 내게 특별한 재능을 가진 그녀의 동료들에 대해서 말했다.

→ She also told me _____.
     (who, her, special, had, about, talents, coworkers)

21 또 다른 학교 식당 직원인 박 조리사님은 춤 경연 대회에서 우승했다.

→ Ms. Park, _____.
    (worker, a , another, dancing, cafeteria, contest, won)

22 우리 학교 관리인인 김 선생님은 한때 모험심 있는 공원 관리인이었다.

→ Mr. Kim, _____.
    (our, park, an, at, janitor, once, adventurous, ranger, the, school, was)

23 "저는 그분들에 관한 슈퍼히어로 이야기를 쓰고 싶어요. 그분들이 그것을 좋아할 거라고 생각하세요?" 나는 이 조리사님께 물었다.

→ "I'd like to write superhero stories about them. _____?" I asked
         (you, like, they'll, do, think, that)
Ms. Lee.

24 "물론 그들은 좋아할 거야." 그녀는 쾌활하게 말했다.

→ _____
  (she, they, of, cheerfully, course, will, said)

25 "가서 우리의 새로운 슈퍼히어로로 친구들에게 인사를 하자."

→ "Let's go and _____."
    (to, superhero, hello, our, friends, new, say)

Step 3 • 본문 통째로 외우기

01 My name is Hojin, and I _____ .

02 While _____ last week, I saw _____ .

03 She _____ , and her scooter _____ .

04 "_____ home, Hojin?" she said to me _____ .

05 "Yes, but _____ ?" I asked.

06 "_____ ," she answered. "I see you at the school cafeteria every day."

07 Surprisingly, she was _____ .

08 "Amazing! She _____ ," I thought.

09 "I _____ about her."

10 After I got home, I _____ , *Lunch Lady Begins*.

11 _____ , Lunch Lady is a _____ .

12 She _____ that can fly.

13 She saves people _____ .

14 She also makes _____ and _____ to hungry children.

15 A _____ later, I _____ to my friends.

16 "_____! I love this superhero. She's so _____," said all my friends.

17 "_____? I _____ Ms. Lee, one of our cafeteria workers," I told them.

18 I _____.

19 She _____ it, too.

20 She also told me about her _____.

21 Ms. Park, another cafeteria worker, _____.

22 Mr. Kim, the _____ at our school, was _____.

23 "I'd like to write _____. Do you _____?" I asked Ms. Lee.

24 "_____ they will," she said _____.

25 "Let's go and _____ our new superhero friends."

A 다음 영어를 우리말로 쓰시오.

01 dining room	
02 wooden	
03 storage	
04 cone-shaped	
05 round	
06 floor	
07 nature	
08 avoid	
09 pay	
10 grass	
11 view	
12 cover	
13 century	
14 without	
15 essence	
16 collect	
17 tax	
18 unique	
19 forest	
20 south	

B 다음 우리말을 영어로 쓰시오.

01 세우다, 짓다	
02 식사	
03 징수원, 수집가	
04 충분히; (형) 충분한	
05 사랑스러운	
06 적, 적군	
07 발견하다, 찾아내다	
08 자라다	
09 정문, 입구	
10 저장하다	
11 마을, 촌락	
12 염소	
13 원뿔, 뿔체	
14 조화	
15 지붕, 옥상, 꼭대기	
16 식물	
17 보호하다, 지키다	
18 남쪽의, 남부의	
19 (극장·호텔·백화점 등의) 화장실	
20 필수의, 가장 중요한	

C 다음 영어 표현을 우리말로 쓰시오.

01 for a long time	
02 pile up	
03 next to	
04 give it a try	
05 look like	
06 take down	
07 protect ~ from	
08 cover ~ with …	

Dialogue

❶ Listen & Speak 1

1 B: Hey, look at this house in the picture. It _____ _____ a big shoe!

G: Oh, it's very _____, but I don't want to _____ _____ a shoe.

B: _____ _____ _____ house do you want to live in?

G: Well, I want to live in _____ _____ house.

2 M: Excuse me, _____ _____ a restaurant in this mall?

W: Yes. _____ _____ _____ food would you like?

M: I'd like Chinese food.

W: There is a great Chinese restaurant on the _____ _____.

M: Thank you.

❷ Listen & Speak 2

1 W: Excuse me, _____ _____ _____ women's shoes?

M: You _____ _____ them on the second floor. They're _____ _____ the elevator.

W: Thank you.

M: You're welcome.

2 W: Can I help you?

M: I'm _____ _____ watches. Where can I find them?

W: They're _____ _____ _____ _____, next to the restroom.

M: Thank you.

➕ 해석

❶

1 B: 어, 그림 속 이 집을 봐. 큰 신발처럼 생겼어!

G: 오, 그것은 매우 독특하지만, 나는 신발에서 살고 싶지 않아.

B: 너는 어떤 종류의 집에서 살고 싶니?

G: 음, 나는 비행기 모양의 집에서 살고 싶어.

2 M: 실례합니다. 이 쇼핑몰에 식당이 있나요?

W: 네. 어떤 종류의 음식을 드실 건가요?

M: 중국 음식을 원해요.

W: 5층에 훌륭한 중국 식당이 있습니다.

M: 감사합니다.

❷

1 W: 실례합니다. 여성용 신발이 어디에 있나요?

M: 2층에 있습니다. 승강기 옆에 있습니다.

W: 감사합니다.

M: 천만에요.

2 W: 도와 드릴까요?

M: 저는 시계를 찾고 있어요. 그것들이 어디에 있나요?

W: 3층, 화장실 옆에 있어요.

M: 감사합니다.

❸ Communicate

Woman: Welcome to Jeonju Hanok Guesthouse. May I help you?

Man: Yes, I'd like a room for two nights.

Woman: Well, _____ _____ _____ room would you like?

Man: Do you have a room with a garden view? You have a _____ _____.

Woman: Yes, _____ _____. Every room in our house has a garden view, but there are no beds in the rooms.

Man: Do I _____ _____ sleep on the floor?

Woman: Yes, you do.

Man: O.K. I'll give it a try. Where can I have breakfast?

Woman: You can have breakfast in the dining room, _____ _____ the kitchen.

Man: I see.

Woman: O.K. You're in the Nabi room. Here's your key.

Man: Thank you.

❹ Progress Check

1 **B:** Hey, look at this unique house in the picture. It's _____ down.

G: Oh, it looks interesting, but I think it's _____ _____ _____.

B: What kind of house do you _____ _____ _____?

G: I like music, so I want to live in a piano-shaped house.

2 **W:** Excuse me, where _____ _____ _____ women's jeans?

M: You can find them on the second floor, _____ _____ the elevator.

W: Thank you.

M: You're welcome.

3 **M:** Excuse me, where can I find men's hats?

W: You can _____ _____ _____ the third floor.

Step 1 ● 다음 빈칸에 들어갈 말을 주어진 단어에서 골라 써 봅시다.

01 _____ you ever _____ a goat on the roof of a house?

A. seen   B. have

집의 지붕 위에서 염소를 본 적이 있습니까?

02 _____ _____, we can see animals on _____.

A. Norway   B. roofs   C. in

노르웨이에서, 우리는 지붕 위에서 동물들을 볼 수 있다.

03 Norway has _____ _____.

A. large   B. forests

노르웨이에는 큰 숲들이 있다.

04 In _____ with nature, people have _____ _____ houses for a long time.

A. built   B. harmony   C. wooden

자연과 조화를 이루면서, 사람들은 오랜 시간 동안 나무로 된 집을 지어왔다.

05 To build strong and warm houses, they _____ their roofs with _____.

A. grass   B. cover

튼튼하고 따뜻한 집을 짓기 위해, 그들은 지붕을 잔디로 덮는다.

06 The grass roofs _____ them _____ the long cold winters and strong winds.

A. from   B. protect

잔디 지붕은 그들을 길고 추운 겨울과 강한 바람으로부터 보호한다.

07 _____, trees or plants grow _____ of the grass roofs, and some animals _____ their meals there.

A. sometimes   B. enjoy   C. out

때때로, 나무나 식물들이 잔디 지붕에서 자라나고, 몇몇 동물들은 그곳에서 식사를 즐긴다.

08 A roof is an _____ part of a house, but long ago some people built roofs only to _____ them _____ easily.

A. down   B. take   C. essential

지붕은 집의 필수적인 부분이지만, 오래전 어떤 사람들은 단지 지붕을 쉽게 부수기 위해서 지었다.

09 _____ ago in southern Italy, people who had a house without a roof _____ lower _____.

A. paid   B. centuries   C. taxes

수백 년 전 남부 이탈리아에서는, 지붕이 없는 집을 가진 사람들이 더 적은 세금을 냈다.

10 To _____ high taxes on their houses, some people built _____ roofs by _____ up stones.

A. cone- shaped   B. avoid   C. piling

집에 부과되는 높은 세금을 피하기 위해서, 어떤 사람들은 돌을 쌓아 올림으로써 원뿔 모양의 지붕을 지었다.

11 When tax _____ came to the town, people took their roofs down _____.

A. quickly   B. collectors

세금 징수원들이 마을에 오면, 사람들은 재빨리 지붕을 무너뜨렸다.

12 _____ the tax collectors left, they _____ _____ the stones again.

A. after   B. piled   C. up

세금 징수원들이 떠난 후에, 그들은 다시 돌을 쌓아 올렸다.

13 From the sky in a part of _____ China, you can see round roofs that _____ _____ big doughnuts.

A. southern   B. look   C. like

중국 남부 일부 지역의 하늘에서 보면, 큰 도넛처럼 생긴 둥근 지붕들을 볼 수 있다.

14 They are the _____ of the big _____ houses of the Hakka people.

A. round   B. roofs

그것들은 하카 족의 크고 둥근 집의 지붕들이다.

15 They have lived in houses like these for about a _____ years to _____ themselves from _____.

A. thousand   B. enemies   C. protect

그들은 적들로부터 그들 자신을 보호하기 위해 약 천 년 동안 이것들과 같은 집에 살아왔다.

16 The houses have only one _____ without any windows on the first _____.

A. floor   B. gate

그 집들은 1층에 창문이 없이 오직 하나의 출입문만 있다.

17 Each house is big _____ for a whole _____.

A. enough   B. village

각각의 집은 전체 마을이 들어갈 만큼 충분히 크다.

18 It _____ has four _____.

A. strories   B. usually

그것은 대개 4개의 층이 있다.

19 It has kitchens on the first floor, _____ rooms on the second floor, and _____ rooms and _____ on the third and fourth floors.

A. bedrooms   B. living   C. storage

그것은 1층에 부엌이, 2층에 창고가, 3층과 4층에 거실과 침실이 있다.

Step 2 • 다음 우리말에 맞도록 주어진 단어를 배열하여 문장을 완성해 봅시다.

01 집의 지붕 위에서 염소를 본 적이 있습니까?

→ _____ a goat on the roof of a house?
　　(seen, you, have, ever)

02 노르웨이에서, 우리는 지붕 위에서 동물들을 볼 수 있다.

→ In Norway, we can _____.
　　　　　　　　　　　　(on, see, roofs, animals)

03 노르웨이에는 큰 숲들이 있다.

→ Norway _____.
　　　　　　(large, has, forests)

04 자연과 조화를 이루면서, 사람들은 오랜 시간동안 나무로 된 집을 지어왔다.

→ _____, people have built wooden houses for a long time.
　　(with, in, nature, harmony)

05 튼튼하고 따뜻한 집을 짓기 위해, 그들은 지붕을 잔디로 덮는다.

→ To build strong and warm houses, _____.
　　　　　　　　　　　　　　　　(their, with, cover, roofs, they, grass)

06 잔디 지붕은 그들을 길고 추운 겨울과 강한 바람으로부터 보호한다.

→ _____ the long cold winters and strong winds.
　　(protect, grass, roofs, them, the, from)

07 때때로, 나무나 식물들이 잔디 지붕에서 자라나고, 몇몇 동물들은 그곳에서 식사를 즐긴다.

→ Sometimes, _____, and some animals enjoy their
　　　　　　(grow, roofs, trees, out, or, of, plants, grass, the)
meals there.

08 지붕은 집의 필수적인 부분이지만, 오래전 어떤 사람들은 단지 지붕을 쉽게 부수기 위해서 지었다.

→ A roof is an essential part of a house, but long ago some people _____.

(only, easily, take, to, roofs, down, built, them)

09 수백 년 전 남부 이탈리아에서는, 지붕이 없는 집을 가진 사람들이 더 적은 세금을 냈다.

→ Centuries ago in southern Italy, _____ paid lower taxes.

(had, a, people, without, who, roof, house, a)

10 집에 부과되는 세금을 피하기 위해서, 어떤 사람들은 돌을 쌓아 올림으로써 원뿔 모양의 지붕을 지었다.

→ To avoid high taxes on their houses, some people _____.

(by, roofs, cone-shaped, built, piling, stones, up)

11 세금 징수원들이 마을에 오면, 사람들은 재빨리 지붕을 무너뜨렸다.

→ When tax collectors came to the town, _____.

(took, quickly, people, down, their, roofs)

12 세금 징수원들이 떠난 후에, 그들은 다시 돌을 쌓아 올렸다.

→ After the tax collectors left, _____.

(again, piled, they, the, up, stones)

13 중국 남부 일부 지역의 하늘에서 보면, 큰 도넛처럼 생긴 둥근 지붕들을 볼 수 있다.

→ _____, you can see round roofs that look like big

(in, China, a, the, from, part, southern, of, sky)

doughnuts.

14 그것들은 하카 족의 크고 둥근 집의 지붕들이다.

→ They are the roofs of _____.

(the, houses, Hakka, big, of, the, round, people)

15 그들은 적들로부터 그들 자신을 보호하기 위해 약 천 년 동안 이것들과 같은 집에 살아왔다.

→ They have lived in houses like these _____.
(themselves, about, years, from, protect, to, thousand, enemies, for, a)

16 그 집들은 1층에 창문이 없이 오직 하나의 출입문만 있다.

→ The houses have only one gate _____.
(any, first, windows, on, without, the, floor)

17 각각의 집은 전체 마을이 들어갈 만큼 충분히 크다.

→ Each house is _____.
(for, whole, big, village, a, enough)

18 그것은 대개 4층의 층이 있다.

→ It _____.
(four, usually, stories, has)

19 그것은 1층에 부엌이, 2층에 창고가, 3층과 4층에 거실과 침실이 있다.

→ It has kitchens on the first floor, storage rooms on the second floor, and _____

_____.
(fourth, on, bedrooms, the, third, living, and, rooms, and, floors)

01 _____ a goat on the roof of a house?

02 In Norway, we _____.

03 Norway _____.

04 _____, people _____ for a long time.

05 _____ strong and warm houses, they _____.

06 The grass roofs _____.

07 Sometimes, trees or plants _____, and some animals _____.

08 A roof is _____, but long ago some people built roofs _____.

09 _____ in southern Italy, people who had a house _____ _____.

10 To avoid _____ their houses, some people built cone-shaped roofs _____.

11 When tax collectors came to the town, people _____.

12 After the tax _____, they _____ again.

13 From the sky _____, you can see round roofs that _____
_____.

14 They are the _____ of the Hakka people.

15 They _____ like these for about a thousand years _____
_____.

16 The houses _____ on the first floor.

17 _____ for a whole village.

18 It _____.

19 It has kitchens on the first floor, _____, and living rooms and bedrooms on the third and fourth floors.

A 다음 영어를 우리말로 쓰시오.

01 admire

02 actually

03 college

04 outside

05 mysterious

06 capture

07 invite

08 moment

09 temple

10 traditional

11 spend

12 trip

13 create

14 perfect

15 ride

16 plate

17 decide

18 disappear

19 domestic

20 own

B 다음 우리말을 영어로 쓰시오.

01 물건, 사물

02 떠나다, 출발하다

03 거대한

04 (종합) 대학

05 인기 있는

06 예상하다, 기대하다

07 여전히 ~이다, 남아있다

08 외국의

09 짐을 풀다

10 무서운, 겁나는

11 복잡한

12 불가사의, 신비

13 휴식을 취하다

14 나타나다

15 주인, 소유자

16 일기예보

17 세계적으로 유명한

18 도착하다

19 졸업하다

20 초상화, 인물 사진

C 다음 영어 표현을 우리말로 쓰시오.

01 be full of

02 set foot

03 a lot of

04 get into

05 can't wait to ~

06 go on a vacation

07 thousands of

08 be busy -ing

Dialogue

❶ Listen & Speak 1

1 G: _____ _____ _____ _____
Indian food?

B: Yes, I _____, but I've only tried _____ curry.

G: How was it?

B: It was really hot, but I loved it.

2 G: Bill, _____ _____ _____ _____
bungee jumping?

B: No, I _____. How about you, Katie?

G: When I visited New Zealand, I tried bungee jumping once.

B: Wasn't it _____?

G: No, I liked it. I want to do it again.

❷ Listen & Speak 2

1 B: Mom, _____ _____ _____ today? Do I
need an umbrella?

W: It's _____ cloudy outside. I'll check the _____
_____.

B: Thank you, Mom.

W: Well, it's not going to rain today.

B: Good! Then, I don't need an umbrella today.

2 W: Good morning, and welcome to the weather forecast. It's sunny
_____, but we're _____ some rain in the
afternoon. Don't leave home _____ your umbrella. That's
the weather forecast for today. Have a nice day!

➕ 해석

❶

1 G: 너는 인도 음식을 먹어 본 적이 있니?

B: 응, 있지만, 난 인도 카레만 먹어봤어.

G: 어땠니?

B: 정말 매웠지만, 난 그것이 아주 좋았어.

2 G: Bill, 너는 번지점프를 하러 간 적이 있니?

B: 아니, 없어. 넌 어때, Katie?

G: 내가 뉴질랜드를 방문했을 때, 한번 번지점프를 해봤어.

B: 무서웠니?

G: 아니, 난 좋았어. 나는 다시 그것을 하고 싶어.

❷

1 B: 엄마, 오늘 날씨가 어때요? 제가 우산이 필요할까요?

W: 밖이 꽤 흐리구나. 내가 일기예보를 확인해볼게.

B: 감사해요, 엄마.

W: 음, 오늘 비가 오지 않을 거야.

B: 좋아요! 그럼, 저는 오늘 우산이 필요하지 않겠어요.

2 W: 좋은 아침입니다. 일기예보를 알려드리겠습니다. 밖은 화창합니다만, 오후에는 비가 좀 오겠습니다. 우산 없이 집을 나서지 마십시오. 오늘의 일기예보였습니다. 좋은 하루 보내십시오!

❸ Communicate

Suho: Anna, _____ _____ _____ _____ Australia before?

Anna: Yes, I have. _____, I lived in Sydney for a year.

Suho: Great! How's the weather there in April? I'm going to visit Sydney on _____ next week.

Anna: April is a great time to visit Sydney. In April, it's autumn in Australia.

Suho: Good. _____ _____ _____ spend some time on the beach and relax in the sun.

Anna: Well, it _____ rains in April, but you may have some sunny days.

Suho: I'll take my hat and pack an umbrella, too.

Anna: That's a good idea. Have a great trip.

❸

수호: Anna, 너는 전에 호주에 가 본 적이 있니?

Anna: 응, 있어. 사실, 나는 시드니에서 1년 동안 살았어.

수호: 멋지다! 4월의 거기 날씨는 어때? 나는 다음 주 방학에 시드니에 방문할 거야.

Anna: 4월은 시드니를 방문하기에 아주 좋은 시기야. 4월에 호주는 가을이거든.

수호: 좋아. 난 해변에서 시간을 좀 보내고 햇볕을 쬐며 쉴 생각이야.

Anna: 음, 4월에는 비가 자주 오지만, 맑은 날을 좀 즐길 수 있을 거야.

수호: 내 모자를 가져가고, 우산도 챙겨야겠다.

Anna: 좋은 생각이야. 즐거운 여행 보내.

❹ Progress Check

1 **G:** _____ _____ _____ ridden a horse?

B: Yes, I have. How about you?

G: No, I haven't. How was it?

B: It was fun, but it was a little _____, too.

❹

1 **G:** 너는 말을 타 본 적이 있니?

B: 응, 있어. 너는 어때?

G: 난 없어. 어땠니?

B: 재미있었지만, 약간 무섭기도 했어.

2 **B:** Mom, how's the weather today?

W: It's quite cloudy outside. I'll check the _____ _____.

B: Thanks, Mom.

W: Well, it's going to rain in the afternoon.

2 **B:** 엄마, 오늘 날씨가 어때요?

W: 밖이 꽤 흐리구나. 일기예보를 확인해볼게.

B: 감사해요, 엄마.

W: 음, 오후에 비가 올 거야.

3 **M:** Good evening, and welcome to the weather forecast. It's raining right now, but we're _____ a sunny day tomorrow. _____ _____ home tomorrow _____ your hat.

3 **M:** 좋은 저녁입니다. 일기예보를 알려 드리겠습니다. 지금 당장은 비가 오고 있습니다만, 내일은 맑겠습니다. 모자 없이 내일 집을 나서지 마십시오.

Reading Text

Step 1 · 다음 빈칸에 들어갈 말을 주어진 단어에서 골라 써 봅시다.

➕ 해석

01 Hi, I _____ Lucy Hunter, and I _____ in London.

A. live   B. am

안녕, 나는 Lucy Hunter이고, 런던에 살아.

02 Last week, my family _____ on a _____ for three days.

A. vacation   B. went

지난주, 우리 가족은 3일간 휴가를 갔어.

03 During our trip, I made simple _____ in my _____.

A. journal   B. drawings

여행 동안에, 나는 내 일기에 간단한 그림을 그렸어.

04 That was a great way to _____ all the special _____.

A. capture   B. moments

그것은 모든 특별한 순간을 포착하는 데 아주 좋은 방법이었어.

05 At last, we _____ foot at Stonehenge, one of the most _____ places on Earth.

A. set   B. mysterious

드디어, 우리는 지구상에서 가장 불가사의한 장소들 중 하나인 스톤헨지에 발을 들여놨어.

06 After a two-hour _____ from our home in London, we _____ got to Stonehenge.

A. drive   B. finally

런던에 있는 우리 집에서 차로 두 시간 달린 후에, 우리는 마침내 스톤헨지에 도착했어.

07 It was just _____ to see the ring of _____ stones.

A. huge   B. amazing

원형으로 둘러서 있는 거대한 돌들을 보는 것은 그저 놀라웠어.

08 How did those _____ stones get there _____ of years ago?

A. thousands   B. huge

어떻게 저 거대한 돌들이 수천 년 전에 그곳에 도달했을까?

09 What _____ they _____?

A. were   B. for

그것들은 무엇을 위한 것이었을까?

10 I _____ Stonehenge will _____ a _____ for a long time.

A. remain   B. mystery   C. guess

나는 스톤헨지가 오랫동안 불가사의로 남아 있을 거라고 생각해.

11 Don't _____ to make a _____ drawing.

A. perfect   B. try

완벽한 그림을 그리려고 하지 마.

12 A _____ colors will be _____.

A. few   B. enough

몇 가지 색으로 충분할 거야.

13 In the morning, we _____ _____ the Cotswolds.

A. walked   B. around

아침에, 우리는 코츠월드 주변을 걸어 다녔어.

14 It _____ to rain in the afternoon, so we _____ to stay _____ at our B&B.

A. started   B. indoors   C. decided

오후에 비가 오기 시작해서, 우리는 B&B 안에서 머물기로 결정했어.

15 A B&B is a _____ place to _____ in England.

A. stay   B. popular

B&B는 영국에서 머물기에 인기 있는 곳이야.

16 It _____ more like a home _____ a hotel.

A. than   B. feels

호텔보다는 집처럼 더 느껴져.

17 The _____ _____ us for afternoon tea today.

    A. invited   B. owner

주인은 오늘 오후 다과회에 우리를 초대했어.

18 The _____ table was _____ of cookies, cake, bread, and cheese.

    A. dining   B. full

식탁에는 과자, 케이크, 빵, 그리고 치즈가 가득했어.

19 While I was _____ _____, Mom was _____ the beautiful cups and tea.

    A. admiring   B. busy   C. eating

내가 먹느라고 바쁜 동안에, 엄마는 아름다운 컵과 접시에 감탄하고 계셨어.

20 I ate too much, so I _____ eat _____ for dinner.

    A. couldn't   B. anything

나는 너무 많이 먹어서, 저녁 식사로 아무 것도 먹을 수가 없었어.

21 It is O.K. to draw everyday _____ like cups and plates in your _____.

    A. journal   B. objects

너의 일기에 컵이나 접시 같은 일상용품들을 그리는 것은 괜찮아.

22 Our _____ stop was _____.

    A. Oxford   B. last

우리가 마지막으로 들른 곳은 옥스퍼드였어.

23 We first _____ Christ Church _____.

    A. visited   B. College

우리는 먼저 크라이스트 처치 칼리지에 갔어.

24 It has become a _____ famous place to visit _____ it _____ in the *Harry Potter* movies.

    A. since   B. appeared   C. world

그곳은 《해리 포터》 영화에 나온 이후로 방문해야 할 세계적으로 유명한 장소가 되었어.

25 In the _____, Harry and _____ else eat dinner at the Hall of Christ Church.

    A. movies   B. everyone

영화에서는, Harry와 다른 모든 사람이 크라이스트 처치 홀에서 저녁을 먹거든.

26 We also saw _____ of _____ people who _____ from the college.

    A. graduated   B. famous   C. portraits

우리는 또한 그 대학을 졸업한 유명한 사람들의 초상화를 봤어.

27 When we were _____ the building, I walked to the _____ olive tree and _____ it.

    A. touched   B. outside   C. famous

우리가 건물 밖으로 나왔을 때, 나는 유명한 올리브 나무로 걸어가서 그것을 만졌어.

28 "Because I _____ this tree," I said, "I will _____ into Oxford University!"

    A. touched   B. get

"나는 이 나무를 만졌기 때문에, 옥스퍼드 대학에 들어갈 거야!"라고 내가 말했어.

29 Then, my brother said to me with a smile, "I _____ to see your _____ on the wall."

    A. portrait   B. can't   C. wait

그러자, 오빠가 내게 웃으며 말했어. "벽에 걸려 있는 네 초상화를 빨리 보고 싶은걸."

30 Create your _____ _____.

    A. own   B. avatar

네 자신의 아바타를 만들어.

31 Your _____ _____ will become much more _____.

    A. drawing   B. interesting   C. journal

너의 그림일기가 훨씬 더 흥미로워질 거야.

Step 2 • 다음 우리말에 맞도록 주어진 단어를 배열하여 문장을 완성해 봅시다.

01 안녕, 나는 Lucy Hunter이고, 런던에 살아.

→ Hi, I am Lucy Hunter, and _____.
(London, in, I, live)

02 지난주, 우리 가족은 3일간 휴가를 갔어.

→ Last week, my family _____.
(for, a, went, three, vacation, on, days)

03 여행 동안에, 나는 내 일기에 간단한 그림을 그렸어.

→ During our trip, I _____.
(simple, journal, made, in, drawings, my)

04 그것은 모든 특별한 순간을 포착하는 데 아주 좋은 방법이다.

→ That was a great way _____.
(all, to, special, the, capture, moments)

05 드디어, 우리는 지구상에서 가장 불가사의한 장소들 중 하나인 스톤헨지에 발을 들여놓았어.

→ At last, we set foot at Stonehenge, _____.
(places, one, the, on, mysterious, Earth, most, of)

06 런던에 있는 우리 집에서 차로 두 시간 달린 후에, 우리는 마침내 스톤헨지에 도착했어.

→ _____ in London, we finally got to Stonehenge.
(our, a, from, after, two-hour, home, drive)

07 원형으로 둘러서 있는 거대한 돌들을 보는 것은 그저 놀라웠어.

→ It _____ the ring of huge stones.
(to, was, see, just, amazing)

08 어떻게 저 거대한 돌들이 수 천 년 전에 그곳에 도달했을까?

→ How did those huge stones _____?
(of, there, ago, thousands, get, years)

09 그것들은 무엇을 위한 것이었을까?

→ _____?
(were, for, what, they)

10 나는 스톤헨지가 오랫동안 불가사의로 남아 있을 거라고 생각해.

→ I guess Stonehenge _____.
(remain, for, long, a, will, time, mystery, a)

11 완벽한 그림을 그리려고 하지 마.

→ Don't _____ .
(drawing, try, a, perfect, make, to)

12 몇 가지 색으로 충분할 거야.

→ _____ .
(be, a, will, colors, enough, few)

13 아침에, 우리는 코츠월드 주변을 걸어 다녔어.

→ In the morning, we _____ .
(around, Cotswolds, walked, the)

14 오후에 비가 오기 시작해서, 우리는 B&B 안에서 머물기로 결정했어.

→ It started to rain in the afternoon, so _____ .
(to, our, decided, we, indoors, at, stay, B&B)

15 B&B는 영국에서 머물기에 인기 있는 곳이야.

→ A B&B is _____ in England.
(stay, a, place, to, popular)

16 호텔보다 집처럼 더 느껴져.

→ It feels more _____ .
(than, a, a, home, like, hotel)

17 주인은 오늘 오후 다과회에 우리를 초대했어.

→ _____ for afternoon tea today.
(us, the, invited, owner)

18 식탁에는 과자, 케이크, 빵 그리고 치즈가 가득했어.

→ _____ cookies, cake, bread, and cheese.
(table, the, of, was, dining, full)

19 내가 먹느라고 바쁜 동안에, 엄마는 아름다운 컵과 접시에 감탄하고 계셨어.

→ While I was busy eating, Mom _____ .
(beautiful, and, plates, the, admiring, cups, was)

20 나는 너무 많이 먹어서, 저녁 식사로 아무것도 먹을 수가 없었어.

→ I ate too much, so _____ .
(eat, for, couldn't, dinner, I, anything)

21 너의 일기에 컵이나 접시 같은 일상용품들을 그리는 것은 괜찮아.

→ _____ like cups and plates in your journal.
(O.K., everyday, is, objects, it, draw, to)

22 우리가 마지막으로 들른 곳은 옥스퍼드였어.

→ _____.
(was, last, Oxford, our, stop)

23 우리는 먼저 크라이스트 처치 칼리지에 갔어.

→ _____.
(Christ Church, we, visited, first, College)

24 그곳은 《해리 포터》 영화에 나온 이후로 방문해야 할 세계적으로 유명한 장소가 되었어.

→ It has _____ since it appeared in the *Harry Potter* movies.
(world, place, become, visit, a, famous, to)

25 영화에서는, Harry와 다른 모든 사람이 크라이스트 처치 홀에서 저녁을 먹거든.

→ In the movies, Harry and _____.
(at, of, Christ Church, everyone, eat, Hall, else, dinner, the)

26 우리는 또한 그 대학을 졸업한 유명한 사람들의 초상화를 봤어.

→ _____ who graduated from the college.
(also, people, of, we, portraits, famous, saw)

27 우리가 건물 밖으로 나왔을 때, 나는 유명한 올리브 나무로 걸어가서 그것을 만졌어.

→ _____, I walked to the famous olive tree and touched it.
(the, outside, when, were, building, we)

28 "나는 이 나무를 만졌기 때문에, 옥스퍼드 대학에 들어 갈 거야!"라고 내가 말했어.

→ "Because I touched this tree," I said, "_____!"
(get, Oxford, will, University, into, I)

29 그러자, 오빠가 내게 웃으며 말했어. "벽에 걸려 있는 네 초상화를 빨리 보고 싶을걸."

→ Then, my brother said to me with a smile, "_____ on the wall."
(see, your, I, to, can't, portrait, wait)

30 네 자신의 아바타를 만들어.

→ _____.
(your, avatar, own, create)

31 너의 그림일기가 훨씬 더 흥미로워질 거야.

→ Your drawing journal _____.
(much, will, interesting, become, more)

Step 3 • 본문 통째로 외우기

01 Hi, I am Lucy Hunter, and _____.

02 Last week, my family _____.

03 _____ our trip, I _____ in my journal.

04 That was _____ all the _____.

05 At last, we _____ at Stonehenge, _____ on Earth.

06 _____ from our home in London, we _____ Stonehenge.

07 It was just _____ huge stones.

08 How did those huge stones _____?

09 _____ were they _____?

10 I _____ Stonehenge will _____ for a long time.

11 _____ try to make a _____.

12 A _____ colors will be _____.

13 In the morning, we _____ the Cotswolds.

14 It _____ in the afternoon, so we _____ at our B&B.

15 A B&B is _____ in England.

16 It _____ a home _____ a hotel.

17 The _____ for afternoon tea today.

18 The _____ cookies, cake, bread, and cheese.

19 While I _____, Mom was _____ the beautiful cups and plates.

20 I _____ too much, so I _____ for dinner.

21 It is O.K. to _____ like cups and plates in _____.

22 Our _____ was Oxford.

23 We first _____ Christ Church _____.

24 It _____ place to visit since it _____ in the *Harry Potter* movies.

25 In the movies, Harry and everyone else _____ of Christ Church.

26 We also _____ of famous people _____.

27 When we _____ the building, I walked to the famous _____.

28 "Because I _____ this tree," I said, "I will _____ Oxford _____!"

29 Then, my brother said to me with a smile, "I _____."

30 Create your _____.

31 Your _____ will become much more _____.

A 다음 영어를 우리말로 쓰시오.

01 device

02 understand

03 sensor

04 proud

05 support

06 pressure

07 trial and error

08 comfortable

09 trusty

10 succeed

11 worse

12 condition

13 material

14 water

15 invite

16 signal

17 teach

18 close

19 chance

20 project

B 다음 우리말을 영어로 쓰시오.

01 부러뜨리다

02 존경하다, 존중하다

03 길을 잃은

04 호의, 부탁

05 뒤꿈치

06 충격

07 나이 드신

08 만들다, 창조하다

09 세대

10 교훈

11 (기계가) 작동하다

12 자원봉사; ⑧ 자원봉사하다

13 자랑

14 신뢰, 믿음

15 안전

16 발명(품)

17 보내다

18 병, 질병

19 중요하지 않은

20 불편한, 불쾌한

C 다음 영어 표현을 우리말로 쓰시오.

01 go out for a walk

02 give ~ a bath

03 wander off

04 say to oneself

05 feel like -ing

06 keep an eye on ~

07 get lost

08 be in shock

Dialogue

① Listen & Speak 1

1 G: Mark, _____ _____ _____ _____ _____ _____?

B: Sure. What is it?

G: My family is _____ _____ _____ for a week. Can you come to our house and _____ _____ _____?

B: Yes, I can.

2 G: Kevin, can you do me a _____?

B: O.K. What is it?

G: _____ _____ _____ _____ _____ my science project this afternoon?

B: Sorry, but _____ _____. I have to visit my grandma with my mom.

② Listen & Speak 2

1 G: Hi, Mom! Hi, Dad! _____ _____, today is my 15th birthday. I haven't _____ _____ _____ _____ thank you for being my parents. You've truly been my friends and my teachers. Thank you for _____ me and always _____ _____ _____ me. I'm really _____ to be your daughter.

2 G: What are you doing this weekend, Eric?

B: _____ _____. I'll just stay home and watch TV.

G: Great! I'm having a birthday party this weekend. Can you come?

B: Sure. _____ _____ _____ _____ me.

+ 해석

①

1 G: Mark, 나를 도와주겠니?
B: 물론이지. 뭔데?
G: 우리 가족이 일주일간 휴가를 갈 거야. 우리 집에 와서 식물들에 물을 줄 수 있겠니?
B: 응, 그럴 수 있어.

2 G: Kevin, 나를 도와주겠니?
B: 응. 뭔데?
G: 오늘 오후에 내 과학 과제를 도와줄 수 있겠니?
B: 미안하지만, 그럴 수 없어. 나는 엄마와 할머니를 뵈러 가야 해.

②

1 G: 안녕, 엄마! 안녕, 아빠! 아시다시피, 오늘은 제 15번째 생일이에요. 저는 제 부모님이 되어 주신 것에 대해 감사할 기회를 갖지 못했어요. 두 분은 정말로 제 친구이자 선생님이세요. 저를 지지하고 항상 저를 이해하려고 하신 것에 감사 드려요. 저는 정말로 두 분의 딸이어서 자랑스러워요.

2 G: 이번 주말에 뭐 할 거니, Eric?
B: 특별한 것 없어. 나는 그냥 집에서 TV를 볼 거야.
G: 잘됐다! 내가 이번 주말에 생일 파티를 열 거야. 너 올래?
B: 물론이지. 날 초대해줘서 고마워.

Dialogue

❸ Communicate

Jaden: Can you _____ _____ _____ _____, Yuri?

Yuri: Sure. What is it, Jaden?

Jaden: Can we _____ _____ together for a baseball cap for a girl?

Yuri: Yes, of course. _____ _____ _____ _____ _____?

Jaden: It's for my little sister Kate.

Yuri: Oh, are you getting her a birthday gift?

Jaden: No, her birthday _____ _____ October.

Yuri: Then, why are you getting a baseball cap for her?

Jaden: She broke her leg while she was riding her bike last week. I just want to _____ _____ _____.

Yuri: Oh, I see. I can go this Friday afternoon.

Jaden: That sounds _____. Thank you.

❹ Progress Check

1 **G:** Andrew, _____ _____ _____ _____ _____ _____?

B: O.K. What is it?

G: My family is going to go to Jejudo this weekend. Can you _____ _____ _____ my cat during the weekend?

B: Sure. Don't worry about her, and _____ _____ _____.

2 **G:** Hello, Mr. Smith. We haven't _____ _____ _____ _____ thank you for being our teacher. Every morning, you _____ us in the classroom. You always _____ _____ _____ and interesting things. We're _____ _____ you, and we're _____ _____ be your students.

3 **G:** Do you have _____ _____ plans this weekend?

B: No, I'm just going to stay home.

G: Oh, then can you come over to my house for dinner?

B: Sure. _____ _____ _____ _____ me.

❸

Jaden: 유리야, 나를 도와주겠니?

유리: 물론이지. 뭔데, Jaden?

Jaden: 여자아이를 위한 야구 모자를 사러 함께 갈 수 있겠니?

유리: 응. 당연하지. 누구를 위한 건데?

Jaden: 내 여동생 Kate를 위한 거야.

유리: 오, 그녀에게 생일 선물을 사 주는 거니?

Jaden: 아니, 그녀의 생일은 10월이나 되어야 해.

유리: 그럼, 왜 그녀에게 야구 모자를 사 주려는 건데?

Jaden: 그녀는 지난주에 자전거를 타다가 다리가 부러졌거든. 그냥 그녀의 기운을 북돋워 주고 싶어.

유리: 오, 알겠어. 나는 이번 금요일 오후에 갈 수 있어.

Jaden: 완벽해. 고마워.

❹

1 **G:** Andrew, 나를 도와주겠니?
B: 응. 뭔데?
G: 우리 가족이 이번 주말에 제주도에 갈 거야. 주말 동안 내 고양이를 돌봐줄 수 있겠니?
B: 물론이지. 그녀에 대해서 걱정하지 말고 여행 즐겁게 보내.

2 **G:** 안녕하세요, Smith 선생님. 우리는 우리 선생님이 되어 주신 것에 대해 감사할 기회를 갖지 못했어요. 매일 아침, 선생님은 교실에서 우리를 맞이주세요. 선생님은 항상 우리에게 중요하고 재미있는 것들을 가르쳐 주시고요. 우리는 선생님이 있어 행운이고, 우리는 선생님의 학생들이어서 자랑스러워요.

3 **G:** 이번 주말에 특별한 계획 있니?
B: 아니, 나는 그냥 집에 있을 거야.
G: 오, 그럼 저녁 먹으러 나의 집에 올 수 있겠니?
B: 물론이지. 날 초대해줘서 고마워.

Reading Text

Step 1 • 다음 빈칸에 들어갈 말을 주어진 단어에서 골라 써 봅시다.

➕ **해석**

01 Kenneth Shinozuka _____ _____ in a big happy family of three _____.

A. grew   B. generations   C. up

Kenneth Shinozuka는 3대에 걸친 행복한 대가족에서 자랐다.

02 _____ he was little, he has always been very _____ to his grandfather.

A. close   B. since

그는 어렸을 때부터, 언제나 할아버지와 매우 가깝게 지냈다.

03 He was Kenneth's first friend, his _____ driver, and his _____.

A. trusty   B. cook

그는 Kenneth의 첫 번째 친구이자, 그의 믿음직한 운전사였고, 그의 요리사였다.

04 He also _____ him many life _____.

A. lessons   B. taught

그는 또한 그에게 많은 인생의 교훈을 가르쳐 주었다.

05 He was the person who Kenneth _____ the _____ in the world.

A. respected   B. most

그는 Kenneth가 세상에서 가장 존경한 사람이었다.

06 When Kenneth was four, his grandfather _____ _____ for a walk one day and _____ _____.

A. went out   B. got lost

Kenneth가 네 살이었을 때, 그의 할아버지는 어느 날 산책을 나갔다가 길을 잃었다.

07 He _____ Alzheimer's _____.

A. had   B. disease

그는 알츠하이머병을 앓고 있었다.

08 _____ in Kenneth's family was _____ _____.

A. in   B. everyone   C. shock

Kenneth의 가족 모두는 충격을 받았다.

09 His _____ became _____ over the next 10 years.

A. worse   B. condition

그의 상태는 그 후 10년간 더 나빠졌다.

10 He _____ _____ at night so often that someone had to _____ _____ _____ him all night long.

A. keep an   B. wandered off   C. eye on

그가 밤에 너무 자주 돌아다녀서 누군가는 그를 밤새 지켜보아야 했다.

11 _____ _____ , Kenneth's grandfather _____ _____ of bed, and Kenneth saw it.

    A. one night   B. got out

어느 날 밤, Kenneth의 할아버지가 침대에서 나왔고, Kenneth는 그것을 보았다.

12 At that _____, he said to himself, "Why don't I put _____ sensors on the _____ of his socks?"

    A. pressure   B. heels   C. moment

그 순간, 그는 "그의 양말 뒤꿈치에 압력 감지기를 붙이는 건 어떨까?"라고 혼잣말을 했다.

13 There were _____ _____ that Kenneth _____ _____ do.

    A. many things   B. had to

Kenneth가 해야 할 일이 많았다.

14 He first had to _____ a pressure _____ and then find a way to _____ a signal to his smart phone.

    A. send   B. create   C. sensor

그는 우선 압력 감지기를 만들어야 했고 그 다음에 그의 스마트폰으로 신호를 보내는 방법을 찾아야 했다.

15 Kenneth also tried many different _____ to make _____ socks for his _____ grandfather.

    A. materials   B. elderly   C. comfortable

Kenneth는 또한 나이 드신 그의 할아버지를 위한 편안한 양말을 만들기 위해 많은 다양한 재료들을 시도해 보았다.

16 When he felt like _____ _____ , he thought about his grandfather's _____ .

    A. safety   B. giving   C. up

그는 포기하고 싶었을 때, 그의 할아버지의 안전에 대해 생각했다.

17 After much _____ and error, he finally _____ in making his _____ .

    A. trial   B. device   C. succeeded

수많은 시행착오 끝에, 그는 마침내 그의 장치를 만드는 데 성공했다.

18 When it first _____, he was so happy that he _____ for _____ .

    A. jumped   B. worked   C. joy

그것이 처음 작동했을 때, 그는 너무 행복해서 팔짝팔짝 뛰며 좋아했다.

19 He could not _____ that his _____ actually worked.

    A. invention   B. believe

그는 자신의 발명품이 실제로 작동했다는 것을 믿을 수 없었다.

20 _____ his grandfather, Kenneth is the best _____ in the world.

    A. inventor   B. for

그의 할아버지에게, Kenneth는 세계 최고의 발명가이다.

21 For Kenneth, his grandfather is _____ his best _____ .

    A. still   B. friend

Kenneth에게, 그의 할아버지는 여전히 가장 좋은 친구이다.

Step 2 • 다음 우리말에 맞도록 주어진 단어를 배열하여 문장을 완성해 봅시다.

01 Kenneth Shinozuka는 3대에 걸친 행복한 대가족에서 자랐다.

→ Kenneth Shinozuka grew up in a _____.
(three, happy, of, generations, big, family)

02 그는 어렸을 때부터, 언제나 할아버지와 매우 가깝게 지냈다.

→ Since he was little, he has always been _____.
(grandfather, close, to, very, his)

03 그는 Kenneth의 첫 번째 친구이자, 그의 믿음직한 운전사였고, 그의 요리사였다.

→ _____, his trusty driver, and his cook.
(first, was, He, Kenneth's, friend)

04 그는 또한 그에게 많은 인생의 교훈을 가르쳐 주었다.

→ _____.
(many, also, He, lessons, him, taught, life)

05 그는 Kenneth가 세상에서 가장 존경한 사람이었다.

→ He was the person _____.
(the, Kenneth, the, in, who, most, world, respected)

06 Kenneth가 네 살이었을 때, 그의 할아버지는 어느 날 산책을 나갔다가 길을 잃었다.

→ When Kenneth was four, his grandfather _____.
(lost, day, for, and, out, a, went, one, got, walk)

07 그는 알츠하이머병을 앓고 있었다.

→ _____.
(disease, he, Alzheimer's, had)

08 Kenneth의 가족 모두는 충격을 받았다.

→ _____

    in, family, was, everyone, shock, Kenneth's, in)

09 그의 상태는 그 후 10년간 더 나빠졌다.

→ _____ over the next 10 years.

    (condition, worse, his, became)

10 그가 밤에 너무 자주 돌아다녀서 누군가는 그를 밤새 지켜보아야 했다.

→ He wandered off at night so often that _____.

    (keep, him, long, eye, night, an, all, on, someone, to, had)

11 어느 날 밤, Kenneth의 할아버지가 침대에서 나왔고, Kenneth는 그것을 보았다.

→ One night, _____, and Kenneth saw it.

    (bed, Kenneth's, got, of, grandfather, out)

12 그 순간, 그는 "그의 양말 뒤꿈치에 압력 감지기를 붙이는 건 어떨까?"라고 혼잣말을 했다.

→ At that moment, he said to himself, "_____ of

his socks?"   (don't, put, heels, sensors, why, I, on, pressure, the)

13 Kenneth가 해야 할 일이 많았다.

→ There were many things _____.

    (had, that, to, Kenneth, do)

14 그는 우선 압력 감지기를 만들어야 했고 그 다음에 그의 스마트폰으로 신호를 보내는 방법을 찾아야 했다.

→ _____ and then find a way to send a signal to his smart

    (create, sensor, he, a, first, to, pressure, had)

phone.

15 Kenneth는 또한 나이드신 할아버지를 위한 편안한 양말을 만들기 위해 많은 다양한 재료들을 시도해 보았다.

→ Kenneth also _____ for his elderly
(comfortable, to, tried, materials, socks, different, make, many)
grandfather.

16 그는 포기하고 싶었을 때, 그의 할아버지의 안전에 대해 생각했다.

→ _____, he thought about his grandfather's safety.
(he, like, up, felt, when, giving)

17 수많은 시행착오 끝에, 그는 마침내 그의 장치를 만드는 데 성공했다.

→ After much trial and error, _____.
(his, finally, device, in, succeeded, making, he)

18 그것이 처음 작동했을 때, 그는 너무 행복해서 팔짝팔짝 뛰며 좋아했다.

→ When it first worked, _____.
(for, was, he, jumped, so, that, he, happy, joy)

19 그는 자신의 발명품이 실제로 작동했다는 것을 믿을 수 없었다.

→ _____ his invention actually worked.
(believe, could, he, that, not)

20 그의 할아버지에게, Kenneth는 세계 최고의 발명가이다.

→ For his grandfather, Kenneth _____.
(the, in, is, world, inventor, the, best)

21 Kenneth에게, 그의 할아버지는 여전히 가장 좋은 친구이다.

→ For Kenneth, _____.
(grandfather, best, is, his, his, friend, still)

Step 3 • 본문 통째로 외우기

01 Kenneth Shinozuka _____.

02 _____ he was little, he _____ his grandfather.

03 He was Kenneth's first friend, _____.

04 He also _____ him _____.

05 He was the person _____.

06 When Kenneth was four, his grandfather _____ one day and _____.

07 He had _____.

08 "Everyone in _____.

09 His _____ the next 10 years.

10 He _____ at night so often that someone _____ eye on him _____.

11 _____, Kenneth's grandfather _____, and Kenneth saw it.

12 At that moment, he _____, "Why don't I _____ the heels of his socks?"

13 There were _____.

14 He first _____ and then _____ to his smart phone.

15 Kenneth also _____ to make comfortable socks _____.

16 When he _____, he thought about _____.

17 After _____, he finally _____.

18 When it _____, he was _____.

19 He could not believe _____.

20 For his grandfather, Kenneth is _____.

21 For Kenneth, _____.

그런 날이 있다

비오는 창 밖이 운치 있어
왠지 멍하니 보고 있는 날.

햇살이 정말 좋아서
마냥 걷고 싶어지는 날.

이불 속이 너무 포근해서
아무데도 가고 싶지 않은 날.

항상 이렇게만 있고 싶다고
생각하게 되는 날.

꼭 필요한 시간, 꼭 필요한 날들.

글 / 그림 우쿠쥐

2학년 1학기 중간고사 (LESSON 1~2)

2학년 1학기 기말고사 (LESSON 3~4)

01 다음 중 단어의 영영풀이가 <u>잘못된</u> 것은?

① century: a period of 100 years

② awesome: very bad and unpleasant

③ essential: very important and necessary

④ coworker: a person who works at the same place

⑤ tax: money that you have to pay to the government

02 다음 중 짝지어진 단어의 관계가 〈보기〉와 같은 것은?

― 보기 ―
love – lovely

① easy – easily

② quick – quickly

③ friend – friendly

④ sudden – suddenly

⑤ cheerful – cheerfully

03 다음 빈칸에 들어갈 말이 순서대로 짝지어진 것은?

- He has a plan to _____ away his money to charity.
- After they _____ down a tent, they'll leave the island.

① get – set   ② take – get

③ give – take   ④ give – take

⑤ take – make

04 다음 우리말에 맞도록 빈칸에 알맞은 말을 쓰시오.

우리는 오염으로부터 환경을 보호해야 한다.
→ We have to _____ the environment _____ pollution.

05 다음 중 짝지어진 대화가 <u>어색한</u> 것은?

① A: Why don't you bake a cake for her?
   B: That's a good idea.

② A: What are you good at?
   B: I'm good at playing the piano.

③ A: Where can I see a movie?
   B: You can see a movie on the third floor.

④ A: What kind of room would you like?
   B: I want to live in a piano-shaped house.

⑤ A: The boy missed the bus.
   B: I'm sure he's going to be late for school.

06 다음 대화의 밑줄 친 부분과 바꿔 쓸 수 <u>없는</u> 것은?

A: What are you doing?
B: I'm making pizza for dinner.
A: Wow! <u>You're really good at cooking.</u>
B: Thanks.

① You are a good cook.

② You can cook very well.

③ You are poor at cooking.

④ You are skilled at cooking.

⑤ You are excellent at cooking.

07 다음 대화의 빈칸에 들어갈 말로 알맞은 것을 <u>모두</u> 고르면?

> A: Can I help you?
> B: I'm looking for watches. Where can I find them?
> A: _____

① I'd like to buy a nice watch, too.
② You can find them on the fifth floor.
③ There are many watches in this shop.
④ Every watch in this shop is very expensive.
⑤ They're on the third floor, next to the restroom.

08 다음 (A)~(D)를 자연스러운 대화가 되도록 바르게 배열한 것은?

> (A) I have to give a speech in front of the whole school. I'm so nervous.
> (B) Thanks, Minho. I feel much better now.
> (C) Hi, Cindy. Is something wrong?
> (D) Don't worry. You're a very good speaker. I'm sure you'll do a good job.

① (A) – (B) – (D) – (C)
② (A) – (C) – (B) – (D)
③ (B) – (D) – (C) – (A)
④ (C) – (A) – (D) – (B)
⑤ (C) – (D) – (A) – (B)

[09~10] 다음 대화를 읽고, 물음에 답하시오.

> A: Welcome to Jeonju Hanok Guesthouse. May I help you?
> B: Yes, I'd like a room for two nights.
> A: Well, what kind of room would you like?
> B: Do you have a room with a garden view? You have a lovely garden.
> A: Yes, we do. Every room in our house has a garden view, but there are no beds in the rooms.
> B: Do I have to sleep on the floor?
> A: Yes, you do.
> B: O.K. I'll give it a try. _____ can I have breakfast?
> A: You can have breakfast in the dining room, next to the kitchen.
> B: I see.
> A: O.K. You're in the Nabi room. Here's your key.
> B: Thank you.

09 위 대화의 빈칸에 들어갈 말로 알맞은 것은?

① Who　　　　② What
③ How　　　　④ When
⑤ Where

10 위 대화의 내용과 일치하도록 빈칸에 알맞은 말을 쓰시오.

> Today, I stayed at a(n) hanok _____. My room had a lovely _____ _____, but there was no _____ in my room. That was new for me!

11 다음 대화의 빈칸에 들어갈 말로 알맞은 것은?

> A: Have you ever been to Europe?
> B: _____ I've been to Italy.

① Yes, I am.　　② Yes, I do.
③ Yes, I have.　　④ No, I don't.
⑤ No, I haven't.

12 다음 빈칸에 들어갈 말이 나머지와 다른 것은?

① _____ you leave home, lock the door.
② _____ she watched the movie, she cried.
③ _____ you use the computer, turn it off.
④ _____ he has dinner, he brushes his teeth.
⑤ _____ I finished my homework, I went out.

13 다음 두 문장을 관계대명사를 이용하여 한 문장으로 바꿔 쓰시오.

> • I have many books.
> • The books have beautiful pictures.

→ _____

14 다음 중 어법상 옳은 문장을 모두 고르면?

> ⓐ The sneakers looked really nicely.
> ⓑ I gave away them to hungry children.
> ⓒ While he was away, I cleaned his room.
> ⓓ Do you think they'll like the cartoons?

① ⓐ, ⓑ　　② ⓐ, ⓒ　　③ ⓑ, ⓒ
④ ⓑ, ⓓ　　⑤ ⓒ, ⓓ

15 다음 두 문장이 같은 뜻이 되도록 빈칸에 알맞은 말을 쓰시오.

> I bought this bike in 2015. I still ride it.
> = I _____ _____ this bike _____ 2015.

16 다음 빈칸에 들어갈 말이 순서대로 짝지어진 것은?

> • An ostrich is an animal _____ can run fast.
> • Look at the boys and girls _____ are dancing on the street.

① who – which　　② who – that
③ which – who　　④ who – that
⑤ that – which

17 다음 중 밑줄 친 ①~⑤의 어법상 틀린 부분을 바르게 고치지 않은 것은?

> Sejong National Library is a ①four story building that ②looks an open book. It has about 400 thousand books ③in the first and second floors and a large cafeteria on the top floor. Each floor ④have two restrooms. It opened ⑤at 2013.

① four-story　　② looks like
③ on　　④ is having
⑤ in

[18~19] 다음 글을 읽고, 물음에 답하시오.

My name is Hojin, and I like to make graphic novels. ⓐWhile I was walking home from school last week, I saw a woman on a scooter. She looked really cool, and her scooter was very unique.

"Are you going home, Hojin?" she said to me suddenly.

"Yes, but do I know you?" I asked.

"Of course," she answered. "I ⓑsaw you at the school cafeteria every day."

Surprisingly, she was one of the cafeteria workers at school.

"Amazing! She looks so ⓒdifferent outside the school," I thought. "I should write a graphic novel about her."

After I got home, I began ⓓto write a new graphic novel, *Lunch Lady Begins*. In it, Lunch Lady is a superhero. She rides a super scooter ⓔthat can fly. She saves people from danger around the world. She also makes 100 cookies per second and gives them away to hungry children.

18 윗글의 밑줄 친 ⓐ~ⓔ 중 어법상 틀린 것은?

① ⓐ   ② ⓑ   ③ ⓒ
④ ⓓ   ⑤ ⓔ

19 윗글의 *Lunch Lady Begins*에 대한 설명으로 알맞지 않은 것은?

① 호진이가 쓴 만화 소설의 제목이다.
② 식당 직원을 모델로 썼다.
③ 슈퍼히어로가 등장한다.
④ 주인공이 날 수 있는 스쿠터를 타고 다닌다.
⑤ 런치 레이디는 쿠키를 만드는 직업을 가졌다.

[20~21] 다음 글을 읽고, 물음에 답하시오.

A few days later, I showed my graphic novel to my friends.

"Awesome! I love this superhero. She's so cool," said all my friends.

"Guess what? I modeled her on Ms. Lee, one of our cafeteria workers," I told ⓐthem.

I showed my book to Ms. Lee. She loved ⓑit, too. She also told me about ⓒher coworkers _____ had special talents. Ms. Park, another cafeteria worker, won a dancing contest. Mr. Kim, the janitor at our school, was once an adventurous park ranger.

"I'd like to write superhero stories about ⓓthem. Do ⓔyou think they'll like that?" I asked Ms. Lee.

"Of course they will," she said cheerfully. "Let's go and say hello to our new superhero friends."

20 윗글의 밑줄 친 ⓐ~ⓔ와 가리키는 대상이 잘못 짝지어진 것은?

① ⓐ – my friends
② ⓑ – my book
③ ⓒ – this superhero
④ ⓓ – Ms. Park and Mr. Kim
⑤ ⓔ – Ms. Lee

21 윗글의 빈칸에 들어갈 말로 알맞은 것은?

① it   ② this
③ what   ④ who
⑤ which

[22~23] 다음 글을 읽고, 물음에 답하시오.

Have you ever seen a goat on the roof of a house? In Norway, we can see animals on roofs. Norway has large forests. In harmony with nature, people (A)[built / have built] wooden houses for a long time. (B)[To build / Building] strong and warm houses, they cover their roofs with grass. The grass roofs protect them from the long cold winters and strong winds. Sometimes, trees or plants grow (C)[into / out of] the grass roofs, and some animals enjoy their meals there.

22 윗글의 (A), (B), (C) 각 네모 안에서 어법과 문맥에 맞는 표현으로 가장 알맞은 것은?

	(A)	(B)	(C)
①	built	To build	out of
②	built	Building	into
③	have built	To build	out of
④	have built	To build	into
⑤	have built	Building	out of

23 윗글의 내용과 일치하는 것은?

① 노르웨이에서는 지붕에서 굴뚝을 볼 수 있다.
② 노르웨이의 집은 벽돌로 지어졌다.
③ 흙으로 된 지붕이 추위와 바람을 막아준다.
④ 집의 마당에는 나무와 꽃들을 심는다.
⑤ 동물들이 지붕에서 풀을 뜯기도 한다.

[24~25] 다음 글을 읽고, 물음에 답하시오.

A roof is an essential part of a house, but long ago some people built roofs only to take them down easily. Centuries ago in southern Italy, people who had a house without a roof paid lower taxes. To avoid high taxes on their houses, some people built cone-shaped roofs by piling up stones. When tax collectors came to the town, people took their roofs down quickly. After the tax collectors left, they piled up the stones again.

From the sky in a part of southern China, you can see round roofs that look like big doughnuts. They are the roofs of the big round houses of the Hakka people. They have lived in houses like these for about a thousand years to protect themselves from enemies. The houses have only one gate without any windows on the first floor. <u>각각의 집은 전체 마을이 들어갈 만큼 충분히 크다.</u> It usually has four stories. It has kitchens on the first floor, storage rooms on the second floor, and living rooms and bedrooms on the third and fourth floors.

24 윗글의 밑줄 친 우리말에 맞도록 괄호 안의 말을 이용하여 문장을 완성하시오.

(each, big, enough)

→ _____ for a whole village.

25 윗글의 내용으로 답할 수 없는 질문은?

① How did people build cone-shaped roofs?
② When did the tax collectors come to the town?
③ Who built the big round roofs in southern China?
④ Why did they live in the big round houses?
⑤ Which rooms are on the second floor?

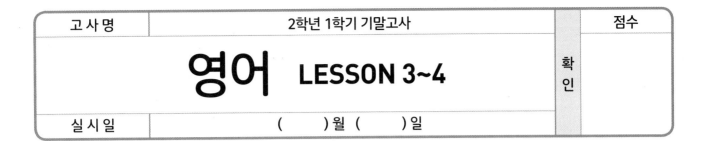

01 다음 영영풀이에 해당하는 단어는?

> to get a degree from a school, college, or university

① admire
② respect
③ remain
④ capture
⑤ graduate

02 다음 중 짝지어진 단어의 관계가 〈보기〉와 다른 것은?

> ┌ 보기 ─────────────
> trusty – trust
> └──────────────────

① proud – pride
② decide – decision
③ mysterious – mystery
④ traditional – tradition
⑤ important – importance

03 다음 우리말에 맞도록 빈칸에 들어갈 말로 알맞은 것은?

> 양은 풀을 뜯으려고 들판을 돌아다닌다.
> → Sheep _____ the fields to graze.

① get lost
② get into
③ grow up
④ wander off
⑤ set foot

04 다음 두 문장이 같은 뜻이 되도록 빈칸에 알맞은 말을 쓰시오.

> Finally, my father agreed that I should learn dancing.
> = _____ _____, my father agreed that I should learn dancing.

05 다음 대화의 밑줄 친 부분과 바꿔 쓸 수 있는 것은?

> A: <u>Can I ask you a favor?</u>
> B: Sure. What is it?
> A: Can you move this table with me? It's too heavy.
> B: Sure. No problem.

① Can I help you?
② Do you need my help?
③ Will you do me a favor?
④ Would you like some help?
⑤ Why don't you ask me a question?

06 다음 대화의 빈칸에 들어갈 말로 알맞지 <u>않은</u> 것은?

> A: How's the weather today?
> B: _____

① It's rainy and cool.
② It snows a lot in winter.
③ It is quite cloudy outside.
④ The weather is getting warm.
⑤ It's going to rain in the afternoon.

07 다음 중 짝지어진 대화가 어색한 것은?

① A: Have you ever gone to Yeosu?
   B: Yes, I have.
② A: Can you water the plants?
   B: Sorry, but I can't. I'm busy.
③ A: What are you doing this weekend?
   B: Nothing special.
④ A: Thank you for your kind advice.
   B: My pleasure.
⑤ A: How's the weather tomorrow?
   B: I don't know. I'll check the weather forecast.

08 다음 (A)~(D)를 자연스러운 대화가 되도록 바르게 배열한 것은?

> (A) Sure. Thank you for inviting me.
> (B) Do you have any special plans this weekend?
> (C) No, I'm just going to stay home.
> (D) Oh, then can you come over to my house for dinner?

① (A) – (B) – (D) – (C)
② (B) – (A) – (D) – (C)
③ (B) – (A) – (C) – (D)
④ (B) – (C) – (D) – (A)
⑤ (D) – (B) – (C) – (A)

[09~10] 다음 대화를 읽고, 물음에 답하시오.

> Suho: Anna, ⓐhave you been to Australia before?
> Anna: Yes, I have. Actually, I lived in Sydney for a year.
> Suho: Great! ⓑHow's the weather like there in April? I'm going to visit Sydney on vacation next week.
> Anna: April is a great time to visit Sydney. In April, it's autumn in Australia.
> Suho: Good. ⓒI'm planning to spend some time on the beach and relax in the sun.
> Anna: Well, ⓓit often rains in April, but you may have some sunny days.
> Suho: I'll take my hat and pack an umbrella, too.
> Anna: ⓔThat's a good idea. Have a great trip.

09 위 대화의 밑줄 친 ⓐ~ⓔ 중 어색한 표현은?

① ⓐ   ② ⓑ   ③ ⓒ
④ ⓓ   ⑤ ⓔ

10 위 대화의 내용과 일치하는 것은?

① Anna는 호주에서 살아본 적이 없다.
② Anna는 방학에 시드니에 갈 계획이다.
③ 호주의 4월은 봄이다.
④ 호주는 4월에 비가 자주 온다.
⑤ 수호는 우산을 챙겨갈 필요가 없다.

11 다음 빈칸에 들어갈 말이 순서대로 짝지어진 것은?

> • It is important _____ about other cultures.
> • There are many places _____ in Korea.

① learned – visited
② to learn – visited
③ to learn – to visit
④ learning – to visit
⑤ learning – visiting

12 다음 중 밑줄 친 부분이 어법상 틀린 것은?

① The bag that he has looks nice.
② This is the food that I like most.
③ I like the cap which she bought for me.
④ The dog whom they found was my dog.
⑤ Jackie knows a girl who we met yesterday.

13 다음 우리말에 맞도록 빈칸에 알맞은 말을 쓰시오.

> 우리는 앉을 의자가 좀 필요하다.
> → We need some chairs _____
> _____ _____ .

14 다음 두 문장이 같은 뜻이 되도록 빈칸에 알맞은 말을 쓰시오.

> Mr. Kim was so busy that he couldn't play with his children last weekend.
> = Mr. Kim was _____ _____
> _____ _____ with his children last weekend.

15 다음 중 밑줄 친 부분을 생략할 수 없는 것은?

① I saved a man who she's talking to.
② The boy who called me was Daniel.
③ This is the book which my father wrote.
④ He fed the cat which he saw in the park.
⑤ I bought the plates that I wanted to have.

16 다음 중 어법상 옳은 문장을 모두 고르면?

> ⓐ Everyone in my family were happy.
> ⓑ This is a good place to stay in Jejudo.
> ⓒ We'll go on a trip during five days.
> ⓓ There are many books that I have to read.

① ⓐ, ⓑ   ② ⓐ, ⓓ
③ ⓑ, ⓒ   ④ ⓑ, ⓓ
⑤ ⓒ, ⓓ

17 다음 그림을 보고, 괄호 안의 말을 이용하여 문장을 완성하시오.

(so, that, catch, a balloon, small)
→ The boy is _____ .

Hi, I am Lucy Hunter, and I live in London. Last week, my family went on a vacation for three days. During our trip, I made simple drawings in my _____. That was a great way to capture all the special moments.

August 5

At last, we set foot at Stonehenge, one of the most mysterious places on Earth. After a two-hour drive from our home in London, we finally got to Stonehenge. To see the ring of huge stones was just amazing. How did those huge stones get there thousands of years ago? What were they for? I guess Stonehenge will remain a mystery for a long time.

18 윗글의 빈칸에 들어갈 말로 알맞은 것은?

① poem ② report
③ essay ④ cartoon
⑤ journal

19 윗글의 밑줄 친 문장을 다음과 같이 바꿔 쓸 때 빈칸에 알맞은 말을 쓰시오.

→ _____ was just amazing _____

_____.

August 6

In the morning, we walked around the Cotswolds. It started to rain in the afternoon, so we decided to stay indoors at our B&B. A B&B is a popular place to stay in England. It feels more like a home than a hotel. The owner invited us for afternoon tea today. The dining table ①was full of cookies, cake, bread, and cheese. While I ②was busy eating, Mom was admiring the beautiful cups and plates. I ate too much, so I couldn't eat anything for dinner.

August 7

Our last stop was Oxford. We first visited Christ Church College. It has become a world famous place to visit since it appeared in the *Harry Potter* movies. In the movies, Harry and everyone else eat dinner at the Hall of Christ Church. We also saw portraits of famous people who ③graduated from the college. When we were outside the building, I walked to the famous olive tree and touched it. "Because I touched this tree," I said, "I will ④get into Oxford University!" Then, my brother said to me with a smile, "I ⑤can't wait to see your portrait on the wall."

20 윗글의 밑줄 친 ①~⑤의 뜻풀이가 잘못된 것은?

① ~으로 가득 찼다 ② ~을 급하게 먹다
③ ~을 졸업했다 ④ ~에 들어가다
⑤ ~을 빨리 보고 싶다

21 윗글의 내용을 바탕으로 여행 계획표의 빈칸을 완성하시오.

My Plans for Traveling

August 6	• stay at a (1) _____ • join the afternoon tea
August 7	• visit a (2) _____ _____ in Oxford • touch the (3) _____

[22~23] 다음 글을 읽고, 물음에 답하시오.

Kenneth Shinozuka grew up in a big happy family of three generations. Since he was little, he has always been very close to his grandfather. ⓐHe was Kenneth's first friend, his trusty driver, and his cook. He also taught ⓑhim many life lessons. ⓒHe was the person who Kenneth respected the most in the world.

When Kenneth was four, his grandfather went out for a walk one day and got lost. He had Alzheimer's disease. Everyone in Kenneth's family was in shock. ⓓHis condition became worse over the next 10 years. He wandered off at night so often that someone had to keep an eye on ⓔhim all night long. One night, Kenneth's grandfather got out of bed, and Kenneth saw it.

22 윗글의 밑줄 친 ⓐ~ⓔ가 가리키는 대상이 나머지와 <u>다른</u> 것은?

① ⓐ   ② ⓑ   ③ ⓒ   ④ ⓓ   ⑤ ⓔ

23 윗글의 내용과 일치하지 <u>않는</u> 것은?

① Kenneth는 대가족에서 자랐다.
② 할아버지가 Kenneth의 첫 번째 친구였다.
③ Kenneth는 할아버지에게 요리를 배웠다.
④ Kenneth는 할아버지를 가장 존경했다.
⑤ 할아버지의 병세가 점점 악화되었다.

[24~25] 다음 글을 읽고, 물음에 답하시오.

At that moment, he said to himself, "Why don't I put pressure sensors on the heels of his socks?"

There were many things ⓐ_____ Kenneth had to do. He first had to create a pressure sensor and then find a way to send a signal to his smart phone. Kenneth also tried many different materials to make comfortable socks for his elderly grandfather.

When he felt like giving up, he thought about his grandfather's safety. After much trial and error, he finally succeeded in making his device. When it first worked, he was so happy ⓑ_____ he jumped for joy. He could not believe that ⓒhis invention actually worked. For his grandfather, Kenneth is the best inventor in the world. For Kenneth, his grandfather is still his best friend.

24 윗글의 빈칸 ⓐ와 ⓑ에 공통으로 들어갈 말로 알맞은 것은?

① who   ② whom
③ what   ④ that
⑤ which

25 윗글의 밑줄 친 ⓒ가 무엇이며, 그것이 작동하는 원리를 우리말로 설명하시오.

→ _____
_____
_____

1 동사의 종류에 따른 문장 형태

동사의 종류		예	문장 형태
주격보어를 가지는 동사	감각동사	feel, look, smell, sound, taste	주어 + 동사 + 형용사(주격보어) You **look** *happy*.
목적어를 두 개 가지는 동사	수여동사	3형식 전환 시 • 전치사 to를 쓰는 동사: give, send, show, tell, teach, lend, write, sell • 전치사 for를 쓰는 동사: buy, make, cook, get, find • 전치사 of를 쓰는 동사: ask	주어 + 동사 + 간접목적어 + 직접목적어 = 주어 + 동사 + 직접목적어 + to/for/of + 간접목적어 He **teaches** *us* English. = He **teaches** English *to* us.
목적격보어를 가지는 동사	지각동사	see, watch, look at, hear, listen to, feel, smell	주어 + 동사 + 목적어 + 동사원형/현재분사(목적격보어) I **heard** someone *call*[*calling*] my name.
	사역동사	make, have, let	주어 + 동사 + 목적어 + 동사원형(목적격보어) The sad story **made** her *cry*.
	기타	call, make, name, choose	주어 + 동사 + 목적어 + 명사(목적격보어) People **call** them *idols*.
		make, keep, find, think	주어 + 동사 + 목적어 + 형용사(목적격보어) Snow **makes** children *happy*.
		want, ask, tell, expect, allow, order, advise	주어 + 동사 + 목적어 + to부정사(목적격보어) Mom **wanted** me *to clean* my room.

2 시제

시제		동사의 형태	예문
기본시제	현재시제	동사의 현재형	He **studies** every day.
	과거시제	동사의 과거형	He **studied** yesterday.
	미래시제	will[be going to] + 동사원형	He **will**[is going to] **study** tomorrow.
진행형	현재진행형	am[are, is] + -ing	He **is studying** now.
	과거진행형	was[were] + -ing	He **was studying** then.
	미래진행형	will be + -ing	He **will be studying** this time tomorrow.
완료형	현재완료형	have[has] + p.p.	He **has** already **studied**.
	과거완료형	had + p.p.	He **had** already **studied** before he went out.
	미래완료형	will have + p.p.	He **will** already **have studied** before he goes out.

3 접속사

접속사	의미	예문
when	~할 때	**When** he was young, he enjoyed playing soccer.
while	~하는 동안	He fell asleep **while** he was reading a book.
as	~할 때, ~하는 동안	She cried **as** she was watching the movie.
since	~한 이후로	It's been ten years **since** I saw him last time.
until	~(때)까지	I won't start **until** my mother comes.
after	~한 후에	**After** he had lunch, he watched a movie.
before	~하기 전에	**Before** he has breakfast, he washes his hands.
as soon as	~하자마자	**As soon as** I arrived, he began to cry.
every time	~할 때마다(= whenever)	**Every time** I wash my car, it rains the next day.
by the time	~할 때까지	It'll be almost dark **by the time** we arrive at home.
if	(만약) ~면	**If** you study harder, you'll pass the exam.
unless	~하지 않는 한	**Unless** he comes, we can't start.
in case	~할 경우에 (대비하여)	**In case** I forget, please remind me of it.
because	~ 때문에, ~해서	Everybody likes her **because** she is kind.
since	~ 때문에, ~이므로	You must stay home **since** it's raining.
as	~ 때문에, ~이므로	She can't get there fast **as** she has no car.
now that	~이므로, ~이기 때문에	**Now that** the concert is over, they should leave.
even though	비록 ~일지라도	**Even though** he is not rich, he is happy.
even if	~에도 불구하고, ~라 하더라도	We won't be able to catch the bus **even if** we run.
while	~인 데 반하여	**While** he is good at math, I'm not.

시간의 접속사: when, while, as, since, until, after, before, as soon as, every time, by the time

조건의 접속사: if, unless, in case

이유의 접속사: because, since, as, now that

대조의 접속사: even though, even if, while

4 관계대명사

구분		격	선행사	예문
관계대명사	who	주격	사람	I like *the actor* **who** is kind.
	who(m)	목적격		I like *the actor* **who**(m) you told me about.
	which	주격	사물/동물	*The book* **which** is on the table is mine.
		목적격		*The book* **which** I bought yesterday is interesting.
	that	주격	사람/사물/동물	I like *the actor* **that** is kind.
		목적격		*The book* **that** I bought yesterday is interesting.
	whose	소유격	사람/사물/동물	I like *the actor* **whose** smile is so sweet. *The book* **whose** cover is red is mine.
	what	주격	선행사 포함	Your smile is **what** makes me happy.
		목적격		I like **what** you bought.

5 수동태 관용 표현

표현	뜻	표현	뜻
be satisfied with	~에 만족하다	be disappointed in[at, with]	~에 실망하다
be surprised at[by]	~에 놀라다	be interested in	~에 흥미가 있다
be worried[concerned] about	~에 대해 걱정하다	be pleased with[about]	~로 기뻐하다
be excited about[by, at]	~에 흥분되다	be amused at[by]	~로 즐거워하다
be bored with	~에 지루해하다	be frightened of	~에 겁먹다
be shocked at[by]	~에 충격 받다	be tired of	~에 싫증이 나다
be covered with	~로 덮여 있다	be married to	~와 결혼하다
be filled with	~로 가득 차다	be known to	~에게 알려져 있다
be known as	~로서 알려져 있다	be known for	~로 유명하다
be made of	~로 만들어지다 (재료의 식별이 쉬운 경우)	be made from	~로 만들어지다 (재료의 식별이 어려운 경우)
be composed of (= be made up of)	~로 구성되다	be accustomed to	~에 익숙하다
be divided into	~로 나뉘다	be related to	~와 관련이 있다
be devoted to	~에 헌신하다	be crowded with	~로 붐비다
be based on	~에 근거하다	be involved in	~에 관련되다

비주얼 개념서

룩

이미지 연상으로 필수 개념을 쉽게 익히는 비주얼 개념서

국어	문학, 독서, 문법
영어	품사, 문법, 구문
수학	1(상), 1(하), 2(상), 2(하), 3(상), 3(하)
사회	①, ②
역사	①, ②
과학	1, 2, 3

필수 개념서

올리드

자세하고 쉬운 개념,
시험을 대비하는 특별한 비법이 한가득!

국어	1-1, 1-2, 2-1, 2-2, 3-1, 3-2
영어	1-1, 1-2, 2-1, 2-2, 3-1, 3-2
수학	1(상), 1(하), 2(상), 2(하), 3(상), 3(하)
사회	①-1, ①-2, ②-1, ②-2
역사	①-1, ①-2, ②-1, ②-2
과학	1-1, 1-2, 2-1, 2-2, 3-1, 3-2

* 국어, 영어는 미래엔 교과서 관련 도서입니다.

수학 필수 유형서

 유형완성

체계적인 유형별 학습으로 실전에서 더욱 강력하게!

수학	1(상), 1(하), 2(상), 2(하), 3(상), 3(하)

내신 대비 문제집

 시험직보
문제집

내신 만점을 위한 시험 직전에 보는 문제집

국어	1-1, 1-2, 2-1, 2-2, 3-1, 3-2
영어	1-1, 1-2, 2-1, 2-2, 3-1, 3-2

* 미래엔 교과서 관련 도서입니다.

1학년 총정리

 자유학년제
30일에
끝내기

자유학년제로 인한 학습 결손을 보충하는
중학교 1학년 전 과목 총정리

1학년(국어, 영어, 수학, 사회, 과학)

바른답·알찬풀이

교과서 학습편과 Self-study Book의
정답 및 풀이를 제공합니다.

개념 잡고 성적 올리는 필수 개념서

올리드

미래엔 교과서

중등 영어 2-1

올리드 100점 전략　개념을 꽉!　문제를 쓱!　시험을 착!　오답을 꼭! 잡아라

Mirae N 에듀

올리드 100점 전략

1 단어, 의사소통, 문법, 읽기 지문 완전 분석 교과서 내용 꽉 잡기 ┄┄┄┄┄┄┄┄┄┄┄┄┄┄┄

2 영역별 기본 - 응용 - 서술형의 반복 · 심화 학습으로 문제 싹 잡기 ┄┄┄┄┄┄┄┄┄┄┄ ● 교과서 학습편

3 교과서 암기 학습과 실전 대비 문제로 학교 시험 확 잡기 ┄┄┄┄┄┄┄┄┄┄┄┄┄ ● Self-study Book

4 문제 풀이 노하우를 담은 자세한 풀이로 **오답 꼭 잡기** ┄┄┄┄┄┄┄┄┄┄┄┄┄ ● 바른답 • 알찬풀이

LESSON 1 Great Things about Yourself

Vocabulary

Vocabulary Check
p. 9

A 01 멋진, 굉장한 02 옷, 의복 03 한때 04 실력, 기술 05 만화가 06 불안해하는, 초조해하는 07 공원 경비원, 국립공원 관리인 08 구내식당 09 놀랍게도 10 멋진 11 모험심이 강한 12 함께 일하는 사람, 동료 13 ~하는 동안 14 경비원, 문지기, 관리인 15 만화 소설 16 놀라운 17 추측하다 18 ~을 본떠서 …을 만들다 19 주다, 기부하다 20 ~을 보다

B 01 danger 02 bake 03 jeans 04 unique 05 suddenly 06 practice 07 character 08 recycle 09 scooter 10 win 11 whole 12 superhero 13 talent 14 vote 15 cheerfully 16 after 17 save 18 a few 19 be good at 20 give a speech

Pop Quiz
p. 10

1 winner 2 (1) Take (2) give 3 (1) cafeteria (2) janitor

Vocabulary Practice
p. 11

A (1) once (2) unique (3) talent (4) cheerfully
B (1) for (2) on (3) at (4) away C ① D ④

A ▶ (1) once: 한때 (2) unique: 독특한
(3) talent: 재능 (4) cheerfully: 기분 좋게, 쾌활하게

B (1) 설탕과 소금은 건강에 좋지 않다.
(2) 나는 이 등장인물을 내 친구 보라를 본떠서 만들었다.
(3) 내 여동생은 배드민턴을 잘 친다.
(4) 그들은 불쌍한 어린이들에게 음식과 옷을 주었다.
▶ (1) be good for: ~에 좋다
(2) model … on ~: ~을 본떠서 …을 만들다
(3) be good at: ~을 잘하다
(4) give away: 주다, 기부하다

C awesome은 '멋진, 굉장한'이라는 뜻이므로 cool과 바꿔 쓸 수 있다.
① 멋진 ② 갑작스러운 ③ 특별한 ④ 불안해하는, 초조해하는 ⑤ 놀라운
▶ 그 영화에서 남자 배우가 멋져 보였어, 그렇지 않니?

D ④ '만화가'에 대한 설명이다.
① 작가 ② 함께 일하는 사람, 동료 ③ 과학자 ⑤ 공원 경비원, 국립공원 관리인
▶ 그는 이야기를 해주는 일련의 그림들을 만들어 낸다. 사람들은 신문, 잡지, 또는 인터넷에서 그것들을 볼 수 있다.

Expressions

Pop Quiz
p. 12

1 good[skilled, excellent] at 2 I'm sure[certain] that

Expressions Practice
p. 13

A (1) win (2) acting
B (1) I'm sure you'll get better at English
(2) You're good at recycling old clothes.
(3) my drawing skills are good enough
C ② D ②

A (1) A: 토끼가 자고 있어.
B: 나는 거북이가 경주에서 이길 거라고 확신해.
(2) A: 너 우리 영어 연극 동아리에 들어오는 게 어떠니? 너는 연기를 잘하는구나.
B: 음, 나는 그러고 싶지만, 내가 영어를 잘하는 것 같지 않아.
▶ (1) 토끼가 잠을 자고 있으므로 거북이가 경기에서 분명히 '이길' 것이다.
(2) 영어 연극 동아리의 가입을 권유하므로 '연기'를 잘할 것이다.

B (1) 나는 네가 곧 영어를 더 잘하게 될 거라고 확신해.
(2) 너는 오래된 옷으로 재활용을 잘하는구나.
(3) 내 그림 실력이 충분히 좋은 것 같지 않아.
▶ (1) I'm sure (that) ~.: 나는 ~라고 확신해.
(2) be good at ~: ~을 잘하다
(3) enough는 형용사 뒤에 위치한다.

C A: Brian은 무엇을 잘하니?
B: 그는 요리를 정말 잘해!
① 너는 좋은 요리사야.
② 그는 요리를 매우 잘해.
③ 나는 요리사가 되고 싶어.
④ 그는 요리에 능숙하지 않아!
⑤ 너는 요리를 뛰어나게 잘해!
▶ be good at ~(~을 잘하다)을 써서 He의 요리 능력을 표현하고 있다. be good at은 be skilled at / be excellent at ~ / can ~ very well 등으로 대신할 수 있다.

D (B) 나는 영어로 연설을 해야 해. 나는 너무 긴장돼.
(A) 걱정하지 마. 너의 가족 앞에서 네 연설을 연습해. 나는 네가 잘할 거라고 확신해.
(C) 고마워. 그래야겠다.
▶ 영어 연설을 걱정하는 말(B)에 다음에, 가족들 앞에서 미리 연습하면 잘할 거라고 확신하며 용기를 북돋아 주는 (A)가 이어지고, 감사의 말을 전하는 (C)의 순서로 이어지는 것이 자연스럽다.

① good at　② good for　③ want to be　④ good listener
⑤ vote for　⑥ give a speech　⑦ Don't worry　⑧ I'm sure
⑨ much better　⑩ Why don't　⑪ take a look　⑫ can't you
⑬ Awesome　⑭ good at drawing　⑮ good enough
⑯ made my day　⑰ for dinner　⑱ in English　⑲ in front of
⑳ Other people

교과서 Grammar

Pop Quiz ◀ pp. 18~19

1 (1) which　(2) that　(3) is
2 (1) after　(2) while　(3) after

Grammar Practice pp. 20~21

01 ④　02 ⑤　03 I met a strong boy who[that] came from Russia.　04 before　05 (1) which (2) who (3) that　06 ②
07 ②　08 ①　09 will go → goes　10 ③　11 waving
12 While (she is) studying　13 ④　14 ④　15 After he got home, he wrote a novel. / He wrote a novel after he got home.

01 ・그녀는 나에게 특별한 재능을 가진 그녀의 친구들에 대해서 말했다.
　・유리로 만들어진 그 건물은 내 학교이다.
　▶ 선행사가 사람(friends)과 사물(building)이므로, 두 가지 경우 모두 다 쓸 수 있는 관계대명사 that이 알맞다.
　W·O·R·D·S be made of ~으로 만들다

02 ▶ '~하는 동안에'라는 뜻의 접속사 while이 알맞다.
　W·O·R·D·S mobile phone 휴대전화

03 나는 러시아에서 온 힘이 센 소년을 만났다.
　▶ 선행사가 사람(boy)이므로 관계대명사 who 또는 that을 써서 연결한다.

04 저녁을 먹은 후에, 나는 영화를 봤다.
　= 나는 영화를 보기 전에 저녁을 먹었다.
　▶ '~한 후에'라는 뜻의 접속사 after는 일이 일어난 순서에 따라 '~하기 전에'라는 뜻의 접속사 before와 바꿔 쓸 수 있다.

05 (1) 꼬리가 긴 원숭이를 봐라!
　(2) 세준이는 5개 국어를 할 수 있는 똑똑한 소년이다.
　(3) 나는 소년과 개가 공원에서 달리는 것을 보았다.
　▶ (1) 선행사가 동물(monkey)이므로 관계대명사 which를 쓴다.
　(2) 선행사가 사람(boy)이므로 관계대명사 who를 쓴다.
　(3) 선행사가 〈사람+동물〉이므로 관계대명사 that만 쓸 수 있다.
　W·O·R·D·S tail 꼬리　language 언어

06 ① 나는 주머니가 있는 가방이 필요하다.
　② 이것은 노래를 부르는 개들이다.
　③ 나는 메달을 딴 선수를 만났다.
　④ 공을 가지고 노는 소년은 내 남동생이다.
　⑤ Bill과 Jerry는 언덕 위에 있는 집을 그렸다.
　▶ ② 선행사가 동물(dogs)이므로 관계대명사 which나 that을 써야 한다.
　W·O·R·D·S pocket 주머니　hill 언덕

07 ・컴퓨터를 사용한 후에, 전원을 꺼라.
　・책을 읽는 동안에 나는 잠이 들었다.
　▶ 첫 번째 빈칸에는 '~한 후에'라는 뜻의 접속사 after가 알맞고, 두 번째 빈칸에는 '~하는 동안에'라는 뜻의 접속사 while이 알맞다.
　W·O·R·D·S turn off (전원을) 끄다　fall asleep 잠이 들다

08 ▶ 선행사가 사람(woman)이므로 관계대명사 who나 that을 쓰고, 관계대명사절의 동사를 선행사의 수에 일치시킨다.

09 Annie는 자러 가기 전에 이를 닦을 것이다.
　▶ 시간 부사절에서는 현재시제가 미래를 대신하므로 will go를 goes로 고쳐 써야 한다.
　W·O·R·D·S brush one's teeth 이를 닦다

10 나는 털로 만들어진 스웨터를 좋아한다.
　▶ 선행사가 사물(sweater)이므로 관계대명사 that을 which로 바꿀 수 있다.

11 그녀는 손을 흔들면서 행복하게 미소 지었다.
　▶ 접속사 while이 있는 부사절의 주어가 주절의 주어와 같을 경우, 주어와 be동사를 생략하기도 한다.
　W·O·R·D·S happily 행복하게　wave 흔들다

12 그녀는 공부를 하면서 음악을 듣는다.
　▶ 〈접속사 while+주어+동사〉로 부사절을 완성한다. 그림의 상황으로 보아, 진행형으로 쓰는 것이 자연스럽다.

13 ① 그녀는 가수인 아들이 있다.
　② 나는 춤추고 있는 소녀를 안다.
　③ 그는 요리를 매우 잘하는 남자이다.
　④ 이것은 2000년에 세워진 건물이다.
　⑤ 흰색 셔츠를 입고 있는 소년 소녀는 내 아이들이다.
　▶ ④ 선행사가 사물(building)이므로 관계대명사 which나 that을 써야 한다.

14 ① 파리에 있는 동안에, 나는 그녀를 만났다.
　② 나는 맛있는 쿠키를 만들었다.
　③ 나는 숙제를 한 후에 외식하러 갈 것이다.
　④ 불을 끈 후에 방을 나서라.
　⑤ 그는 풀장이 있는 호텔에 머물렀다.
　▶ ④ after가 전치사로 쓰이면 뒤에 나오는 동사는 동명사형으로 써야 한다. turn → turning
　W·O·R·D·S delicious 맛있는　eat out 외식하러 가다　pool 풀장

15 ▶ '~한 후에'라는 뜻의 접속사 after를 이용하여 부사절을 쓴 후, write a novel을 이용하여 주절을 완성한다.

pp. 22~23

Do It Yourself

01 cafeteria	02 suddenly	03 unique	04 danger
05 놀라운	06 멋진	07 save	08 만화 소설	09 talent
10 once	11 coworker	12 adventurous	13 쾌활하게, 기분 좋게	14 멋진, 굉장한	15 경비원, 문지기, 관리인	16 주다, 기부하다

Reading Practice

pp. 24~25

A 01 make 02 While 03 was 04 said to 05 see 06 workers 07 different, write 08 to write 09 that 10 from 11 gives them away 12 to 13 said 14 on 15 my book to Ms. Lee 16 who 17 won 18 was 19 to write 20 cheerfully, Let's

B 01 looks, different 02 A few days 03 that[which] can fly 04 write superhero stories 05 saves people from danger 06 After I got 07 one of 08 gives them away 09 who[that] had special talents 10 While I was walking

A

01 ▶ like는 to부정사와 동명사를 모두 목적어로 취한다.

02 ▶ 뒤에 주어와 동사가 나오므로 접속사 While이 알맞다.

04 ▶ say는 자동사이므로 전치사 to를 써서 타동사처럼 쓸 수 있다.

05 ▶ 일상적으로 반복되는 일은 현재시제로 쓴다.

06 ▶ one of+복수명사: ~들 중 하나

07 ▶ look+형용사: ~하게 보이다 / 조동사 뒤에는 동사원형이 온다.

08 ▶ begin은 to부정사와 동명사를 모두 목적어로 취한다.

09 ▶ 선행사가 사물이므로 관계대명사 that이 알맞다.

10 ▶ save A from B: B로부터 A를 구하다

11 ▶ 〈동사+대명사 목적어+부사〉: 대명사 목적어는 반드시 동사와 부사의 사이에 온다.

12 ▶ 수여동사 show는 전치사 to를 써서 간접목적어와 직접목적어의 위치를 바꿀 수 있다.

13 ▶ all my friends가 주어이므로 전치사 to가 필요 없다.

14 ▶ model A on B: B를 본떠서 A를 만들다

15 ▶ 〈show+직접목적어(사물)+to+간접목적어(사람)〉 = 〈show+간접목적어(사람)+직접목적어(사물)〉

16 ▶ 선행사가 사람이므로 관계대명사 who가 알맞다.

17 ▶ win의 과거형: won

18 ▶ 주어(Mr. Kim)가 단수이므로 was가 알맞다.

19 ▶ would like to+동사원형: ~하고 싶다

20 ▶ 동사를 수식하므로 부사가 알맞다. / Let's+동사원형: ~하자

B

02 ▶ a few+복수명사

03 ▶ 선행사가 사물(a super scooter)이므로 주격 관계대명사 which 또는 that을 쓴다.

06 ▶ after+주어+동사: ~한 후에

08 ▶ give away: 주다, 목적어(them)가 대명사이므로 동사와 부사 사이에 쓴다.

09 ▶ 선행사가 사람(her coworkers)이므로 주격 관계대명사 who 또는 that을 쓴다.

10 ▶ while+주어+동사: ~하는 동안, 접속사 while은 보통 진행시제와 함께 쓴다.

영역별 Review

pp. 26~33

01 ① 02 ④ 03 (c)afeteria 04 ② 05 ⑤ 06 ① 07 (1) adventurous (2) cheerfully (3) character 08 A few days later 09 ② 10 ③ 11 ② 12 Thank you for listening! 13 pianist 14 ④ 15 ③, ④ 16 he is going to be late for school 17 Why don't you 18 ① 19 (C) – (A) – (D) – (B) 20 She is good at recycling old clothes. 21 ③ 22 ⑤ 23 You are really good at drawing. 24 ③ 25 ② 26 ④ 27 ⑤ 28 ③ 29 ② 30 ② 31 who[that] takes care of 32 ② 33 ② 34 ③ 35 The movie which[that] I saw last night was touching. 36 ⑤ 37 before she went shopping 38 ⑤ 39 ④ 40 ③ 41 ③ 42 cool, scooter 43 ② 44 ④ 45 (1) bike → scooter (2) hour → second 46 ①, ⑤ 47 ③ 48 Ms. Park - cafeteria worker / Mr. Kim - janitor 49 ④ 50 to me 51 ⑤ 52 While he is talking, everyone listens. 53 ③ 54 become → became 55 ②

01 ① 투표하다 ② 첼로 ③ 소설 ④ 과학 ⑤ 만화
▶ vote는 -er을 붙이고, 나머지는 모두 -ist를 붙인다.
① voter: 투표자, 유권자 ② cellist: 첼로 연주자
③ novelist: 소설가 ④ scientist: 과학자
⑤ cartoonist: 만화가

02 ① 글: 소설, 시, 수필, 보고서
② 직업: 만화가, 제빵사, 경비원, 간호사
③ 탈것: 자전거, 자동차, 버스, 스쿠터, 기차
④ 천, 헝겊: 청바지, 스웨터, 셔츠, 블라우스
⑤ 동물: 고양이, 햄스터, 타조, 라쿤
▶ ④ cloth가 아니라 clothes 또는 clothing(옷, 의류)이 단어들을 포함하는 말이다.

03 그것은 공장, 사무실 또는 학교에 있는 구내식당이나 큰 식당이다. 사람

들은 계산대에서 음식을 받고 식탁으로 그것을 운반한다.
▶ cafeteria(구내식당)에 대한 설명이다.
W·O·R·D·S lunchroom 간이식당, 구내식당 dining hall 큰 식당 counter 계산대

04 • 너는 항상 나를 기쁘게 해줘.
• 그들은 전 세계의 친구들을 만든다.
▶ make one's day: ~을 즐겁게 하다 / make friends: 친구를 만들다[사귀다]

05 그 아이돌 그룹은 아주 친절하고, 그들의 노래는 아주 멋지다.
▶ cool은 '멋진'이라는 뜻의 형용사이므로, awesome(굉장한, 멋진)과 바꿔 쓸 수 있다.
① 친절한 ② 특별한 ③ 똑똑한 ④ 독특한
W·O·R·D·S idol 아이돌, 우상 friendly 친절한

06 ① 나의 부모님은 한때 스케이트 선수였다.
② 너의 여동생에게 안부 전해 줘.
③ 나는 궁전을 본떠서 내 집을 만들었다.
④ 그는 1초에 책의 한 페이지를 읽는다.
⑤ 그는 공원 관리인이 되기 위해 무엇을 했니?
▶ ①의 once는 '(과거의) 한때'라는 뜻으로 쓰였다.
W·O·R·D·S palace 궁전

07 (1) 모험심이 강한 사람은 새로운 것을 좋아한다.
(2) 나는 항상 기분 좋게 일한다.
(3) 그 소설의 등장인물은 런치 레이디이다.
▶ (1) adventurous: 모험심이 강한 / dangerous: 위험한
(2) suddenly: 갑자기 / cheerfully: 기분 좋게
(3) setting: 배경 / character: 등장인물

08 ▶ a few days later: 며칠 후에, 며칠이 지나서

09 A: 너는 오래된 신발로 재활용을 잘하는구나.
B: 고마워. 나는 재활용하기를 좋아해. 그것은 재미있고, 우리 지구에도 좋은 일이야.
▶ be good at: ~을 잘하다 / be good for: ~에 좋다
W·O·R·D·S recycle 재활용하다

10 A: 나는 엄마를 위해 케이크를 구웠어. 나는 엄마가 내 케이크를 맘에 들어 하시길 바라.
B: 너는 빵 굽기를 잘하잖아. 너의 엄마는 그것을 정말 좋아하실 거라 확신해.
▶ A가 케이크를 잘 굽는다고 했으므로, A의 엄마가 그것을 좋아하실 거라는 확신의 말이 나와야 자연스럽다. I'm sure[certain] (that) ~.으로 확신을 나타낼 수 있다. 앞으로 일어날 일이므로 과거시제는 알맞지 않다.

11 ▶ ①, ③, ④, ⑤는 모두 '무슨 일이야?'라고 상대방에게 생긴 안 좋은 일에 대해 묻는 표현이다. ②는 '너는 어때?'라는 뜻으로 상대방에게 되묻는 표현이다.

12 ▶ 〈Thank you for+(동)명사 ~.〉는 '~해서 감사합니다.'라는 뜻으로, 감사를 나타내는 표현이다.

13 A: 나는 너의 연주가 마음에 들어. 너 정말 피아노를 잘 치는구나.

B: 고마워. 나는 피아노 연주자가 되고 싶지만, 내 연주 실력이 충분히 좋은 것 같지 않.
▶ 피아노를 잘 치므로, pianist(피아노 연주자)가 들어가야 한다.
W·O·R·D·S performance 연주 skill 실력, 기술 enough 충분한

14 여러분은 무엇을 잘합니까?
① 나는 만화를 그리지 않아요.
② 나는 만화 그리는 것을 못해요.
③ 나는 만화를 매우 잘 그릴 수 없다.
④ 나는 만화를 잘 그린다.
⑤ 나는 만화 그리는 것에 뛰어나다.
▶ be good at을 써서 물었으므로 답도 be good at을 써서 답한다. 또한 가능을 나타내는 조동사 can을 이용해서 답할 수도 있다. 질문의 시제가 현재임에 유의한다.
W·O·R·D·S be poor at ~을 못하다 be excellent at ~에 뛰어나다

15 ① 그는 학급 회장이다.
② 그는 좋은 학급 회장이다.
③, ④ 그는 학급 회장이 되고 싶어 한다.
⑤ 나는 그가 학급 회장이 될 거라고 확신한다.
▶ '~하고 싶다'는 want to나 would like to를 써서 나타낼 수 있다.
W·O·R·D·S class president 학급 회장

16 A: 그 소년이 학교 버스를 놓쳤어.
B: 나는 그가 학교에 늦을 거라고 확신해.
▶ 학교 버스를 놓쳤으므로 학교에 늦을 것을 확신할 수 있다.
W·O·R·D·S miss 놓치다 be late for ~에 늦다

17 이번 주말에 캠핑하러 가자.
= 이번 주말에 나와 함께 캠핑하러 가는 게 어떠니?
▶ 〈Let's+동사원형 ~.〉은 〈Why don't you+동사원형 ~+with me ~?〉와 의미가 같다.
W·O·R·D·S go -ing ~하러 가다

18 A: 너는 프랑스어를 잘하는구나.
B: 고마워. 네가 날 정말 기쁘게 해 줬어.
① 너는 프랑스어를 잘해.
② 너는 프랑스어를 배우기 시작해.
③ 너는 정말 프랑스어 하기를 좋아해.
④ 너는 프랑스어를 매우 잘하고 싶어 해.
⑤ 너의 말하기 능력은 프랑스어 배우기에 좋다.
▶ be good at ~(~을 잘하다)을 써서 능력을 나타낼 수 있다.

19 (C) 내일은 나의 엄마의 생신이야. 내가 엄마를 위해 무엇을 해야 할까?
(A) 엄마를 위해 케이크를 굽는 게 어떠니? 너는 빵 굽기를 잘하잖아.
(D) 좋은 생각이야. 나는 엄마가 내 케이크를 맘에 들어 하시길 바라.
(B) 너의 엄마는 그것을 정말 좋아하실 거라 확신해.
▶ 내일 엄마 생신에 무엇을 준비할지 묻는 말(C)에 케이크를 굽는 것을 제안했고(A), 이에 동의하면서 케이크를 맘에 들어 하길 바라고 있으며(D), 이에 대한 확신의 말(B)이 이어지는 것이 자연스럽다.

20 ▶ be good at ~(~을 잘하다)을 써서 능력을 나타낼 수 있다. 전치사 at 뒤에 나오는 동사는 동명사형으로 바꾼다.

[21~23]

유리: 뭐 하고 있니, Jaden?

Jaden: 나는 만화를 그리고 있어.

유리: 정말? 내가 그것들을 봐도 되니?

Jaden: 아니, 아직 안 돼.

유리: 왜 안 돼? 내게 조금만 보여 줄 수 있잖아, 그렇지 않니?

Jaden: 음, 그럴 수 있지.

유리: 하하하! 굉장하다! 나는 네 만화가 마음에 들어. 너는 정말 그림을 잘 그리는구나.

Jaden: 그렇게 생각해? 나는 만화가가 되고 싶지만, 내 그림 실력이 충분히 좋은 것 같지 않아.

유리: 네 만화는 정말 재미있고, 독특한 캐릭터가 있어. <u>네가 훌륭한 만화가가 될 거라고 확신해.</u>

Jaden: 고마워, 유리야. 네가 날 정말 기쁘게 해 줬어.

W·O·R·D·S guess 추측하다　awesome 굉장한, 멋진

21 ▶ 'Can I ~?'는 '~해도 되나요?'라고 상대방의 허락을 구하는 표현이다.

22 ▶ 주어진 문장은 훌륭한 만화가가 될 것임을 확신하는 표현이므로, 만화에 대한 칭찬의 내용이 나온 뒤인 ⑤의 위치에 들어가는 것이 알맞다.

23 ▶ '~을 잘하다'라는 표현은 be good at ~으로 나타낸다. at 뒤에 나오는 동사는 동명사형태(-ing)로 쓴다.

24 • 나는 울고 있는 아기를 봤다.
　• 그녀는 숲속에 사는 토끼들에 대한 이야기를 썼다.
　▶ 첫 번째는 선행사가 사람(baby)이므로 관계대명사 who가 알맞고, 두 번째는 선행사가 동물(rabbits)이므로 관계대명사 which가 알맞다.
　W·O·R·D·S forest 숲

25 ▶ '~하는 동안에'라는 뜻의 접속사는 while이다. for나 during은 뒤에 명사(구)가 나오므로 알맞지 않다.

26 너는 그들이 똑똑하다고 생각하니?
　▶ 동사 think의 목적어절을 이끄는 접속사 that이 알맞다.

27 ① 그것은 시속 약 100킬로미터로 달린다.
　② 나는 그녀에 대한 만화를 그려야겠다.
　③ 그는 특별한 재능을 가진 소년이다.
　④ 나는 집에 간 후에, 숙제를 했다.
　⑤ 세계에서 유명한 화가들 중에 한 명은 Gogh이다.
　▶ ⑤ ⟨one of the+복수명사⟩는 단수 취급하므로 are는 is로 고쳐야 한다.
　W·O·R·D·S about 약, 대략　famous 유명한

28 바다에서 서핑을 하고 있는 사람들이 조금 있다.
　▶ a few는 '약간의, 조금의'라는 뜻으로, some과 의미가 같다.
　W·O·R·D·S surf 서핑을 하다

29 • 나는 아이에게 물을 좀 주었다.
　• 호진이는 그의 책을 나에게 보여주었다.
　▶ 수여동사 give/show+직접목적어+to+간접목적어

30 ① 그것을 켜 / ③ 모자를 벗어 / ④ 불을 꺼 / ⑤ 볼륨을 줄여 주겠니?
　▶ turn on(전원을 켜다), take off(~을 벗다), turn off(전원을 끄다), turn down(소리 등을 줄이다)은 ⟨동사+부사⟩로 이루어진 동사구이므로 목적어가 부사 뒤에 또는 동사와 부사 사이에 올 수 있지만, wait for는 ⟨동사+전치사⟩로 이루어진 동사구이므로 목적어를 전치사 뒤에만 쓴다.

31 A: 너는 무엇이 되고 싶니?
　B: 나는 아픈 사람들을 돌봐주는 의사가 되고 싶어.
　▶ 앞의 명사 a doctor를 수식하는 관계대명사절이 이어져야 한다. 선행사가 사람이므로 관계대명사 who 또는 that을 써서 연결하고 동사는 선행사의 수에 일치시킨다.
　W·O·R·D·S sick 아픈

32 비가 오기 전에 나는 공원에서 개와 산책할 것이다.
　▶ 시간 부사절에서는 현재시제가 미래시제를 대신한다.

33 ⟨보기⟩ 그는 우리에게 역사를 가르치는 교사이다.
　① 노래하는 남자는 나의 아빠이다.
　② 나는 이 아이들이 누구인지 모른다.
　③ 나는 나와 이야기할 수 있는 친구가 필요하다.
　④ 등산하는 사람들이 많다.
　⑤ 나는 도서관에서 공부하는 몇 명의 학생들을 봤다.
　▶ ⟨보기⟩는 주격 관계대명사이다. ①, ③, ④, ⑤는 주격 관계대명사이고, ②는 '누구'라는 뜻의 의문사이다.
　W·O·R·D·S climb 오르다

34 ① 나의 삼촌은 나에게 시계를 보냈다.
　② 그녀는 날 수 있는 스쿠터를 탄다.
　③ 노래하면서 그는 세차한다.
　④ 나는 슈퍼히어로로 이야기를 쓰고 싶다.
　⑤ 우리 학교 관리인인 김 선생님은 한때 공원 관리인이었다.
　▶ ① me → to me ② who → which ④ writing → write
　⑤ were → was
　W·O·R·D·S janitor 관리인, 경비원　park ranger 공원 관리인

35 • 그 영화는 감동적이었다.
　• 나는 그것을 어젯밤에 봤다.
　→ 내가 어젯밤에 본 영화는 감동적이었다.
　▶ The movie를 수식하는 관계대명사절을 만든다. 선행사가 사람이 아니므로 관계대명사 which 또는 that을 쓴다.
　W·O·R·D·S touching 감동적인

36 A: 그녀는 어떻게 보이니?
　B: 그녀는 ① 좋아 / ② 멋져 / ③ 이상해 / ④ 친절해 보여.
　▶ look+형용사: ~하게 보이다 / ⑤ 부사 differently가 아닌 형용사 different를 빈칸에 쓸 수 있다.

37 Kate는 보고서를 끝낸 후에, 쇼핑하러 갔다.
　= Kate는 쇼핑하러 가기 전에 보고서를 끝냈다.
　▶ 접속사 after는 일이 일어난 순서에 따라 before와 바꿔 쓸 수 있다.

38 ① 나는 만화 소설 쓰기를 좋아한다.
　② 그는 슈퍼히어로가 되기를 원했다.

③ 그들은 수영을 배우기 시작했다.
④ Julia는 요리책을 쓰기로 결정했다.
⑤ 그 소녀는 건강을 유지하기 위해 아침을 먹는다.
▶ ①~④는 목적어 역할을 하는 명사적 용법의 to부정사이고, ⑤는 목적을 나타내는 부사적 용법의 to부정사이다.
W·O·R·D·S graphic novel 만화 소설   decide 결정하다   cookbook 요리책   stay healthy 건강을 유지하다

39 두 소년이 도서관에서 공부하고 있다. 불이 났다. 그 소년들은 나갈 수가 없다. 런치 레이디가 그녀의 스쿠터를 타고 도서관까지 날아간다. 그녀는 방에서 울고 있는 소년들을 발견한다. 그녀는 불로부터 그들을 구한다. 그들은 행복해 보인다.
▶ ④ 관계대명사절의 동사는 앞의 선행사(boys)의 수에 일치시키므로, is를 are로 고쳐야 한다.

[40~42]
내 이름은 호진이고, 나는 만화 소설 쓰는 것을 좋아한다. 나는 지난주에 학교에서 집으로 걸어가는 중에, 스쿠터에 탄 한 여자를 봤다. 그녀는 정말 멋져 보였고, 그녀의 스쿠터는 정말 독특했다.
"집에 가는 거니, 호진아?" 갑자기 그녀가 나에게 말했다.
"네, 그런데 저를 아시나요?" 나는 물었다.
"당연하지." 그녀는 대답했다. "나는 매일 학교 식당에서 너를 본단다."
놀랍게도, 그녀는 학교 식당 직원들 중 한 분이었다.
'굉장하다! 그녀가 학교 밖에서는 정말 달라 보이시네.'라고 나는 생각했다.
'그녀에 대한 만화 소설을 써야겠다.'

40 ▶ '~하는 동안에'라는 뜻의 접속사 While이 알맞다.

41 ▶ (A) 일상적으로 반복되는 일은 현재시제로 쓴다.
(B) one of the+복수명사: ~들 중의 하나
(C) look+형용사: ~하게 보이다

42 호진이는 멋져 보이고 독특한 스쿠터를 가진 식당 직원 한 분을 만났다.
▶ 글의 두 번째와 세 번째 문장에서 답을 알 수 있다.

[43~45]
집에 도착한 후에, 나는 《런치 레이디 탄생하다》라는 새로운 만화 소설을 쓰기 시작했다. 그것에서, 런치 레이디는 슈퍼히어로다. 그녀는 날 수 있는 슈퍼 스쿠터를 탄다. 그녀는 전 세계의 위험에 빠진 사람들을 구한다. 그녀는 또한 1조에 100개의 구키를 만들고 그것들을 배고픈 어린이들에게 나눠 준다.
며칠이 지나서, 나는 내 만화 소설을 내 친구들에게 보여 주었다.
"굉장해! 나는 이 슈퍼히어로가 마음에 들어. 그녀는 정말 멋져." 내 모든 친구들이 말했다.
"그게 있지? 나는 우리 학교 식당 직원들 중 한 분인 이 조리사님을 본떠서 그녀를 만든 거야." 나는 친구들에게 말했다.

43 ▶ ⓑ 선행사가 사물(super scooter)이므로 관계대명사 which 또는 that을 써야 한다.

44 ▶ 런치 레이디는 만화 소설에 나오는 등장인물로, 현실에서 불가능한 일을 하므로 '슈퍼히어로'이다.
① 숙녀 ② 친구 ③ 요리사 ④ 슈퍼히어로 ⑤ 식당 직원

45 런치 레이디는 슈퍼히어로다. 그녀는 날 수 있는 슈퍼 자전거(→ 스쿠터)를 탄다. 그녀는 전 세계의 사람들을 도와준다. 그녀는 또한 1시간

(→ 초)에 100개의 쿠키를 만들고 그것들을 배고픈 어린이들에게 나눠 준다. 굉장하다!
▶ 첫 번째 문단에서 답을 알 수 있다.

[46~48]
나는 내 책을 이 조리사님께 보여 드렸다. 그녀도 그것을 좋아했다. 그녀는 또한 내게 특별한 재능을 가진 그녀의 동료들에 대해서 말했다. 박 조리사님은 또 다른 학교 식당 직원이다. 그녀는 춤 경연 대회에서 우승했다. 우리 학교 관리인인 김 선생님은 한때 모험심 있는 공원 관리인이었다.
"저는 그분들에 관한 슈퍼히어로로 이야기를 쓰고 싶어요. 그분들이 그것을 좋아할 거라고 생각하세요?" 나는 이 조리사님께 물었다.
"물론 그들은 좋아할 거야." 그녀는 쾌활하게 말했다. "가서 우리의 새로운 슈퍼히어로로 친구들에게 인사를 하자."

46 ▶ 선행사가 사람(coworkers)이므로 관계대명사 who 또는 that을 쓴다.

47 ▶ ⓐ, ⓑ, ⓓ, ⓔ는 모두 Ms. Lee를 가리키고, ⓒ는 Ms. Park을 가리킨다.

48 ▶ Ms. Lee의 동료들을 가리키므로, 식당 직원인 Ms. Park과 학교 관리인인 Mr. Kim이다.

[49~50]
며칠 전에, 나는 집에 가는 길에 호진이를 만났다. 오늘, 그는 나에게 그의 새로운 만화 소설을 보여 주었다. 그는 나에게 나를 본떠서 주인공을 만들었다고 말했다. 나는 그것이 아주 맘에 들었다. 나는 또한 그에게 특별한 재능을 가진 내 동료들에 대해서 말했다. 호진이는 그들에 대한 슈퍼히어로 이야기를 쓰고 싶다고 말했다. 나는 그것들을 빨리 읽고 싶다.
W·O·R·D·S can't wait to ~ 빨리 ~하고 싶다

49 ▶ 주어진 문장은 글쓴이의 동료들에 대한 내용이므로, 호진이가 그들에 대한 이야기를 쓰고 싶다고 말하는 내용 앞인 ④의 위치에 들어가는 것이 알맞다.

50 ▶ 〈수여동사 show+간접목적어+직접목적어〉
= 〈show+직접목적어+to+간접목적어〉

[51~52]
지수: 나의 고모는 나의 롤모델이다. 그녀는 똑똑하고, 강하고, 모험심이 많다. 30대에, 그녀는 70개국을 여행했다. 그녀가 여행하고 있는 동안, 그녀는 전 세계의 친구들을 만들었다. 나는 그녀처럼 새로운 것들을 시도하는 것을 두려워하지 않는 사람이 되고 싶다.
세훈: 나의 할아버지는 나의 롤모델이시다. 그는 매우 재미있고 친절하시다. 그는 항상 좋은 농담을 하시고 다른 사람들에게 좋은 조언을 해주신다. 그가 말씀하시고 있는 동안, 모두가 귀 기울인다. 나는 그처럼 다른 사람들에게 항상 좋은 사람이 되고 싶다.
W·O·R·D·S adventurous 모험심이 강한   different 다양한, 다른   funny 재미있는   advice 조언   others 다른 사람들

51 ▶ 지수의 고모는 똑똑하고 강하고 모험심이 많은 사람이므로, 새로운 것들을 시도하는 것을 두려워하지 않는 사람이라고 볼 수 있다.

52 ▶ '~하고 있는 동안에'라는 뜻의 접속사 while을 이용한다.

[53~55]

(A) Julia Child는 30대에 그녀의 진정한 재능을 발견한 사람이다. 36세에, 그녀는 남편과 파리로 이주했다. 그녀는 거기서 유명한 요리학교에 들어갔다. 그녀가 공부하는 동안, 그녀는 요리책을 쓰기로 결심했다. 그 책은 큰 인기를 얻었다.

(B) Anna Mary Robertson Moses는 70대에 그녀의 재능을 발견한 사람이다. 78세에, 그녀는 그림 그리기를 시작했다. 사람들은 그녀를 모세 할머니라고 불렀다. 그녀는 미국 농장 생활에 대한 그림을 그렸고 매우 유명해졌다.

W·O·R·D·S real 진정한, 진짜의 attend 들어가다 big hit 대성공

53 ▶ 자신의 '재능'을 뒤늦게 발견한 사람들에 대한 글이다.
① 직업 ② 성격 ③ 재능 ④ 취미 ⑤ 등장인물

54 ▶ 두 개의 동사 drew와 became이 and로 병렬 연결되어 있는 구조이다. 시제가 과거임에 유의한다.

55 ▶ ② Julia는 남편과 함께 파리에 거주했다.

단원 Test

pp. 34~38

01 ④ 02 ② 03 give 04 ⑤ 05 ② 06 ④ 07 ①, ③
08 ⓐ good ⓑ sure 09 ③ 10 (1) ⓓ (2) ⓒ (3) ⓐ (4) ⓑ
11 ② 12 (1) While he is listening (2) after I played soccer
13 ④ 14 will come → comes 15 Do you know the woman who[that] has brown eyes? 16 ② 17 ⑤ 18 ②
19 런치 레이디는 날 수 있는 슈퍼 스쿠터를 타고, 전 세계의 위험에 빠진 사람들을 구하며, 또한 1초에 100개의 쿠키를 만들어서 그것들을 배고픈 어린이들에게 나눠 주기 때문에 20 coworker 21 ③ 22 ③
23 ⑤ 24 ③ 25 (1) cookbook writer (2) artist

01 〈보기〉 위험 – 위험한 ① 재미 – 재미있는
② 안전 – 안전한 ③ 놀람 – 놀라운
④ 기분 좋은 – 기분 좋게 ⑤ 모험 – 모험심이 강한
▶ 〈보기〉는 '명사 – 형용사'의 관계이다. ①, ②, ③, ⑤도 '명사 – 형용사'의 관계이고, ④는 '형용사 – 부사'의 관계이다.

02 ▶ • save A from B: A를 B로부터 구하다
• model A on B: B를 본떠서 A를 만들다
① win: 이기다 ③ expect: 기대하다 / invent: 발명하다
④ discover: 발견하다 / create: 창조하다
⑤ protect: 보호하다 / practice: 연습하다

03 • 그 영화배우는 대학교에서 연설을 해야 한다.
• 나는 그가 그의 음식을 줄 거라고 생각하지 않았다.
▶ • give a speech: 연설하다
• give away: 주다, 기부하다

04 ① A: 너는 뭐 하고 있니?
B: 나는 저녁으로 피자를 만들고 있어.
② A: 그 소년이 버스를 놓쳤어.
B: 나는 그가 학교에 늦을 거라고 확신해.
③ A: 너는 무엇을 잘하니?
B: 나는 기타 연주를 잘해.

④ A: 너는 요리를 정말 잘하는구나!
B: 고마워.
⑤ A: 너 우리 연극 동아리에 들어오는 게 어떠니?
B: 나는 그러고 싶지만, 나는 연기를 잘하는 것 같아.
▶ ⑤ 연극 동아리에 들어오라고 제안하는 말에, 그러고 싶다고 하면서 but 뒤에 이어지는 말로 자신이 연기를 잘하는 것 같다는 말은 어색하다. I think를 I don't think로 바꾸어야 자연스러운 대화가 된다.

05 A: 나는 영어로 연설을 해야 해. 나는 너무 긴장돼.
B: 걱정하지 마. 너의 가족 앞에서 네 연설을 연습해. 나는 네가 잘할 거라고 확신해.
A: 고마워. 그래야겠다.
▶ 영어로 연설하는 것 때문에 걱정하는 A에게 B가 잘할 거라고 확신의 말로 격려해주는 대화 내용이다.
① 나는 영어를 잘할 수 있어.
③ 너는 영어를 잘하는구나.
④ 나는 연설하는 것이 중요하다고 생각해.
⑤ 너는 영어로 사람들에게 이야기를 해야 해.

06 (C) 너 뭐 하고 있니, 나미야?
(A) 나는 내 오래된 청바지로 스마트폰 케이스를 만들고 있어.
(B) 왜! 너는 오래된 옷으로 재활용을 잘하는구나.
(D) 고마워. 나는 재활용하기를 좋아해. 그것은 재미있고, 우리 지구에도 좋은 일이야.
▶ 지금 하고 있는 일을 묻고 답한 후에, 재활용에 대해 말하는 대화로 이어지는 것이 자연스럽다.

[07~08]

유리: 뭐 하고 있니, Jaden?
Jaden: 나는 만화를 그리고 있어.
유리: 정말? 내가 그것들을 봐도 되니?
Jaden: 아니, 아직 안 돼.
유리: 왜 안 돼? 내게 조금만 보여 줄 수 있잖아, 그렇지 않니?
Jaden: 음, 그럴 수 있지.
유리: 하하하! 굉장하다! 나는 네 만화가 마음에 들어. 너 정말 그림을 잘 그리는구나.
Jaden: 그렇게 생각해? 나는 만화가가 되고 싶지만, 내 그림 실력이 충분히 좋은 것 같지 않아.
유리: 네 만화는 정말 재미있고, 독특한 캐릭터가 있어. 네가 훌륭한 만화가가 될 거라고 확신해.
Jaden: 고마워, 유리야. 네가 날 정말 기쁘게 해 줬어.

07 Q. 유리는 Jaden의 만화에 대해 어떻게 생각하는가?
① 재미있다.
② 훌륭한 줄거리이다.
③ 등장인물이 독특하다.
④ 많은 등장인물이 나온다.
⑤ 그림 실력이 충분히 좋지 않다.
▶ 유리의 마지막 말인 Your cartoons are really funny, and you have unique characters.에서 답을 알 수 있다.

08 유리는 Jaden의 만화를 보고 그가 그림을 잘 그린다고 생각한다. 그녀는 그가 훌륭한 만화가가 될 거라고 확신한다.

▶ ⓐ be good at ~: ~을 잘하다

ⓑ I'm sure (that) ~.: 나는 ~라고 확신한다.

09 ① 이것은 과학에 대한 책이다.

② 토끼는 귀가 긴 동물이다.

③ 나는 바이올린을 잘 연주하는 딸이 있다.

④ 그녀는 프랑스에서 만든 가방을 샀다.

⑤ 그 과학자는 집을 청소할 수 있는 로봇을 만들었다.

▶ ③은 선행사가 사람(daughter)이므로 관계대명사 who나 that을 써야 한다.

10 (1) 내가 설거지를 하는 동안에 초인종이 울렸다.

(2) 나는 항상 양치질을 한 후에 자러 간다.

(3) 나는 대학교를 졸업한 후에 법률 회사에서 일했다.

(4) 나는 저녁 먹기 전에 손을 씻었다.

▶ (1) while: ~하는 동안에

(2), (3) after: ~한 후에

(4) before: ~하기 전에

W·O·R·D·S graduate from ~을 졸업하다 college 대학 brush one's teeth 양치질하다 law firm 법률 회사

11 ① 이것은 화성에 대한 영화이다.

② 그는 고양이를 매우 좋아하는 친구가 있다.

③ 마법 지팡이를 가진 한 여자가 살았다.

④ 나는 날 수 있는 자동차를 발명하고 싶다.

⑤ 무대에서 춤을 추는 소녀들이 있다.

▶ ② 관계대명사절의 동사는 선행사(a friend)의 수에 일치시키므로, like를 likes로 고쳐야 한다.

W·O·R·D·S Mars 화성 magic 마법의 stick 지팡이

12 ▶ (1) '~하는 동안에, ~하면서'라는 뜻의 접속사 while을 이용한다. while은 대개 현재진행시제와 함께 쓰인다.

(2) '~한 후에'라는 뜻의 접속사 after를 이용한다.

W·O·R·D·S fall asleep 잠이 들다

13 · 공을 가지고 노는 개는 귀엽다.

· 나는 매우 재미있는 많은 책들을 알고 있다.

· 빨간 드레스를 입고 있는 소녀는 내 사촌이다.

▶ 선행사가 동물(dog), 사물(books), 사람(girl)이므로 공통으로 쓸 수 있는 관계대명사는 that이다.

14 나는 그가 돌아온 후에 그것을 그에게 보여줄 것이다.

▶ 시간 부사절에서는 현재시제가 미래시제를 대신하므로, will come을 comes로 고친다.

15 · 너는 그 여자를 아니?

· 그녀는 갈색 눈을 가지고 있다.

→ 너는 갈색 눈을 가진 여자를 아니?

▶ 명사 the woman을 수식하는 관계대명사절을 만든다. 선행사가 사람이므로 관계대명사 who 또는 that을 이용한다.

[16~17]

내 이름은 호진이고, 나는 만화 소설 쓰는 것을 좋아한다. 나는 지난주에 학교에서 집으로 걸어가는 중에, 스쿠터에 탄 한 여자를 봤다. 그녀는 정말 멋져 보였고, 그녀의 스쿠터는 정말 독특했다.

(B) "집에 가는 거니, 호진아?" 갑자기 그녀가 나에게 말했다.

(A) "네, 그런데 저를 아시나요?" 나는 물었다.

(C) "당연하지." 그녀는 대답했다. "나는 매일 학교 식당에서 너를 본단다."

놀랍게도, 그녀는 학교 식당 직원들 중 한 분이었다.

'굉장하다! 그녀가 학교 밖에서는 정말 달라 보이시네.'라고 나는 생각했다.

'그녀에 대한 만화 소설을 써야겠다.'

16 ▶ 호진이와 스쿠터를 탄 여자가 만나서 하는 대화이다. 여자가 먼저 호진이를 아는 척을 하자, 호진이가 자신을 아는지 물었고, 이에 대답하는 순서로 배열한다.

17 ① 호진이는 무엇을 좋아하는가?

② 호진이는 집에 가는 길에 누구를 봤는가?

③ 여자는 호진이를 아는가?

④ 여자는 무슨 일을 하는가?

⑤ 호진이는 자신의 소설에 대해 어떻게 생각했는가?

▶ ① 만화 소설 쓰기를 좋아한다.

② 스쿠터를 탄 여자를 봤다.

③ 알고 있다.

④ 학교 식당 직원으로 일한다.

⑤ 글의 내용으로 알 수 없음

[18~19]

집에 도착한 후에, 나는 《런치 레이디 탄생하다》라는 새로운 만화 소설을 쓰기 시작했다. 그것에서, 런치 레이디는 슈퍼히어로로다. 그녀는 날 수 있는 슈퍼 스쿠터를 탄다. 그녀는 전 세계의 위험에 빠진 사람들을 구한다. 그녀는 또한 1초에 100개의 쿠키를 만들고 그것들을 배고픈 어린이들에게 나눠 준다. 며칠이 지나서, 나는 내 만화 소설을 내 친구들에게 보여 주었다.

"굉장해! 나는 이 슈퍼히어로가 마음에 들어. 그녀는 정말 멋져." 내 모든 친구들이 말했다.

"그게 있지? 나는 우리 학교 식당 직원들 중 한 분인 이 조리사님을 본떠서 그녀를 만든 거야." 나는 친구들에게 말했다.

18 ▶ ⓐ save A from B: A를 B로부터 구하다

ⓑ give away: 주다, 기부하다

ⓒ model A on B: B를 본떠서 A를 만들다

19 ▶ 친구들이 런치 레이디에 대해 슈퍼히어로이며 멋지다고 생각하는 이유는 그녀가 보통 사람들이 하지 못하는 특별한 일을 하기 때문이다. 슈퍼 스쿠터를 타고 날아다니고, 위험에 빠진 사람들을 구하며, 순식간에 많은 쿠키를 만들어서 배고픈 어린이들에게 나눠 주는 등의 일이다.

[20~21]

나는 내 책을 이 조리사님께 보여 드렸다. 그녀도 그것을 좋아했다. 그녀는 또한 내게 특별한 재능을 가진 그녀의 동료들에 대해서 말했다. 또 다른 학교 식당 직원인 박 조리사님은 춤 경연 대회에서 우승했다. 우리 학교 관리인인 김 선생님은 한때 모험심 있는 공원 관리인이었다.

"저는 그분들에 관한 슈퍼히어로 이야기를 쓰고 싶어요. 그분들이 그것을 좋아할 거라고 생각하세요?" 나는 이 조리사님께 물었다.

"물론 그들은 좋아할 거야." 그녀는 쾌활하게 말했다. "가서 우리의 새로운 슈퍼히어로로 친구들에게 인사를 하자."

20 ▶ '같은 장소에서 함께 일하는 사람'은 coworker(동료)에 대한 설명이다.

21 ▶ (A) 선행사가 사람(coworkers)이므로 관계대명사 who가 알맞다.
(B) 주어가 Mr. Kim으로 단수이므로 was가 알맞다.
(C) 동사 said를 수식하는 부사 cheerfully가 알맞다.

22 며칠 전에, 나는 집에 가는 길에 호진이를 만났다. 오늘, 그는 나에게 그의 새로운 만화 소설을 보여 주었다. 그는 나에게 나를 본떠서 주인공을 만들었다고 말했다. 나는 그것이 아주 맘에 들었다. 나는 또한 그에게 특별한 재능을 가진 내 동료들에 대해서 말했다. 호진이는 그들에 대한 슈퍼히어로로 이야기를 쓰고 싶다고 말했다. 나는 그것들을 빨리 읽고 싶다.
▶ ③은 Hojin을 가리킨다.

23 배경: 방과 후 길거리
등장인물: 런치 레이디, 배고픈 어린이들
ⓓ 런치 레이디가 스쿠터를 타고 학교에서 집으로 가고 있다.
ⓑ 그녀가 길에서 울고 있는 몇 명의 배고픈 아이들을 본다.
ⓐ 그녀는 시간을 멈추고 배고픈 아이들을 위해 많은 음식을 만든다.
ⓒ 그 아이들은 그 음식을 먹고 행복해진다.
▶ 런치 레이디가 집에 가는 중에 배고픈 아이들을 보고, 그들을 위해 음식을 만들고, 아이들이 그 음식을 먹는 순서가 자연스럽다.

24 나의 고모 Rebecca는 나의 롤모델이다. 그녀는 똑똑하고, 강하고, 모험심이 많다. 30대에, 그녀는 70개국을 여행했다. 그녀가 여행하고 있는 동안, 그녀는 전 세계의 친구들을 만들었다. 나는 그녀처럼 새로운 것들을 시도하는 것을 두려워하지 않는 사람이 되고 싶다.
▶ ③ 30대에 70개국을 여행했다.

25 (A) Julia Child는 30대에 그녀의 진정한 재능을 발견한 사람이다. 36세에, 그녀는 남편과 파리로 이주했다. 그녀는 거기서 유명한 요리 학교에 들어갔다. 그녀가 공부하는 동안, 그녀는 요리책을 쓰기로 결심했다. 그 책은 큰 인기를 얻었다.
(B) Anna Mary Robertson Moses는 70대에 그녀의 재능을 발견한 사람이다. 78세에, 그녀는 그림 그리기를 시작했다. 사람들은 그녀를 모세 할머니라고 불렀다. 그녀는 미국 농장 생활에 대한 그림을 그렸고 매우 유명해졌다.
▶ (1) Julia Child는 요리책을 썼다고 했으므로 요리책 작가(cookbook writer)이다.
(2) Anna Mary Robertson Moses는 그림을 그린다고 했으므로 화가(artist)이다.

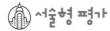 서술형 평가

Basic p. 39

A (1) amazing (2) adventurous (3) suddenly
B (1) that[who] drinks (2) that (3) (she was) talking
C (1) can play basketball (2) would like to
D (1) Angela has a cat which has black and white hair.
(2) The man who is wearing a straw hat is my father.
(3) I bought an expensive ring which was made of gold.

A (1) 어린 소녀가 5개 국어를 하는 것은 놀랍다.
(2) 그는 항상 새로운 조리법을 시도하는 모험심이 강한 요리사이다.
(3) 그 아이들은 갑자기 매우 초조했다.
▶ (1) amazing: 놀라운
(2) adventurous: 모험심이 강한
(3) suddenly: 갑자기
Ｗ·Ｏ·Ｒ·Ｄ·Ｓ recipe 조리법

B (1) 많은 물을 마시는 사람은 건강하다.
(2) 거리를 걷고 있는 남자와 개가 있다.
(3) 전화를 받는 동안에, 그녀는 어디선가 이상한 소리를 들었다.
▶ (1) 관계대명사절의 동사는 선행사(A person)의 수에 일치시키므로, drink를 drinks로 고쳐야 한다.
(2) 선행사로 사람과 동물이 함께 나오면 관계대명사 that을 쓴다.
(3) while은 '~하는 동안에'라는 의미로, 두 가지 일이 동시에 일어나고 있을 때 쓴다. 부사절의 주어가 주절의 주어와 같을 경우, 주어와 be동사를 생략하기도 한다. 따라서 talked를 talking으로 고쳐야 하며, talking 앞에는 she was가 생략되었다고 볼 수 있다.
Ｗ·Ｏ·Ｒ·Ｄ·Ｓ healthy 건강한   strange 이상한   somewhere 어디선가

C (1) 그는 농구를 잘한다.
(2) 나는 너희들의 학급 회장이 되고 싶다.
▶ (1) be good at ~은 '~을 잘하다'라는 뜻으로 능력을 나타내는 조동사 can을 이용하여 바꿔 쓸 수 있다.
(2) want to ~는 '~하고 싶다'라는 뜻으로 would like to ~와 바꿔 쓸 수 있다.

D (1) Angela는 고양이를 기른다. + 그것은 검고 흰 털을 가지고 있다.
→ Angela는 검고 흰 털을 가지고 있는 고양이를 기른다.
(2) 그 남자는 나의 아버지이다. + 그는 밀짚모자를 쓰고 있다.
→ 밀짚모자를 쓰고 있는 남자는 나의 아버지이다.
(3) 나는 비싼 반지를 샀다. + 그것은 금으로 만들어졌다.
→ 나는 금으로 만들어진 비싼 반지를 샀다.
▶ (1) 선행사가 동물(cat)이므로 관계대명사 which를 쓴다.
(2) 선행사가 사람(father)이므로 관계대명사 who를 쓴다.
(3) 선행사가 사물(ring)이므로 관계대명사 which를 쓴다.
Ｗ·Ｏ·Ｒ·Ｄ·Ｓ straw hat 밀짚모자   expensive 비싼   be made of ~으로 만들어지다

Intermediate p. 40
A (1) She rides a horse which[that] can fly in the movie.
(2) I showed my cartoons to my friends.
(3) Jimin is one of the cute boys in my school.
B (1) I'm good at planning
(2) her coworkers who[that] have special talents
(3) I'm sure you'll do a good job.
C (1) (While) Harry was staying at a hotel, he got enough sleep
(2) (After) the concert was over, we left the hall quickly
(3) (Before) you arrive at the station, call me, please

A (1) 그녀는 영화에서 날 수 있는 말을 탄다.

(2) 나는 내 만화를 내 친구들에게 보여 주었다.

(3) 지민이는 우리 학교에서 귀여운 소년들 중의 한 명이다.

▶ (1) 선행사가 동물(horse)이므로 관계대명사 which 또는 that이 알맞다.

(2) 수여동사 show＋직접목적어＋to＋간접목적어

(3) one of the＋복수명사

B ▶ (1) '~을 잘하다'는 be good at ~으로 쓴다. 전치사 at 뒤에 동명사를 쓴다.

(2) 명사 coworkers를 수식하는 관계대명사절이 되어야 하므로, 관계대명사 who 또는 that을 추가한다.

(3) I'm sure (that) ~.로 확신을 나타내는 문장을 만든다. do a good job은 '잘하다, 훌륭히 해내다'라는 뜻이다.

W·O·R·D·S plan 계획하다 activity 활동

C (1) Harry가 호텔에 머무는 동안에, 그는 잠을 푹 잤다.

(2) 콘서트가 끝난 후에, 우리는 빨리 홀을 떠났다.

(3) 네가 역에 도착하기 전에, 나에게 전화해.

▶ 일의 순서를 따져서 적절히 완성한다. while은 두 가지 일이 동시에 일어날 때 쓰이고, after와 before는 두 가지 일의 전후 순서에 따라 구별하여 쓴다.

(1) while: ~하는 동안에

(2) after: ~한 후에

(3) before: ~하기 전에

W·O·R·D·S arrive 도착하다 be over 끝나다 get enough sleep 잠을 푹 자다 quickly 빨리

Advanced

p. 41

A (1) (Chloe is) good at taking pictures

(2) Larry is good at baking a cake.

(3) Peter is good at playing chess.

(4) Matilda is good at riding a horse.

B (1) are studying in a library (2) a fire

(3) who[that] are shouting and crying (4) saves them

A 그들은 무엇을 잘합니까?

(1) Chloe는 사진 찍는 것을 잘한다.

(2) Larry는 케이크 굽는 것을 잘한다.

(3) Peter는 체스 두는 것을 잘한다.

(4) Matilda는 말 타는 것을 잘한다.

▶ be good at ~을 이용하여 문장을 완성한다.

W·O·R·D·S take pictures 사진을 찍다 play chess 체스를 두다

B 배경: 도서관

등장인물: 런치 레이디, 두 소년

두 소년이 도서관에서 공부하고 있다. 불이 났다. 그 소년들은 나갈 수가 없다. 런치 레이디가 그녀의 스쿠터를 타고 도서관까지 날아간다. 그녀는 창문 밖으로 소리치며 울고 있는 소년들을 발견한다. 그녀는 즉시 그들을 구한다. 그들은 지금 행복해 보인다.

▶ (1) 첫 번째 그림에서 두 소년이 도서관에서 공부하고 있다. 현재진행형(be동사＋-ing)으로 쓴다.

(2) 두 번째 그림에서 불이 났음을 알 수 있다.

(3) 두 번째 그림에서 두 소년이 창문 밖으로 소리치며 울고 있다. 앞의 명사인 boys를 수식하는 관계대명사절을 쓴다. 관계대명사는 who 또는 that으로 쓴다.

(4) 세 번째 그림에서 런치 레이디가 두 소년을 구한다.

W·O·R·D·S get out 나가다 immediately 즉시

교과서 본문 손으로 기억하기

pp. 42~43

01 My name is Hojin, and I like to make graphic novels.

02 While I was walking home from school last week, I saw a woman on a scooter.

03 She looked really cool, and her scooter was very unique.

04 "Are you going home, Hojin?" she said to me suddenly.

05 "Yes, but do I know you?" I asked.

06 "Of course," she answered. "I see you at the school cafeteria every day."

07 Surprisingly, she was one of the cafeteria workers at school.

08 "Amazing! She looks so different outside the school," I thought.

09 "I should write a graphic novel about her."

10 After I got home, I began to write a new graphic novel, *Lunch Lady Begins*.

11 In it, Lunch Lady is a superhero.

12 She rides a super scooter that can fly.

13 She saves people from danger around the world.

14 She also makes 100 cookies per second and gives them away to hungry children.

15 A few days later, I showed my graphic novel to my friends.

16 "Awesome! I love this superhero. She's so cool," said all my friends.

17 "Guess what? I modeled her on Ms. Lee, one of our cafeteria workers," I told them.

18 I showed my book to Ms. Lee.

19 She loved it, too.

20 She also told me about her coworkers who had special talents.

21 Ms. Park, another cafeteria worker, won a dancing contest.

22 Mr. Kim, the janitor at our school, was once an adventurous park ranger.

23 "I'd like to write superhero stories about them. Do you think they'll like that?" I asked Ms. Lee.

24 "Of course they will," she said cheerfully.

25 "Let's go and say hello to our new superhero friends."

10 바른답 · 알찬풀이

LESSON 2 — Where Do People Live?

교과서

Vocabulary

Vocabulary Check
p. 47

A 01 피하다, 방지하다　02 나무로 된　03 사랑스러운　04 층, 바닥　05 지불하다　06 필수의, 가장 중요한　07 빨리　08 전망, 시야　09 도넛　10 화장실　11 100년, 세기　12 남쪽의, 남부의　13 보호하다, 지키다, 막다　14 식당　15 저장, 보관, 창고　16 징수원, 수집가　17 적, 적군, 원수　18 마을, 촌락, 마을 사람　19 ~의 옆에　20 시도해 보다

B 01 gate　02 grass　03 nature　04 build　05 plant　06 without　07 whole　08 tax　09 goat　10 thousand　11 easily　12 forest　13 cone　14 roof　15 cover　16 unique　17 story　18 harmony　19 pile up　20 take down

Pop Quiz
p. 48

1 friendly　2 (1) with (2) from　3 (1) enemy (2) avoid

Vocabulary Practice
p. 49

A (1) plant (2) tax (3) century (4) southern
B (1) without (2) up (3) to (4) down　C ④　D ③

A ▶ (1) plant: 식물
(2) tax: 세금
(3) century: 100년, 세기
(4) southern: 남쪽의

B (1) 모든 살아 있는 것들은 산소 없이 살 수 없다.
(2) 눈이 약 10센티미터 깊이로 쌓였다.
(3) 강 옆에 새끼 곰이 한 마리 있다.
(4) 그 도시는 오래된 다리를 무너뜨리기로 결정했다.
▶ (1) without: ~ 없이
(2) pile up: 쌓아 올리다
(3) next to: ~의 옆에
(4) take down: 헐어 버리다, 무너뜨리다

C 우리는 이곳에 음식, 옷, 가구 같은 많은 다양한 물건들을 보관할 수 있다.
▶ 다양한 물건을 보관할 수 있는 장소는 ④ storage(창고)이다.
① 지붕　② 부엌　③ 화장실　⑤ 식당

D 매우 중요하고 없어서는 안 될
▶ ③ '필수의, 가장 중요한'에 대한 설명이다.
① 전부의, 전체의　② 독특한　④ 충분한　⑤ 갑작스러운

교과서

Expressions

Pop Quiz
p. 50

1 want to　2 on the third floor

Expressions Practice
p. 51

A (1) second (2) pet
B (1) Where can I find the nearest subway station?
(2) What kind of food would you like?
(3) There is a Chinese restaurant on the fifth floor.
C ④　D ②

A (1) A: 책이 어디에 있나요?
B: 2층에 있습니다.
(2) A: 너는 어떤 종류의 애완동물을 기르고 싶니?
B: 나는 고양이를 기르고 싶어.
▶ (1) 건물의 층을 나타낼 때는 〈on the＋서수＋floor〉로 나타낸다.
(2) 고양이는 pet(애완동물)의 한 종류이다.

B (1) 가장 가까운 지하철역이 어디에 있나요?
(2) 어떤 종류의 음식을 드실 건가요?
(3) 5층에 중국 식당이 있습니다.
▶ (1) Where can I find ~?로 위치를 물을 수 있다.
(2) 〈What kind of＋명사＋would you like?〉는 원하는 것에 대한 상대방의 의향을 묻는 표현이다.
(3) 건물의 층으로 위치를 말할 때는 〈on the＋서수＋floor〉로 쓴다.

C (C) 실례합니다, 여성용 청바지가 어디에 있나요?
(A) 2층, 승강기 옆에 있습니다.
(B) 감사합니다.
B: 천만에요.
▶ 옷가게의 위치를 묻고, 그 위치를 알려주는 대화 후에, 감사의 말과 응답을 하는 대화로 이어지는 것이 자연스럽다.

D A: 어떤 종류의 방을 원하시나요?
B: 저는 바다가 보이는 방을 원해요.
▶ B가 바다가 보이는 방을 원한다고 하므로, 어떤 방을 원하는지 의향을 묻는 질문이 알맞다.
① 바다 조망을 어디에서 볼 수 있나요?
③ 여행 안내소가 어디에 있나요?
④ 정원이 보이는 방이 있나요?
⑤ 어떤 종류의 집에서 살고 싶으신가요?

① looks like ② live in ③ What kind of ④ is there ⑤ I'd like ⑥ fifth floor ⑦ can find ⑧ next to ⑨ looking for ⑩ on the third floor ⑪ what kind of room ⑫ lovely garden ⑬ have to sleep ⑭ give it a try ⑮ dining room ⑯ Here's ⑰ upside down ⑱ kind of ⑲ so ⑳ next to the elevator

교과서 Grammar

Pop Quiz ◀   p. 57

1 (1) has, left (2) have been (3) has lost (4) have lived
2 has played   **3** (1) are → is (2) roofs → roof (3) children → child

Grammar Practice   pp. 58~59

01 ①   02 ④   03 (1) was (2) has studied (3) looks (4) finished   04 been   05 ④   06 ⑤   07 (1) have arrived (2) have seen (3) went   08 ②   09 students → student 10 ④   11 have lived, for three years   12 ④   13 ③ 14 (1) Has he eaten Indian food? (2) He hasn't eaten[has never eaten] Indian food.   15 (1) Have you ever been to Hawaii? (2) Each box has books in it.

01 집 안의 각각의 방은 꽃들로 가득 차 있다.
▶ 〈each+단수명사〉는 단수 취급하므로 단수동사를 쓴다. 빈칸 뒤에 형용사가 나오므로 be동사 is가 알맞다.
W·O·R·D·S be full of ~으로 가득 차다

02 ▶ 과거의 어느 시점에서 시작된 동작이 지금까지 계속되므로 현재완료시제를 써야 한다.

03 (1) 각각의 음식은 맛있었다.
(2) 그녀는 3년 동안 중국어를 공부해왔다.
(3) 바구니 안의 각각의 사과는 신선해 보인다.
(4) 내 딸은 어제 보고서를 끝냈다.
▶ (1), (3) 〈each+단수명사〉는 단수 취급하므로 단수동사를 쓴다.
(2) 3년 동안 계속 중국어를 공부해온 것이므로 현재완료시제가 알맞다.
(4) 과거를 나타내는 부사 yesterday가 있으므로 과거시제로 써야 한다.
W·O·R·D·S delicious 맛있는   fresh 신선한

04 A: 너는 방콕에 가 본 적이 있니?
B: 아니 없어. 너는 어때?
A: 나는 그곳에 가봤어.
▶ Have you ever been to+장소?: ~에 가 본 적이 있니?

05 ① 나는 그 박물관에 방문한 적이 있다.
② 그는 그 영화를 두 번 봤다.
③ 나는 드럼을 연주해 본 적이 결코 없다.
④ 나의 여동생은 스마트폰을 잃어버렸다.
⑤ 너는 전에 그 책을 읽어 본 적이 있니?
▶ ④는 현재완료의 결과 용법이고, 나머지는 현재완료의 경험 용법이다.
W·O·R·D·S twice 두 번   play the drums 드럼을 연주하다

06 a. 각각의 탁자는 둥글다.
b. 각각의 탁자 위에는 음식이 있다.
c. 각각의 여자는 긴 머리이다.
d. 각각의 탁자 위에는 꽃이 있다.
e. 각각의 남자는 안경을 쓰고 있다.
▶ 〈each+단수명사〉는 단수 취급하므로 단수동사를 쓴다.

07 ▶ (1) '(막) ~했다'라는 의미이므로 현재완료시제(완료)로 쓴다.
(2) '~해 본 적이 있다'라는 의미이므로 현재완료시제(경험)로 쓴다.
(3) 과거를 나타내는 부사 last night이 있으므로 과거시제로 써야 한다.

08 A: 그녀는 대통령을 만나 본 적이 있니?
B: 아니, 없어.
▶ 주어가 she이므로 Has, hasn't를 쓴다.

09 모든 학생은 질문의 답을 안다.
▶ every도 each와 마찬가지로 뒤에 단수명사가 이어진다.

10 Jessica는 전에/2015년부터/1년 동안/지난달부터 요가를 배웠다.
▶ ④ two years ago는 '2년 전에'라는 뜻으로 과거를 나타내는 말이므로 현재완료시제와 함께 쓸 수 없다.

11 • 우리는 3년 전에 제주도에 살기 시작했다.
• 우리는 아직도 제주도에 산다.
→ 우리는 3년 동안 제주도에 살고 있다.
▶ 3년 전부터 지금까지 계속 제주도에 산 것이므로 현재완료시제로 쓴다. / for+특정 기간: ~ 동안
W·O·R·D·S still 아직도, 여전히

12 ▶ '~한 적이 있니?'라고 과거 어느 시점부터 지금까지의 경험을 묻고 있으므로 현재완료형(have[has]+과거분사)으로 쓴다.
W·O·R·D·S whale 고래

13 ① 각각의 책은 재미있었다.
② 방 안의 각각의 소년은 키가 크다.
③ 그는 작년에 파리를 방문했다.
④ 그녀는 뉴질랜드로 가 버렸다.
⑤ 나는 뮤지컬을 본 적이 없다.
▶ ③ 현재시제는 특정한 과거를 나타내는 부사(구)와 함께 쓸 수 없다.

14 그는 인도 음식을 먹어 본 적이 있다.
▶ (1) 현재완료의 의문문은 〈Have[Has]+주어+과거분사 ~?〉로 쓴다.

(2) 현재완료의 부정문은 〈주어+haven't[hasn't]+과거분사 ~.〉로 쓰며, 경험을 나타내는 문장에서는 〈주어+have[has]+never+과거분사 ~.〉로도 부정의 의미를 나타낼 수 있다.

15 (1) 너는 하와이에 가 본 적이 있니?
(2) 각각의 상자 안에는 책이 있다.
▶ (1) 현재완료 의문문이므로 〈Have+주어+과거분사 ~?〉로 쓴다. be를 been으로 고친다.
(2) 〈each+단수명사〉는 단수 취급하므로 have를 has로 고친다.

Reading

pp. 60~61

Do It Yourself

1 tax   2 goat   3 wooden   4 without   5 100년, 세기   6 필수의, 가장 중요한   7 보호하다, 지키다, 막다   8 헐어 버리다, 무너뜨리다   9 gate   10 round   11 southern   12 pile up   13 전부의, 전체의   14 적, 적군, 원수   15 피하다, 방지하다   16 저장, 보관, 창고

Reading Practice

pp. 62~63

A 01 seen   02 In   03 has   04 have built   05 with   06 from   07 animals   08 an, take them down   09 who   10 piling   11 quickly   12 left   13 look like   14 of   15 for   16 without   17 is   18 usually has   19 fourth

B 01 round roofs   02 paid lower taxes   03 Have, ever seen   04 protect themselves from   05 by piling up   06 only one gate   07 To build   08 big enough   09 took their roofs down 또는 took down their roofs   10 have built wooden houses

A

01 ▶ 현재완료(have[has]+p.p.)의 경험 용법

02 ▶ in+나라 이름

04 ▶ 현재완료(have[has]+p.p.)의 계속 용법

05 ▶ cover A with B: A를 B로 덮다

06 ▶ protect A from B: A를 B로부터 보호하다

07 ▶ some+셀 수 있는 명사의 복수형

08 ▶ 동사+대명사 목적어+부사

09 ▶ 선행사가 사람(people)이므로 관계대명사 who가 알맞다.

10 ▶ by+-ing: ~함으로써

11 ▶ 동사를 수식하는 부사형이 알맞다.

13 ▶ look like+명사(구): ~처럼 보이다

14 ▶ 소유를 나타내는 of

15 ▶ for+숫자로 표시된 기간: ~ 동안
cf. during+특정 시점을 나타내는 명사

17 ▶ 〈each+단수명사〉는 단수 취급한다.

18 ▶ 빈도부사는 일반동사 앞에 위치한다.

B

02 ▶ pay-paid-paid

04 ▶ 주어인 They 자신을 보호하는 것이므로 재귀대명사 themselves를 목적어로 쓴다.

07 ▶ 목적을 나타내는 to부정사의 부사적 용법

08 ▶ 형용사+enough: ~하기에 충분히 …한

09 ▶ 〈동사+명사+부사〉와 〈동사+부사+명사〉가 둘 다 가능하다.

10 ▶ 과거부터 현재까지 계속됨을 나타내고, 뒤에 기간을 나타내는 부사구(for a long time)가 나오므로, 현재완료로 쓴다.

영역별 Review

pp. 64~71

01 ③   02 (c)entury   03 ④   04 story   05 ③   06 wooden   07 ⑤   08 ②   09 ②, ④   10 third   11 second   12 ③   13 ③   14 ②   15 ④   16 What kind of house do you want to build?   17 ⑤   18 ①   19 (C) - (A) - (D) - (B)   20 What kind of music   21 어떤 종류의 방을 원하세요?   22 ④   23 ②   24 ④   25 ③   26 ③   27 ②   28 ①   29 ①   30 ③   31 has lived   32 ④   33 ③   34 to avoid   35 ②   36 ③   37 When you leave, turn it off.   38 [예시답] I have studied English for seven years.   39 is, each plate   40 ⑤   41 ④   42 ③   43 high, cone-shaped, lower   44 ①, ⑤   45 ⑤   46 four-story   47 ④   48 ②   49 Alberto   50 ⑤   51 ④   52 (1) 세종시 (2) 2013년 (3) 펼친 책 모양 (4) 약 40만 권   53 ②   54 ⓐ Granada ⓑ water houses   55 ③

01 ① 식사 – 점심   ② 동물 – 염소   ③ 북쪽의 – 남쪽의   ④ 음식 – 도넛   ⑤ 건물 – 창고
▶ ③은 짝지어진 단어의 관계가 '반의어' 관계이고, ③을 제외한 나머지는 '상의어-하의어' 관계이다.

02 100년의 기간
▶ century(100년, 1세기)에 대한 설명이다.

03 '필수의, 가장 중요한'이라는 뜻의 essential이 알맞다.
① 전체의   ② 특별한   ③ 충분한   ⑤ 독특한

04 ・나는 탐정 소설 읽는 것을 좋아한다.
・그녀는 5층짜리 건물의 2층에 산다.
▶ story는 '이야기, (건물의) 층'이라는 두 가지 의미로 모두 쓸 수 있다.
W·O·R·D·S detective 탐정의

05 Nancy 옆에 있는 키가 큰 남자는 누구니?
▶ next to: ~의 옆에

① 맞은편에 ② ~을 따라서 ③ ~의 옆에 ④ ~의 뒤에
⑤ ~ 없이

06 나무로 만들어진 탁자는 너의 것이다.
▶ 밑줄 친 부분은 wood의 형용사형인 wooden(나무로 된)으로 바꿔 쓸 수 있다.
W·O·R·D·S be made of ~으로 만들다

07 · 현금으로 지불하시겠어요, 신용 카드로 지불하시겠어요?
· 먼지로부터 스스로를 보호하기 위해 마스크를 써라.
▶ 첫 번째 빈칸에는 '지불하다'라는 뜻의 pay가 알맞고, 두 번째 빈칸에는 '보호하다'라는 뜻의 protect가 알맞다.

08 〈보기〉 너는 원형의 지붕을 볼 수 있다.
① 지구는 둥글다.
② 당근을 원형으로 잘라라.
③ 그 귀여운 아기는 얼굴이 동그랗다.
④ 나는 부엉이의 크고 둥근 눈을 좋아한다.
⑤ 우리는 그 식물의 둥근 잎을 모았다.
▶ 〈보기〉는 round가 '원형의, 둥근'이라는 형용사로 쓰였다.
①, ③, ④, ⑤는 형용사로 쓰였고, ②는 '원형'이라는 뜻의 명사로 쓰였다.
W·O·R·D·S carrot 당근 owl 부엉이 collect 모으다

09 A: 너는 어떤 종류의 영화를 보고 싶니?
B: 나는 액션 영화를 보고 싶어.
▶ 〈What kind of+명사+do you want to ~?〉로 원하는 것의 의향을 묻는 말에 답할 때는 I want to ~.로 한다. want to 는 would like to로도 쓸 수 있다.

10 A: 남성복이 어디에 있나요?
B: 3층에 있습니다.
▶ 건물의 층으로 위치를 말할 때는 〈on the+서수+floor〉로 쓴다. on the third floor: 3층에

11 A: 여성용 가방이 어디에 있나요?
B: 2층, 승강기 옆에 있습니다.
▶ on the second floor: 2층에

12 A: 정말 멋진 곳이구나! 어디에서 영화를 볼 수 있니?
B: 3층에서 영화를 볼 수 있어.
▶ ⓐ 〈What+a(n)+형용사+명사!〉는 '정말 ~하구나!'라고 감탄하여 말하는 표현이다.
ⓑ 특정한 장소의 위치를 물을 때는 Where can I find ~?를 쓴다.

13 ① A: 도와 드릴까요?
B: 네, 일주일간 쓸 자동차를 부탁합니다.
② A: 모자는 어디에 있나요?
B: 3층에 있습니다.
③ A: 어떤 종류의 음식을 원하시나요?
B: 저는 중국 음식을 잘 만들어요.
④ A: 부엌이 어디에 있나요?
B: 2층에 있어요.
⑤ A: 너는 어떤 종류의 집에서 살고 싶니?
B: 나는 동굴 집에서 살고 싶어.

▶ ③ 원하는 종류의 음식을 물었는데, 잘 만드는 음식으로 답하는 것은 어색하다.
W·O·R·D·S be good at ~을 잘하다 cave 동굴

14 A: 어떤 종류의 방을 원하시나요?
B: 욕조가 있는 방을 원해요.
① 욕실이 3개 있어요.
③ 방에 침대가 없어요.
④ 2층짜리 집을 짓고 싶어요.
⑤ 식당에서 아침을 드실 수 있어요.
▶ 원하는 종류의 방을 물었으므로 욕조가 있는 방을 원한다는 ②가 빈칸에 알맞다.
W·O·R·D·S bathroom 욕실 bath 욕조 two-story 2층짜리 dining room 식당

15 ▶ Here is[are] ~.는 '여기 ~ 있어요.'라는 뜻으로, 물건을 건네주면서 하는 말이다.
W·O·R·D·S wallet 지갑

16 ▶ 〈What kind of+명사+do you want to ~?〉는 원하는 것이 무엇인지 상대방의 의향을 묻는 표현이다.

17 A: 가장 가까운 지하철역이 어디에 있나요?
B: 이 건물 바로 건너편에 지하철역이 있습니다.
▶ 〈There is ~ 장소를 나타내는 어구.(…에 ~이 있다.)〉를 써서 위치를 알려주고 있다.
W·O·R·D·S nearest 가장 가까운 across from ~의 건너편에

18 A: 감사합니다.
B: 천만에요.
▶ 감사의 말에 대한 응답으로 You're welcome. / My pleasure. / Not at all. / No problem. 등을 쓸 수 있다.

19 (C) 도와 드릴까요?
(A) 저는 시계를 찾고 있어요. 그것들이 어디에 있나요?
(D) 3층, 화장실 옆에 있어요.
(B) 감사합니다.
▶ 도움을 주려고 묻는 말에, 시계를 파는 곳의 위치를 묻고, 이에 답한 후, 감사의 말을 전하는 것이 자연스럽다.
W·O·R·D·S next to ~의 옆에 restroom 화장실

20 A: 너는 어떤 종류의 음악을 듣고 싶니?
B: 나는 랩 음악을 듣고 싶어.
▶ 〈What kind of+명사+do you want to ~?〉로 원하는 것의 의향을 물을 수 있다. 랩 음악을 듣고 싶어 하므로, '어떤 종류의 음악'을 듣고 싶은지 묻는 것이 알맞다.

[21~23]
A: 전주 한옥 게스트 하우스에 오신 것을 환영합니다. 도와 드릴까요?
B: 네, 이틀 동안 묵을 방을 부탁합니다.
A: 음, 어떤 종류의 방을 원하세요?
B: 정원이 보이는 방이 있나요? 예쁜 정원을 갖고 계시네요.
A: 네, 그렇습니다. 우리 숙소의 모든 방은 정원이 보이지만, 방에 침대는 없습니다.
B: 바닥에서 자야 하나요?

A: 네, 그렇습니다.

B: 네. 한번 시도해 보죠. 아침은 어디서 먹을 수 있나요?

A: 주방 옆에 있는 식당에서 아침을 드실 수 있어요.

B: 알겠습니다.

A: 네. 나비 방입니다. 여기 열쇠 받으세요.

B: 감사합니다.

W·O·R·D·S lovely 예쁜, 사랑스러운 dining room 식당

21 ▶ 〈What kind of+명사+would you like?〉는 '어떤 종류의 ~를 원하시나요?'라는 뜻으로, 상대방에게 원하는 것이 무엇인지 의향을 묻는 표현이다.

22 ▶ ⓑ 이어지는 말에서 바닥에서 자야 하는지 묻고 있으므로, 방에 침대가 '없음'을 알 수 있다.
ⓒ 이어지는 말에서 아침을 먹을 수 있는 장소를 말하고 있으므로, 아침을 '어디에서' 먹을 수 있는지 물었음을 알 수 있다.

23 ▶ ② Do you have a room with a garden view?라는 질문에 Yes, we do.라고 답했으므로 정원이 보이는 방이 있음을 알 수 있다.

24 ▶ ④ teach의 과거분사형은 taught이다.

25 A: 너는 파리에 가 본 적이 있니?
B: 응, 있어. 나는 1년간 그곳에 살았어.
▶ 빈칸 뒤에서 파리에 1년 살았다고 했으므로 긍정의 응답인 Yes, I have.가 알맞다.

26 • 방에 있는 모든 여자는 머리가 길다.
• 각각의 집은 아름다운 정원을 가지고 있다.
▶ every, each는 단수명사와 함께 쓰이고, 단수동사를 취한다.

27 Mike는 ① 1년 동안 / ③ 작년 이후로 / ④ 3월 이후로 / ⑤ 15살 이후로 우리 학급의 회장이었다.
▶ 현재완료는 분명한 과거를 나타내는 말과 함께 쓸 수 없다.
W·O·R·D·S president 회장

28 그 집들은 보통 3층에 거실이 있다.
▶ usually는 빈도부사로 be동사와 조동사 앞에, 일반동사 뒤에 위치한다.

29 ▶ 〈each+단수명사+단수동사〉

30 ① 민호는 그녀를 만난 적이 없다.
② 나는 전에 그 영화를 본 적이 있다.
③ 그는 어제 그 음식을 먹었니?
④ 그들은 이미 그 일을 끝냈다.
⑤ 사람들은 오랫동안 나무로 된 집을 지었다.
▶ ③ 과거를 나타내는 부사 yesterday와 현재완료는 함께 쓸 수 없다.

31 • Sam은 7살 때 싱가포르에 살기 시작했다.
• 그는 아직도 그곳에 산다.
→ Sam은 7살 이후로 싱가포르에 살고 있다.
▶ 과거의 어느 시점에서 시작된 일이 현재까지 계속되고 있으므로 현재완료(has+과거분사)로 쓴다.
W·O·R·D·S still 여전히

32 ▶ 지난 주말부터 현재까지 감기에 걸려있는 상태를 의미하므로 현재완료(계속)를 쓴다. 주어(she)가 3인칭 단수이므로 〈has+p.p.(had)〉가 알맞다.
W·O·R·D·S have a cold 감기에 걸리다

33 • 나는 2년 동안 축구를 했다.
• 햄버거와 피자 같은 패스트푸드를 먹지 말아야 한다.
▶ 첫 번째 빈칸에는 '~ 동안'이라는 뜻의 전치사 for가 알맞고, 두 번째 빈칸에는 '~와 같은'이라는 뜻의 전치사 like가 알맞다. for는 주로 숫자로 표현된 기간에 쓰고, during은 특정한 시점 앞에 쓴다.

34 ▶ '~하기 위해서'라는 뜻을 나타내기 위해 to부정사를 쓴다.
W·O·R·D·S careful 조심스러운 accident 사고

35 ① 그것을 벗어 주겠니?
② 너는 염소를 본 적이 있니?
③ 이 방은 우리에게 충분히 크지 않다.
④ 아프리카에서 우리는 많은 동물들을 볼 수 있다.
⑤ 너는 독서를 함으로써 좋은 작가가 될 수 있다.
▶ ① take off it → take it off
③ enough big → big enough
④ At → In
⑤ in reading → by reading
W·O·R·D·S take off ~을 벗다

36 ① 나는 프랑스어를 할 수 있는 남자를 만났다.
② 이것은 매우 신나는 영화이다.
③ 그녀는 부산에 사는 내 친구이다.
④ 사람들은 요리를 잘하는 그 배우를 좋아한다.
⑤ 나는 노란 모자를 쓰고 있는 소년을 안다.
▶ ①, ③, ④, ⑤는 선행사가 사람이므로 주격 관계대명사 who가 들어가고, ②는 선행사가 사람이 아니므로 주격 관계대명사 which가 들어간다.
W·O·R·D·S French 프랑스어 actor 남자 배우

37 자리를 뜰 때 불을 꺼라.
▶ turn off는 〈동사+부사〉로 이루어진 말이므로, 대명사가 목적어로 오면 동사와 부사 사이에 써야 한다. 목적어가 명사이면 부사 앞이나 뒤에 모두 올 수 있다.
W·O·R·D·S turn off (전원을) 끄다

38 Q: 너는 얼마나 오래 영어를 배웠니?
▶ 현재완료의 계속 용법의 문장이다. for, since 등을 이용하여 문장을 완성한다.

39 각각의 접시는 둥글다. 약간의 쿠키들이 각각의 접시 위에 있다.
▶ each는 뒤에 단수명사가 뒤따르며, 단수 취급하여 단수동사가 온다.

[40~41]
잔디 지붕
집의 지붕 위에서 염소를 본 적이 있습니까? 노르웨이에서, 우리는 지붕 위에서 동물들을 볼 수 있다. 노르웨이에는 큰 숲들이 있다. 자연과 조화를 이루면서, 사람들은 오랜 시간 동안 나무로 된 집을 지어왔다. 튼튼하고 따뜻

한 집을 짓기 위해, 그들은 지붕을 잔디로 덮는다. 잔디 지붕은 그들을 길고 추운 겨울과 강한 바람으로부터 보호한다. 때때로, 나무나 식물들이 잔디 지붕에서 자라나고, 몇몇 동물들은 그곳에서 식사를 즐긴다.

40 ▶ 과거의 어느 시점부터 현재까지 오랫동안 계속 나무로 된 집을 지은 것이므로, 현재완료 have built를 써야 한다.

41 ① 노르웨이에는 큰 숲이 있는가?
② 노르웨이 사람들은 오랫동안 어떤 종류의 집을 지어왔는가?
③ 노르웨이 사람들은 어떤 집을 짓고 싶어 하는가?
④ 노르웨이 사람들은 지붕을 무엇으로 만드는가?
⑤ 잔디 지붕의 장점은 무엇인가?
▶ ① 있음
② 나무로 된 집
③ 튼튼하고 따뜻한 집
④ 노르웨이 사람들이 지붕을 무엇으로 만드는지 글에 나와 있지 않음
⑤ 길고 추운 겨울과 강한 바람으로부터 보호함
W·O·R·D·S advantage 장점

[42~43]
원뿔 모양의 지붕
지붕은 집의 필수적인 부분이지만, 오래전 어떤 사람들은 단지 지붕을 쉽게 부수기 위해서 지었다. 수백 년 전 남부 이탈리아에서는, 지붕이 없는 집을 가진 사람들이 더 적은 세금을 냈다. 집에 부과되는 높은 세금을 피하기 위해서, 어떤 사람들은 돌을 쌓아 올림으로써 원뿔 모양의 지붕을 지었다. 세금 징수원들이 마을에 오면, 사람들은 재빨리 지붕을 무너뜨렸다. 세금 징수원들이 떠난 후에, 그들은 다시 돌을 쌓아 올렸다.

42 ① 내가 가장 좋아하는 취미는 낚시이다.
② 나는 조용한 마을에 살고 싶다.
③ 그녀는 쉬기 위해서 제주도에 갔다.
④ 방을 청소하는 것을 도와주겠니?
⑤ 외국어를 배우는 것은 어렵다.
▶ To avoid는 '피하기 위해서'라는 뜻으로 목적을 나타내는 to부정사의 부사적 용법이다. ③이 부사적 용법으로 쓰였고, 나머지는 명사적 용법으로 쓰였다. ① 보어 역할 ②, ④ 목적어 역할 ⑤ 주어 역할
W·O·R·D·S hobby 취미 fish 낚시하다 quiet 조용한 take a rest 쉬다 foreign 외국의

43 남부 이탈리아에서는, 사람들이 지붕이 있는 집에 대해 높은 세금을 내야 했다. 그들은 돌을 쌓아올림으로써 원뿔 모양의 지붕을 지었고 더 적은 세금을 내기 위해서 지붕을 무너뜨렸다.
▶ 지붕이 없는 집을 가진 사람들이 더 적은 세금을 냈고, 높은 세금을 내지 않기 위해 쉽게 무너뜨릴 수 있도록 돌로 쌓아올린 원뿔 모양의 지붕을 지었다고 했다.

[44~47]
크고 둥근 지붕
중국 남부 일부 지역의 하늘에서 보면, 큰 도넛처럼 생긴 둥근 지붕들을 볼 수 있다. 그것들은 하카 족의 크고 둥근 집의 지붕들이다. 그들은 적들로부터 그들 자신을 보호하기 위해 약 천 년 동안 이것들과 같은 집에 살아왔다.

그 집들은 1층에 창문이 없이 오직 하나의 출입문만 있다. 각각의 집은 전체 마을이 들어갈 만큼 충분히 크다. 그것은 대개 4개의 층이 있다. 그것은 1층에 부엌이, 2층에 창고가, 3층과 4층에 거실과 침실이 있다.

44 ▶ 앞의 명사 roofs를 수식하는 절이 나오므로 관계대명사 which 또는 that이 들어가야 한다.

45 ▶ (A) 약 천 년 동안 현재까지 계속된 일을 말하므로 현재완료 (have+과거분사)가 알맞다.
(B) '창문이 없이 오직 하나의 출입문만 있다'는 내용이 자연스러우므로 without(~ 없이)이 알맞다.
(C) 〈each+단수명사〉는 단수 취급하므로 동사 is가 알맞다.

46 ▶ 밑줄 친 문장은 '그것은 대개 4개의 층이 있다.'라는 뜻이므로 '그것은 4층짜리 집이다.'라는 뜻의 문장으로 바꿀 수 있다. '4층짜리'는 four-story라고 표현하는데, 하이픈으로 연결된 명사가 형용사의 역할을 할 때는 복수형 어미를 쓰지 않는다.

47 ▶ ④ 부엌은 1층에, 거실은 3층에 있다.

[48~49]
Bjorn: 나는 노르웨이 출신이야. 나는 잔디 지붕이 있는 나무로 된 집에 살아.
Alberto: 안녕, 나는 남부 이탈리아에 살아. 나의 집은 원뿔 모양의 지붕이 있어.
MeiMei: 크고 둥근 집을 본 적이 있니? 우리 하카 족은 적들로부터 우리 자신을 보호하기 위해서 크고 둥근 집을 지었어.

48 ▶ ⓑ Italy를 수식하는 형용사형 southern으로 고쳐야 한다.

49 ▶ 원뿔 모양의 집에 사는 사람은 Alberto이다.

50 미세 먼지는 봄에 큰 문제가 되어왔습니다. 우리는 나무와 다른 많은 식물들이 있는 작은 정원이 있는 지붕을 설계했습니다. 이 정원은 우리에게 신선한 공기를 줄 것입니다.
▶ 미세 먼지 때문에 신선한 공기를 제공할 수 있는 정원이 있는 지붕을 설계했다는 내용이다.
W·O·R·D·S fine dust 미세 먼지 design 고안하다 fresh 신선한

[51~52]
세종 국립 도서관은 한국의 세종시에 있다. 그것은 펼친 책처럼 보이는 4층짜리 건물이다. 그것은 1층과 2층에 약 40만 권의 책이 있고 꼭대기 층에는 큰 식당이 있다. 그것은 2013년에 개관했다. 그 이후로, 많은 사람들이 이 독특한 건물을 방문해왔다.

51 ▶ ⓓ in 2013이라는 과거를 나타내는 어구가 나오므로, 과거시제로 써야 한다. → opened

52 ▶ (1) is in Sejong, Korea
(2) opened in 2013
(3) looks like an open book
(4) has about 400 thousand books

[53~55]
(A) 스페인의 그라나다에서, 어떤 사람들은 오랫동안 동굴 집에 살아왔다. 이곳의 날씨는 여름에 매우 덥고 겨울에 춥다. 동굴 집에서는 아주 춥지도 덥지도 않다.

(B) 캄보디아에서, 어떤 사람들은 오랫동안 수상 가옥에서 살았다. 캄보디아에서는 호수의 수위가 건기와 우기 동안 많이 변한다. 이 수상 가옥은 변화하는 수위와 함께 움직이기 때문에 매우 유용하다.

W·O·R·D·S weather 날씨 cave 동굴 water level 수위 a lot 많이 useful 유용한 move 움직이다

53 ▶ 영작하면 some people have lived in cave houses for a long time이 된다.

54 ▶ ⓐ 여름에 덥고 겨울에 추운 곳은 스페인의 그라나다이다.
ⓑ 변화하는 수위와 함께 움직이는 것은 수상 가옥이다.

55 ① 날씨 변화
② 집을 짓는 이유
③ 세계의 독특한 집
④ 더운 나라에 사는 사람들
⑤ 동굴 집과 수상 가옥 중에서 어떤 것이 더 좋은가?
▶ 스페인, 그라나다의 동굴 집과 캄보디아의 수상 가옥은 독특한 집의 형태를 보여준다. 따라서 ③이 제목으로 알맞다.

단원 Test

pp. 72~76

01 ③   02 ②   03 ⑤   04 ⑤   05 ⑤   06 (D) – (C) – (A) – (B)
07 ②   08 ④   09 ②   10 ⑤   11 ②   12 (1) I have learned swimming for three years. (2) Each country has its own culture.   13 ④   14 ②   15 Each floors have → Each floor has   16 ④   17 ⑤   18 ⓐ take down them → take them down   19 ②   20 ④   21 ②   22 ⑤   23 ②   24 ④   25 캄보디아에서는 호수의 수위가 건기와 우기 동안 많이 변하는데, 수상 가옥은 변화하는 수위와 함께 움직이기 때문에

01 그것은 뾰족한 꼭대기와 바닥에 원을 만드는 옆면을 가진 모양이다.
▶ ③ '원뿔, 뿔체'에 대한 설명이다.
① 정육면체 ② 원 ④ 사각형 ⑤ 삼각형
W·O·R·D·S pointed 뾰족한 side 옆면 form 형성하다 bottom 바닥

02 ① 쉬운 – 쉽게
② 사랑 – 사랑스러운
③ 친절한 – 친절하게
④ 빠른 – 빠르게
⑤ 갑작스러운 – 갑자기
▶ ②는 '명사 – 형용사'의 관계이고, 나머지는 모두 '형용사 – 부사'의 관계이다.

03 ① 눈이 지붕 위에 쌓이고 있다.
② 그 소년이 내 딸 옆에 앉았다.
③ 나는 오랫동안 그를 기다려야 했다.
④ 나는 그것이 어려울 것 같지만, 한번 시도해 볼게.
⑤ 그 공무원은 그 다리를 무너뜨릴 계획을 하고 있다.
▶ ⑤ take down은 '헐어 버리다, 무너뜨리다'라는 뜻이다.
W·O·R·D·S officer 공무원

04 A: 너는 어떤 종류의 악기를 연주하고 싶니?
B: 음, 나는 피아노를 연주하고 싶어.
▶ 피아노를 연주하고 싶다고 의향을 말하므로, 어떤 종류의 '악기'를 연주하고 싶은지 물어야 한다. (musical) instrument: 악기

05 ① A: 화장실이 어디에 있나요?
B: 승강기 옆에 있어요.
② A: 배낭이 어디에 있나요?
B: 4층에 있어요.
③ A: 저는 시계를 찾고 있어요. 어디에 있어요?
B: 5층에 있어요.
④ A: 이 쇼핑몰에 꽃 가게가 있나요?
B: 네, 있어요.
⑤ A: 실례합니다, 남성용 모자가 어디에 있나요?
B: 여기 당신의 모자가 있어요.
▶ ⑤ 남성용 모자가 어디에 있는지 묻는 말에, 상대방의 모자를 건네면서 하는 대답은 어색하다.

06 (D) 실례합니다. 이 쇼핑몰에 식당이 있나요?
(C) 네. 어떤 종류의 음식을 드실 건가요?
(A) 중국 음식을 원해요.
(B) 5층에 훌륭한 중국 식당이 있습니다.
A: 감사합니다.
▶ 쇼핑몰에서 식당을 찾는 사람에게 어떤 종류의 음식을 먹을지 의향을 묻고 식당을 추천해 주는 순서로 배열한다.
W·O·R·D·S Chinese 중국의 mall 쇼핑몰

[07~08]
A: 전주 한옥 게스트 하우스에 오신 것을 환영합니다. 도와 드릴까요?
B: 네, 이틀 동안 묵을 방을 부탁합니다.
A: 음, 어떤 종류의 방을 원하세요?
B: 정원이 보이는 방이 있나요? 예쁜 정원을 갖고 계시네요.
A: 네, 그렇습니다. 우리 숙소의 모든 방은 정원이 보이지만, 방에 침대는 없습니다.
B: 바닥에서 자야 하나요?
A: 네, 그렇습니다.
B: 네. 한번 시도해 보죠. 아침은 어디서 먹을 수 있나요?
A: 주방 옆에 있는 식당에서 아침을 드실 수 있어요.
B: 알겠습니다.
A: 네. 나비 방입니다. 여기 열쇠 받으세요.
B: 감사합니다.

07 ① 식당이 어디인가요?
② 어디에서 아침을 먹을 수 있나요?
③ 바닥에서 먹어야 하나요?
④ 이 집에 식당이 있나요?
⑤ 아침으로 어떤 종류의 음식을 먹을 수 있나요?
▶ 빈칸 뒤의 대답에서 '부엌 옆에 있는 식당에서 아침을 먹을 수 있다'고 위치를 알려주고 있으므로, 빈칸에는 아침을 먹을 수 있는 장소가 어디인지 묻는 질문이 들어가야 한다.

08 ▶ 전주 한옥 게스트 하우스에 온 여행자가 이틀 동안 묵을 방을 구하고 있는 상황이므로, 두 사람은 게스트 하우스 주인과 여행자의 관계이다.

09 ① 나는 지난주 이후로 먹지 않았다.
② 그 여자는 그 책을 두 번 읽었다.
③ 너는 전에 고래를 본 적이 있니?
④ 경찰은 아직 그 도둑을 잡지 못했다.
⑤ 민호는 3년 동안 피아노를 연주했다.
▶ ② read의 과거분사형은 read이다.
W·O·R·D·S twice 두 번   whale 고래   catch 잡다   thief 도둑   yet 아직

10 A: 너는 그를 안 지 얼마나 오래 되었니?
B: 나는 그를 작년 이후로 알았어.
▶ 현재완료는 yesterday, last ~, ~ ago, 〈in+과거의 연도〉 등과 같이 과거를 나타내는 어구와 함께 쓸 수 없다.
① 지난주에 ② 2015년에 ③ 어제 ④ 5년 전에

11 ① 미란이는 터키에 가 본 적이 있다.
② 각각의 어린이가 샌드위치를 만든다.
③ 나는 5살 이후로 제주도에 살았다.
④ 모든 소녀가 교실을 청소하고 있었다.
⑤ 그 학생들은 어제 그 프로젝트를 끝냈다.
▶ ① have been → has been
③ for → since
④ were → was
⑤ have finished → finished

12 ▶ (1) 과거의 어느 시점부터 현재까지 3년 동안 수영을 배운 것이므로 현재완료(have+과거분사)로 쓴다.
(2) each+단수명사+단수동사
W·O·R·D·S country 나라   culture 문화

13 ① 그는 은행에서 일한다.
→ 그는 10년 동안 은행에서 일했다.
② 나는 친절한 소년을 만난다.
→ 나는 전에 친절한 소년을 만난 적이 있다.
③ James는 하와이에 있다.
→ James는 2010년 이후로 계속 하와이에 있다.
④ 그들은 이 집에 산다.
→ 그들은 작년에 이 집에 살았다.
⑤ 그녀는 숙제를 끝내지 못한다.
→ 그녀는 아직 숙제를 끝내지 못했다.
▶ ④ last year라는 과거를 나타내는 말이 있으므로 동사를 과거형 lived로 써야 한다.

14 〈보기〉 나는 전에 뉴욕에 가 본 적이 있다.
① John은 런던에 가버렸다.
② 너는 그의 할머니를 만난 적이 있니?
③ 김 선생님은 5년 동안 영어를 가르쳤다.
④ 나의 부모님은 2005년 이후로 이 가게를 운영하셨다.
⑤ 그녀는 인천국제공항에 막 도착했다.

▶ 〈보기〉와 ②는 현재완료의 경험을 나타낸다.
① 결과 ③ 계속 ④ 계속 ⑤ 완료
W·O·R·D·S run 운영하다   arrive at ~에 도착하다

15 나의 중학교는 도봉구에 있다. 그것은 2개의 주 출입구가 있는 4층짜리 건물이다. 각각의 층에는 5개의 교실과 2개의 화장실이 있다. 그것은 2010년 이후로 식당이 있었다.
▶ 〈each+단수명사+단수동사〉가 되어야 하므로 Each floors have를 Each floor has로 고쳐 써야 한다.
W·O·R·D·S main entrance 주 출입구

[16~17]
잔디 지붕
집의 지붕 위에서 염소를 본 적이 있습니까? 노르웨이에서, 우리는 지붕 위에서 동물들을 볼 수 있다. 노르웨이에는 큰 숲들이 있다. 자연과 조화를 이루면서, 사람들은 오랜 시간 동안 나무로 된 집을 지어왔다. 튼튼하고 따뜻한 집을 짓기 위해, 그들은 지붕을 잔디로 덮는다. 잔디 지붕은 그들을 길고 추운 겨울과 강한 바람으로부터 보호한다. 때때로, 나무나 식물들이 잔디 지붕에서 자라나고, 몇몇 동물들은 그곳에서 식사를 즐긴다.

16 ① 너는 집의 지붕 위에서 염소를 보니?
② 너는 집의 지붕 위에서 염소를 봤니?
③ 너는 집의 지붕 위에서 염소를 보고 있었니?
④ 너는 집의 지붕 위에서 염소를 본 적이 있니?
⑤ 너는 집의 지붕 위에서 염소를 보고 싶니?
▶ 과거의 어느 시점에서 지금까지의 경험에 대해 말할 때는 현재완료(have+과거분사)를 쓴다.

17 ▶ ⑤ 잔디 지붕이 강한 바람으로부터 보호해 준다는 내용은 있지만, 강한 바람에 날아가는지는 글의 내용으로 알 수 없다.

[18~19]
원뿔 모양의 지붕
지붕은 집의 필수적인 부분이지만, 오래전 어떤 사람들은 단지 지붕을 쉽게 부수기 위해서 지었다. 수백 년 전 남부 이탈리아에서는, 지붕이 없는 집을 가진 사람들이 더 적은 세금을 냈다. 집에 부과되는 높은 세금을 피하기 위해서, 어떤 사람들은 돌을 쌓아 올림으로써 원뿔 모양의 지붕을 지었다. 세금 징수원들이 마을에 오면, 사람들은 재빨리 지붕을 무너뜨렸다. 세금 징수원들이 떠난 후에, 그들은 다시 돌을 쌓아 올렸다.

18 ▶ ⓐ take down은 〈동사+부사〉로 이루어진 동사구이므로, 목적어로 대명사가 쓰이면 동사와 부사 사이에 위치해야 한다.

19 ① 남부 이탈리아에서 누가 더 낮은 세금을 냈는가?
- 지붕이 없는 집을 가진 사람들.
② 사람들은 높은 세금을 피하기 위해서 무엇을 했는가?
- 그들은 집에 지붕을 만들지 않았다.
③ 사람들은 원뿔 모양의 지붕을 어떻게 만들었는가?
- 돌을 쌓아올림으로써.
④ 세금 징수원이 마을에 오면 사람들은 무엇을 했는가?
- 그들은 지붕을 무너뜨렸다.
⑤ 세금 징수원이 떠나면 사람들은 무엇을 했는가?
- 그들은 돌을 다시 쌓아올렸다.

▶ ②의 질문에는 They built cone-shaped roofs by piling up stones.라고 답해야 한다.

[20~21]
크고 둥근 지붕

중국 남부 일부 지역의 하늘에서 보면, 큰 도넛처럼 생긴 둥근 지붕들을 볼 수 있다. 그것들은 하카 족의 크고 둥근 집의 지붕들이다. 그들은 적들로부터 그들 자신을 보호하기 위해 약 천 년 동안 이것들과 같은 집에 살아왔다. 그 집들은 1층에 창문이 없이 오직 하나의 출입문만 있다. 각각의 집은 전체 마을이 들어갈 만큼 충분히 크다. 그것은 대개 4개의 층이 있다. 그것은 1층에 부엌이, 2층에 창고가, 3층과 4층에 거실과 침실이 있다.

20 ▶ ⓓ는 each house를 가리킨다.

21 중국에서, 하카 족은 적들이 집에 들어오는 것을 막아야 했다. 그래서 그들은 1층에 창문이 없이 오직 하나의 문만 있는 크고 둥근 집을 지었다.
▶ to protect themselves from enemies와 only one gate without any windows on the first floor에서 답을 알 수 있다.
① 동물 – 지붕 ② 귀신 – 입구
④ 군인 – 부엌 ⑤ 강한 바람 – 창고
W·O·R·D·S prevent A from -ing A가 ～하는 것을 막다

22 미세 먼지는 봄에 큰 문제가 되어왔습니다. 우리는 요즘 미세 먼지 때문에 창문을 열 수 없습니다. 그래서, 우리는 나무와 다른 많은 식물들이 <u>있는 작은 정원이 있는</u> 지붕을 설계했습니다. 이 정원은 우리에게 신선한 공기를 줄 것입니다. 우리는 다른 사람들도 그 지붕을 즐길 수 있도록 색색의 전구를 더했습니다.
▶ 뒤에 This garden이라는 말이 나오므로, 정원이 있는 지붕을 고안했음을 알 수 있다.
① 많은 창문이 있는
② 큰 도넛처럼 생긴
③ 에너지를 만들기 위해 햇빛을 저장할 수 있는
④ 슬라이드가 있는 작은 수영장이 있는
W·O·R·D·S fine dust 미세 먼지 these days 요즘 add 더하다
colorful 색이 다채로운 so that ～하기 위해서

23 세종 국립 도서관은 한국의 세종시에 있다. 그것은 펼친 책처럼 보이는 4층짜리 건물이다. 그것은 1층과 2층에 약 40만 권의 책이 있고 꼭대기 층에는 큰 식당이 있다. 그것은 2013년에 개관했다. 그 이후로, 많은 사람들이 이 독특한 건물을 방문해왔다.
▶ ② looks like an open book으로 보아 글의 내용과 일치한다.
① 세종시에 있다.
③ 40만 권의 책이 있다.
④ 꼭대기 층에 큰 식당이 있다.
⑤ 2013년에 개관했다.

[24~25]
(A) 스페인의 그라나다에서, 어떤 사람들은 오랫동안 동굴 집에 살아왔다. 이곳의 날씨는 여름에 매우 덥고 겨울에 춥다. 동굴 집에서는 아주 춥지도 덥지도 않다.
(B) 캄보디아에서, 어떤 사람들은 오랫동안 수상 가옥에서 살았다. 캄보디아에서는 호수의 수위가 건기와 우기 동안 많이 변한다. 이 수상 가옥은 변화하는 수위와 함께 움직이기 때문에 매우 유용하다.

24 ① Brian이 창문을 깨뜨렸다.
② 너는 그 책을 이미 읽었니?
③ 너는 그리스 음식을 먹어 본 적이 있니?
④ Monica는 3시간 동안 걸었다.
⑤ 나는 그를 전에 한 번 만난 적이 있는 것 같다.
▶ 윗글의 밑줄 친 have lived는 현재완료의 계속을 나타낸다.
① 결과 ② 완료 ③ 경험 ④ 계속 ⑤ 경험
W·O·R·D·S yet (의문문에서) 이미, 벌써 try 시도해 보다, 먹어 보다
once 한 번

25 ▶ The water level of the lakes in Cambodia changes a lot during the dry season and the wet season. ~ they move with the changing water levels.에서 캄보디아에서 수상 가옥이 유용한 이유를 알 수 있다.

서술형 평가

Basic
p. 77

A (1) has arrived (2) have taken care of (3) have read
B (1) who → which[that] (2) have → has (3) on → by
C (1) Each room has an ocean view.
　(2) The train has already left the station.
D (1) the third floor (2) next to (3) Yes / the fourth floor

A (1) 나의 삼촌은 공항에 도착했다.
(2) 나는 일주일 동안 개를 돌봤다.
(3) Brian과 그의 남동생은 이 소설을 두 번 읽었다.
▶ (1) 현재완료의 완료 용법
(2) 현재완료의 계속 용법
(3) 현재완료의 경험 용법

B (1) 소파에서 자고 있는 고양이는 매우 귀엽다.
(2) 각 학생들은 교실에 그의/그녀의 사물함이 있다.
(3) 우리는 매일 운동을 함으로써 건강을 지켜야 한다.
▶ (1) 선행사가 동물이므로 관계대명사 which 또는 that을 쓴다.
(2) 〈each + 단수명사〉는 단수 취급하여 단수동사가 온다.
(3) by -ing: ～함으로써
W·O·R·D·S locker 사물함 healthy 건강한

C ▶ (1) 〈each + 단수명사 + 단수동사〉의 어순으로 배열한다.
(2) 현재완료의 완료 용법이다. already는 have와 과거분사 사이에 쓰는 것이 일반적이다.

D (1) A: 모자가 어디에 있나요?
　　B: 3층에 있어요.
(2) A: 꽃 가게가 어디에 있나요?
　　B: 화장실 옆에 있어요.
(3) A: 이 쇼핑몰에 식당이 있나요?
　　B: 네. 4층에 있어요.
▶ 그림에서 해당 장소의 위치를 파악한 후에 위치를 표현한다.
(1), (3) on the + 서수 + floor: ～층에
(2) next to: ～의 옆에

Intermediate

p. 78

A (1) has visited
(2) hasn't eaten 또는 has never eaten
(3) hasn't gone 또는 has never gone
(4) has made

B (1) Each mailbox has (2) Each lion is
(3) Each chair has

C (1) He has used this bed for ten years.
(2) Victoria and I have been friends since we were a child.

A 전에 이런 일들을 해 본 적이 있나요?
(1) 소진이는 크로아티아에 방문한 적이 있다.
(2) 주호는 굴라시를 먹어 본 적이 없다.
(3) 소진이는 낚시하러 가 본 적이 없다.
(4) 주호는 만화를 그려 본 적이 있다.
▶ 어떤 일을 한 경험을 말할 때는 현재완료(have[has]+과거분사)를 써서 나타낸다.

B (1) 각각의 우체통에 편지가 있다.
(2) 각각의 사자는 숲에서 자고 있다.
(3) 각각의 의자는 다리가 4개 있다.
▶ 〈each+단수명사+단수동사〉

C (1) · 그는 이 침대를 10년 전에 샀다.
· 그는 아직도 그것을 사용한다.
→ 그는 10년 동안 이 침대를 사용했다.
(2) · Victoria와 나는 어렸을 때 친구이다.
· 우리는 아직도 친구이다.
→ Victoria와 나는 어렸을 때부터 친구이다.
▶ 과거에 시작된 일이 현재까지 계속되는 상황을 나타내는 현재완료의 계속 용법이다. for, since 등을 이용하여 계속되는 기간을 나타낸다.

Advanced
p. 79

A (1) house / want to live
(2) sport / I want to play baseball.
(3) pet / I want to have a (pet) rabbit.
(4) food / I'd like Mexican food.

B (1) in Seoul, Korea
(2) look like islands
(3) has a restaurant
(4) in 2011

A (1) A: 너는 어떤 종류의 집에 살고 싶니?
B: 나는 비행기 모양의 집에 살고 싶어.
(2) A: 너는 어떤 종류의 스포츠를 하고 싶니?
B: 나는 야구를 하고 싶어.
(3) A: 너는 어떤 종류의 애완동물을 기르고 싶니?
B: 나는 (애완) 토끼를 기르고 싶어.
(4) A: 너는 어떤 종류의 음식을 먹고 싶니?
B: 나는 멕시코 음식을 먹고 싶어.
▶ 〈What kind of+명사+do you want to ~?〉로 원하는 것의 의향을 물을 수 있고, 이에 대답 답은 I want to ~.로 한다. want (to)는 would like (to)로 대신할 수 있다.

B · 이름이 뭔가? – 세빛섬
· 그것은 어디에 있나? – 대한민국, 서울에
· 그 건물들에 무엇이 특별한가? – 섬들처럼 생겼음
· 각 건물에 무엇이 있는가? – 식당이 있음
· 그것들은 얼마나 오래 되었는가? – 2011년 이후로
세빛섬은 대한민국, 서울에 있다. 그것은 섬들처럼 생긴 3개의 건물을 가지고 있다. 그것들은 많은 다양한 공간들이 있다. 우리는 그곳에서 파티, 행사, 문화 공연을 즐길 수 있다. 각 건물에는 식당이 있다. 그것들은 2011년에 개장했다. 그 이후로 많은 사람들이 이 독특한 건물들을 방문해왔다.
▶ (1) 세빛섬이 있는 지역을 쓴다. in+장소
(2) 세빛섬 건물들의 특별한 점, 즉 어떤 모습인지 쓴다.
(3) 각 건물에 무엇이 있는지 쓴다.
(4) 언제 개장했는지 쓴다. 동사가 과거형이므로 since 대신에 in을 써서 표현한다.
W·O·R·D·S different 다양한 space 공간 cultural 문화의 performance 공연 unique 독특한

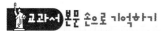

01 Have you ever seen a goat on the roof of a house?

02 In Norway, we can see animals on roofs.

03 Norway has large forests.

04 In harmony with nature, people have built wooden houses for a long time.

05 To build strong and warm houses, they cover their roofs with grass.

06 The grass roofs protect them from the long cold winters and strong winds.

07 Sometimes, trees or plants grow out of the grass roofs, and some animals enjoy their meals there.

08 A roof is an essential part of a house, but long ago some people built roofs only to take them down easily.

09 Centuries ago in southern Italy, people who had a house without a roof paid lower taxes.

10 To avoid high taxes on their houses, some people built cone-shaped roofs by piling up stones.

11 When tax collectors came to the town, people took their roofs down quickly.

12 After the tax collectors left, they piled up the stones again.

13 From the sky in a part of southern China, you can see round roofs that look like big doughnuts.

14 They are the roofs of the big round houses of the Hakka people.

15 They have lived in houses like these for about a thousand years to protect themselves from enemies.

16 The houses have only one gate without any windows on the first floor.

17 Each house is big enough for a whole village.

18 It usually has four stories.

19 It has kitchens on the first floor, storage rooms on the second floor, and living rooms and bedrooms on the third and fourth floors.

LESSON 3 My Travel, My Way

Vocabulary

Vocabulary Check
p. 85

A 01 무서운, 겁나는   02 휴식을 취하다   03 초상화, 인물 사진   04 나타나다   05 거대한   06 여전히 ~이다, 남아 있다   07 불가사의한, 신비한   08 예상하다, 기대하다   09 완벽한   10 그림   11 감탄하다, 감탄하여 바라보다   12 꽤, 상당히   13 일기   14 물건, 사물   15 실내에서, 실내로   16 마침내, 결국   17 붙잡다, 포착하다   18 ~로 들어가다   19 ~으로 가득 차다   20 ~하느라 바쁘다

B 01 moment   02 owner   03 simple   04 famous   05 graduate   06 decide   07 plate   08 pack   09 outside   10 popular   11 touch   12 Indian   13 university   14 traditional   15 create   16 invite   17 college   18 weather forecast   19 thousands of   20 set foot

Pop Quiz
p. 86

1 graduation   2 (1) answering (2) Thousands
3 (1) perfect (2) journal

Vocabulary Practice
p. 87

A (1) indoors (2) owner (3) weather forecast (4) finally
B (1) simple (2) mysterious (3) scary (4) foreign
C ⑤   D ②

A ▶ (1) indoors: 실내에서, 실내로
(2) owner: 주인, 소유자
(3) weather forecast: 일기예보
(4) finally: 마침내, 결국

B (1) 이 커피 머신을 사용하는 것은 간단하다.
(2) 그 작가는 많은 아름답고 신비한 이야기를 썼다.
(3) 그 영화 속 상어는 아주 무섭게 보였다.
(4) 너는 외국에서 살고 싶니?
▶ (1) simple: 간단한, 단순한
(2) mysterious story: 신비한 이야기
(3) look scary: 무섭게 보이다
(4) foreign country: 외국

C 휴식을 취하다 : 쉬다 = 잡다, 붙잡다 : 붙잡다, 포착하다
▶ 유의어 관계이다.
① 예상하다, 기대하다 ② 여전히 ~이다, 남아 있다 ③ 만지다
④ 감탄하다, 감탄하며 바라보다

D 이것은 보통 사람의 얼굴을 포함하는 사람의 그림이다. 대부분의 화가들이 자기 자신의 얼굴을 직접 그렸다. 고흐는 이것으로 세계에서 가장 유명한 화가들 중의 한 명이다.

▶ ② '초상화'에 대한 설명이다.

① 접시, 그릇 ③ 절, 사원 ④ 물건, 사물 ⑤ 그림

Expressions

Pop Quiz ◀

1 Have you ridden

2 What's → How's 또는 weather → weather like

Expressions Practice

A (1) No, I haven't. (2) What

B (1) It is very hot in Bangkok

(2) It's going to rain in the afternoon.

(3) Have you been to any special places

C ③ **D** ④

A (1) A: 너는 타조 알을 본 적이 있니?

B: 아니, 없어. 얼마나 크니?

A: 꽤 커. 아프리카의 어떤 사람들은 그것들을 먹어.

(2) A: 베를린의 날씨는 어떠니?

B: 추워지고 있어.

▶ (1) 타조 알이 얼마나 큰지 묻고 있으므로, 타조 알을 본 적이 없음을 알 수 있다.

(2) 날씨를 묻는 표현: How is the weather? = What is the weather like?

B (1) 3월에 방콕은 매우 더워.

(2) 오후에 비가 올 거야.

(3) 너는 한국에서 특별한 장소에 가 본 적이 있니?

▶ (1) It is+날씨를 나타내는 말+in+장소+in+월.

(2) 날씨를 말할 때는 비인칭 주어 It으로 시작한다. be going to: ~할 것이다 / in the afternoon: 오후에

(3) Have you been to+장소?: ~에 가 본 적이 있니?

C A: 오늘 날씨가 어떠니?

B: ① 조금 추워. ② 흐리고 쌀쌀해. ④ 비가 세차게 오고 있어. ⑤ 소풍 가기에 좋은 날씨야.

▶ 오늘 날씨는 묻는 말에 ③ '여름에는 비가 자주 와.'라고 답하는 것은 어색하다.

D (D) 너는 말을 타 본 적이 있니?

(A) 응, 있어. 너는 어때?

(C) 난 없어. 어땠어?

(B) 재미있었지만, 약간 무섭기도 했어.

▶ 말을 타 본 적이 있는지 묻는 말(D)에는 (A)와 (C)가 답으로 가능하지만, (A)에 다시 되묻는 말이 나오므로, (D) - (A)로 이

어지는 것이 알맞다. 그 다음에 말을 탄 느낌을 묻고 답하는 대화가 되도록 (C) - (B)로 이어지는 것이 자연스럽다.

① Yes, I have ② How was ③ How about you ④ once ⑤ how's the weather ⑥ quite cloudy ⑦ weather forecast ⑧ don't need ⑨ It's sunny ⑩ without ⑪ have you been to ⑫ lived in ⑬ in April ⑭ to visit Sydney ⑮ I'm planning to ⑯ pack an umbrella ⑰ ridden a horse ⑱ a little scary ⑲ we're expecting ⑳ Don't leave home

Grammar

Pop Quiz ◀

1 (1) waste → to waste (2) drinking → to drink

(3) to play → to play with

2 (1) It is important to exercise regularly.

(2) It is easy to catch a cold in winter.

Grammar Practice

01 ⑤ 02 It 03 ③ 04 ④ 05 (1) some time to think

(2) It is important to finish 06 ② 07 ④ 08 ③ 09 It is, to ride 10 ③ 11 (1) It is interesting to play a board game. (2) It is foolish of her to buy the used car. 12 ②

13 ⑤ 14 ⑤ 15 (1) I have a lot of problems to solve.

(2) It is not easy to write poems.

01 ▶ to부정사가 앞의 명사 friends를 수식하는 구조의 형용사적 용법이다. '~와 함께 이야기할' 친구라는 의미이므로 talk 다음에 전치사 with가 필요하다.

02 • 여기는 꽁꽁 얼겠어.

• 우리 지구를 구하는 것이 중요하다.

▶ 첫 번째 빈칸에는 날씨를 나타내는 비인칭 주어 It이 알맞고, 두 번째 빈칸에는 뒤에 나오는 to부정사구를 대신하는 가주어 It이 알맞다.

W·O·R·D·S freeze 얼다 save 구하다

03 나는 목이 말라. 나는 마실 것이 필요해.

▶ 목이 마른 사람은 마실 것이 필요하므로 동사 drink가 알맞다.

W·O·R·D·S thirsty 목이 마른

04 ① 기차로 그곳에 가는 것이 더 좋다.

② 우주로 여행하는 것은 놀랍다.

③ 그 영화를 보는 것은 재미있니?

④ 여기서 공원까지 얼마나 머니?

⑤ 그녀가 밤에 혼자서 외출하는 것은 안전하지 않다.

▶ ④는 거리를 나타내는 비인칭 주어 it이고, 나머지는 모두 가주어 it이다.

W·O·R·D·S by train 기차를 타고   travel into space 우주로 여행하다   go out 외출하다   alone 혼자서   at night 밤에

05 ▶ (1) to부정사가 명사를 수식하는 형용사적 용법이므로 〈명사+to부정사〉의 어순으로 쓴다.
(2) 가주어 It을 써서 〈It is＋형용사＋부정사〉의 어순으로 쓴다.

06 〈보기〉 나는 물어볼 질문이 하나 있다.
① 그는 읽을 신문이 필요하다.
② 나의 여동생은 공부하러 보스턴에 갔다.
③ David는 오늘 할 일이 많다.
④ 마실 것을 드릴까요?
⑤ 그들은 앉을 의자가 없다.
▶ 〈보기〉는 앞의 명사를 수식하는 to부정사의 형용사적 용법이다. ②는 '~하기 위해서'라는 뜻의 부사적 용법으로 쓰였고, 나머지는 모두 형용사적 용법으로 쓰였다.

07 ・나쁜 습관을 버리는 것은 매우 힘들다.
・내가 너에게 쓸 종이를 좀 줄게.
▶ 첫 번째 빈칸에는 진주어에 해당하는 to부정사가 들어가고, 두 번째 빈칸에는 앞의 명사 paper를 수식하는 to부정사가 들어간다. '~ 위에 쓸 종이'라는 의미이므로 write 다음에 전치사 on이 필요하다.

W·O·R·D·S break 깨뜨리다, 버리다   habit 습관

08 어제 우리는 앉을 편안한 소파를 샀다. 이제, 우리는 소파에서 읽을 책이 몇 권 필요하다.
▶ ③ sit on a comfortable sofa라는 의미가 되어야 하므로, 전치사 on이 알맞다.

W·O·R·D·S comfortable 편안한

09 롤러코스터를 타는 것은 매우 신이 난다.
▶ 주어인 to부정사(구)의 길이가 긴 경우에는 주어 자리에 it을 쓰고, to부정사를 문장의 뒤에 위치시킨다.

10 A: 축구하는 게 어때?
B: 미안해. 나는 할 시간이 없어.
▶ 축구하자는 제안에 거절의 말을 했으므로, '(축구를) 할 시간이 없다'는 내용이 의미상 가장 자연스럽다.

11 (1) 보드 게임을 하는 것은 재미있다.
(2) 그녀가 그 중고차를 사는 것은 어리석다.
▶ (1) 가주어 it을 주어 자리에 쓰고, to부정사를 문장의 뒤에 위치시킨다.
(2) to부정사의 의미상 주어는 to부정사 앞에 〈for＋목적격〉의 형태로 쓴다. 단, to부정사 앞의 형용사가 사람의 성격을 나타내는 경우에는 〈of＋목적격〉의 형태로 쓴다.

W·O·R·D·S foolish 어리석은   used car 중고차

12 ▶ 영작하면 We have something new to buy.가 되므로 4번째 오는 말은 new이다.

13 ▶ ⑤는 '그가 과속하는 것은 위험하다.'라는 뜻으로 다른 의미이다.

W·O·R·D·S safe 안전한   dangerous 위험한

14 ① 그녀를 만나는 것은 불가능하다.
② 피자를 만드는 것은 쉬웠니?
③ 나는 마실 뜨거운 것을 원한다.
④ 그렇게 말하다니 너는 매우 친절하구나.
⑤ 패스트푸드를 먹는 것은 건강에 좋지 않다.
▶ ① That → It (가주어 it을 써야 함), met→ meet (to부정사: 〈to＋동사원형〉)
② easily → easy (be동사의 보어로 형용사를 써야 함)
③ drinking → to drink (-thing＋형용사＋to부정사)
④ for you → of you (사람의 성격을 나타내는 형용사와 쓰일 때 의미상 주어는 〈of＋목적격〉으로 씀)

W·O·R·D·S impossible 불가능한   be good for ~에 좋다

15 (1) 나는 해결할 문제가 많이 있다.
(2) 시를 쓰는 것은 쉽지 않다.
▶ (1) to solve가 명사 problems를 수식하는 구조이다.
(2) It is (not)＋형용사＋to부정사 ~.

W·O·R·D·S a lot of 많은   solve 해결하다   poem 시

교과서 Reading

Do It Yourself   pp. 98~99

01 simple   02 perfect   03 remain   04 huge   05 마침내, 결국   06 붙잡다, 포착하다   07 불가사의한, 신비한   08 일기   09 plate   10 admire   11 university   12 object   13 나타나다   14 초상화, 인물 사진   15 주인, 소유자   16 졸업하다

Reading Practice   pp. 100~101

A 01 in   02 went   03 During   04 to capture   05 places   06 two-hour   07 It   08 thousands of   09 mystery   10 to make   11 In   12 so   13 stay, more   14 invited   15 of   16 While   17 anything   18 It   19 visited   20 since   21 dinner   22 who   23 it   24 Because   25 can't   26 much

B 01 to stay   02 most mysterious places   03 has become   04 try to make   05 to see   06 who graduated from   07 was admiring   08 much more interesting   09 a great way to capture   10 to draw everyday objects

A

01 ▶ in＋나라 이름

02 ▶ 과거 부사구 Last week가 나오므로 과거시제가 알맞다.

03 ▶ during＋특정 시점을 나타내는 명사(구)

04 ▶ 명사를 수식하는 to부정사의 형용사적 용법이다.

05 ▶ one of the＋최상급＋복수명사

06 ▶ 명사 앞에서 둘 이상의 단어를 연결하여 형용사처럼 쓸 때 하이픈으로 연결한다.

07 ▶ 가주어 It이 알맞다.

08 ▶ thousands of: 수천의

09 ▶ 앞에 관사가 있으므로 명사형 mystery가 알맞다.

10 ▶ try＋to부정사: ~하려고 애쓰다

11 ▶ in the morning: 아침에

12 ▶ 원인＋so＋결과 / 결과＋because＋원인

13 ▶ 명사를 수식하는 to부정사의 형용사적 용법이다. / 뒤에 than이 있으므로 비교급 more가 알맞다.

14 ▶ 주인이 초대하는 것이므로 능동이 알맞다.

15 ▶ be full of: ~으로 가득 차다

16 ▶ while: ~하는 동안 / since: ~한 이후로

17 ▶ 부정문에서는 anything을 쓴다.

18 ▶ 가주어 It이 알맞다.

20 ▶ 보통 since 부사절에서는 과거시제가 쓰이고, 주절에는 현재완료시제가 쓰인다.

21 ▶ 식사 이름 앞에는 관사를 쓰지 않는다.

22 ▶ 주격 관계대명사는 생략할 수 없다.

23 ▶ the famous olive tree를 가리키므로 it이 알맞다.

24 ▶ 뒤에 절이 이어지므로 접속사 Because가 알맞다.

25 ▶ can't wait to ~: ~하기를 몹시 바라다

26 ▶ 비교급을 수식하는 부사는 much이다.

B

03 ▶ 과거의 일이 현재까지 영향을 미치는 경우로, 현재완료의 계속 용법이다.

06 ▶ graduate from: ~을 졸업하나

07 ▶ 과거에 지속되는 동작이므로 과거진행시제로 쓴다.

08 ▶ 3음절 이상의 비교급은 앞에 more를 붙여 만든다. 비교급을 수식하는 부사는 much로 쓴다. 이외에도 still, even, far, a lot 등으로 쓸 수 있다.

10 ▶ 진주어에 해당하는 부분이므로 to부정사를 이용한다.

01 ③　02 journal　03 ①　04 (1) to ride　(2) preparing
05 of　06 ②　07 ④　08 ⑤　09 ④　10 ③　11 ⑤
12 What, like　13 Have you been　14 How　15 ⑤
16 (C) - (B) - (A) - (D)　17 ④　18 ⑤　19 (1) Have you ever ridden an elephant?　(2) How's the weather in Cairo in August?　20 (1) Yes, I have. / No, I haven't.　(2) [예시답] interesting, boring 등　21 Have you been to Australia before?　22 How's　23 ④　24 ④　25 ③　26 ①　27 ③
28 very → much[still, far, even, a lot 등]　29 ④　30 ④
31 ④　32 ②　33 ⑤　34 was easy to solve the questions
35 ③　36 ②　37 ③　38 ⑤　39 It is difficult to write a novel.　40 ⑤　41 place → places　42 ②　43 ⑤
44 field trip　45 ④　46 It is O.K to draw everyday objects like cups and plates.　47 indoors, afternoon tea　48 ①
49 ④　50 (A) Christ Church College (B) the famous olive tree　51 ⑤　52 ⓐ visited ⓑ to visit　53 ②　54 It was amazing to watch them.　55 ③

01 크기, 양, 혹은 정도에서 매우 큰
　▶ ③ huge(거대한)에 대한 설명이다.
　① 무서운, 겁나는 ② 간단한, 단순한 ④ 완벽한 ⑤ 인기 있는

02 여행 : 여행 = 일기 : 일기
　▶ 짝지어진 두 단어는 유의어 관계이다.

03 ① 그녀에 대한 신비스러운 점이 있다.
　② 그 남자는 세계적으로 유명한 그림을 가지고 있다.
　③ 나는 항상 일기예보를 듣는다.
　④ 우리 모두 식탁에 둘러앉았다.
　⑤ 그 상점은 컵과 접시 같은 일상용품을 판다.
　▶ ① mysterious: 신비스러운 / mystery: 신비

04 (1) 나는 롤러코스터를 빨리 타고 싶다.
　(2) 그녀는 시험을 준비하느라 바빴다.
　▶ (1) can't wait to ~: ~하기를 몹시 바라다
　(2) be busy -ing: ~하느라 바쁘다
　W·O·R·D·S prepare 준비하다

05 · 숲에 키 큰 나무들이 많이 있다.
　· 수천 명의 사람들이 강을 따라 달리고 있다.
　▶ lots of: 많은 / thousands of: 수천의

06 ▶ set foot: 들어서다, 발을 들여놓다
　W·O·R·D·S surface 표면

07 · 그 초상화는 미스터리로 남을 것이다.
　· 당신은 어떤 대학을 졸업했나요?
　· 나는 여행을 위해 몇 가지를 싸야 한다.
　· 나는 오후 다과회에 그들을 초대하고 싶다.
　▶ 첫 번째 문장은 remain, 두 번째 문장은 graduate, 세 번째 문장은 pack, 네 번째 문장은 invite가 들어간다.
　W·O·R·D·S portrait 초상화 a few 약간(의) afternoon tea 오후

다과회

08 ① 프랑스는 와인으로 유명하다.

② 그녀는 단순한 검은색 드레스를 입었다.

③ 그는 오후 내내 실내에서 일했다.

④ 그 밴드의 공연은 완벽했다.

⑤ 그 영화의 결말은 매우 슬펐다.

▶ ⑤ quiet는 '조용한'이라는 뜻이다. 문장의 의미상 '매우'라는 뜻의 quite를 써야 한다.

W·O·R·D·S be famous for ~으로 유명하다 all afternoon 오후 내내 performance 공연 ending 결말

09 A: 밖에 날씨가 어떠니?

B: 비가 와. 우산을 가져가.

▶ 우산을 가져가야 하는 날씨를 고른다.

① 바람이 부는 ② 맑은 ③ 추운 ④ 비가 오는 ⑤ 안개가 낀

10 A: 너는 물고기를 잡아 본 적이 있니?

B: 응, 있어. 그것은 내가 가장 좋아하는 취미야.

▶ 물고기를 잡는 것이 가장 좋아하는 취미이므로, 물고기를 잡아 본 경험이 있다. 해 본 적이 있을 때는 Yes, I have.로 답한다.

W·O·R·D·S catch 잡다 favorite 가장 좋아하는

11 A: 너는 싱가포르에 가 본 적이 있니?

B: 응. 한 번 그곳에 갔어.

A: 얼마나 오래 그곳에 있었니?

B: 일주일 동안.

▶ ⓐ Have you ever+과거분사 ~?: 경험을 묻는 표현

ⓑ How long have you+과거분사 ~?: 경험한 기간을 묻는 표현

12 오늘 날씨가 어때?

▶ How's the weather? = What's the weather like?

13 A: 너는 베니스에 가 본 적이 있니?

B: 응. 나는 지난겨울에 베니스에 갔어.

▶ 〈Have you (ever) been to+장소?〉는 특정한 장소에 가 본 경험이 있는지 묻는 말이다.

14 A: 카이로의 날씨는 어떠니?

B: 덥고 화창해. 런던은 어떠니?

A: 비가 와.

▶ How is the weather?: 날씨를 묻는 표현

How about ~?(~은 어때?): 되묻는 표현

15 나는 등산을 갈 것이다.

① 나는 등산을 갈 계획이다.

② 내 계획은 등산을 가는 것이다.

③ 나는 등산을 가고 싶다.

④ 나는 등산을 갈 계획이 있다.

⑤ 나는 등산을 계획하고 있다.

▶ I'm going to ~ / I'm planning to ~. / I plan to ~. / My plan is to ~. 등은 자신의 계획을 말하는 표현이다.

16 (C) 너는 인도 음식을 먹어 본 적이 있니?

(B) 응, 있지만, 난 인도 카레만 먹어 봤어.

(A) 어땠니?

(D) 정말 매웠지만, 난 그것이 아주 좋았어.

▶ 인도 음식을 먹어 본 경험이 있는지 묻고 답한 후에, 그 음식이 어땠는지 묻고 답하는 대화로 이어지는 것이 자연스럽다.

17 모스크바는 날씨가 어떠니?

① 비가 많이 와.

② 매우 흐려.

③ 밖이 화창해.

④ 춥고 눈이 와.

⑤ 모스크바에는 비가 아주 많이 와.

▶ 일기예보 그림에서 모스크바에 눈이 옴을 알 수 있다.

W·O·R·D·S a lot 많이 heavily 심하게, 아주 많이

18 A: _____

B: 아니, 없어.

① 너는 과자를 구워 본 적이 있니?

② 너는 그 영화를 본 적이 있니?

③ 너는 그리스 음식을 먹어 본 적이 있니?

④ 너는 자신의 초상화를 그려 본 적이 있니?

⑤ 너는 밴쿠버 가고 없니?

▶ have gone to ~는 '~에 가버렸다, ~에 가고 없다'라는 뜻이므로 1, 2인칭에 쓸 수 없다.

W·O·R·D·S bake 굽다 Greek 그리스의 portrait 초상화

19 ▶ (1) 〈Have you ever+과거분사 ~?〉: ~해 본 적이 있니?

(2) 〈How is the weather in+장소?〉: ~의 날씨는 어떠니?

20 A: 너는 《어린왕자》를 읽어 본 적이 있니?

B: 응, 있어. / 아니, 없어. 어땠니?

A: 그것은 매우 재미있었어/지루했어.

▶ (1) 경험 유무에 따라 Yes, I have. / No, I haven't.를 쓴다.

(2) 책을 읽은 후에 느낌이 어땠는지 쓴다.

[21~23]

수호: 너는 전에 호주에 가 본 적이 있니?

Anna: 응, 있어. 사실, 나는 시드니에서 1년 동안 살았어.

수호: 멋지다! 4월의 거기 날씨는 어때? 나는 다음 주 방학에 시드니에 방문할 거야.

Anna: 4월은 시드니를 방문하기에 아주 좋은 시기야. 4월에 호주는 가을이거든.

수호: 좋아. 난 해변에서 시간을 좀 보내고 햇볕을 쬐며 쉴 생각이야.

Anna: 음, 4월에는 비가 자주 오지만, 맑은 날을 좀 즐길 수 있을 거야.

수호: 내 모자를 가져가고, 우산도 챙겨야겠다.

Anna: 좋은 생각이야. 즐거운 여행 보내.

21 ▶ 〈Have you been to+장소 ~?〉는 어떤 곳에 다녀 온 적이 있는지 경험을 물을 때 쓰는 표현이다.

22 ▶ What's the weather like ~?는 날씨를 묻는 표현으로 How's the weather ~?로 바꿔 쓸 수 있다.

23 ① 수호는 호주에 가 본 적이 없다.

② Anna는 1년간 시드니에 살았다.

③ 4월은 시드니를 방문하기 최적기이다.

④ Anna은 해변에 갈 계획이다.
⑤ 수호는 여행을 위해 모자와 우산을 챙길 것이다.
▶ ④ 시드니 여행을 계획하는 사람은 수호이다. 수호는 시드니에서 해변에서 시간을 좀 보내고 햇볕을 쬐며 쉴 계획을 하고 있다.

24 나는 목이 마르다. 나는 마실 것을 원한다.
▶ 대명사 something을 수식하는 to부정사가 알맞다.
W·O·R·D·S thirsty 목이 마른

25 • 그들은 앉을 의자가 없다.
• 세호는 쓸 펜이 필요하다.
▶ to부정사가 수식하는 명사가 전치사의 목적어인 경우이다. 이때는 반드시 전치사가 필요하다. (sit on chairs / write with a pen)

26 ① 밖이 어두웠다.
② 스키 타러 가는 것은 신난다.
③ 만화를 그리는 것은 쉽다.
④ 집을 짓는 것은 어려운 일이다.
⑤ 내가 일찍 일어나는 것은 불가능하다.
▶ ①은 비인칭 주어이고, 나머지는 모두 가주어이다.
W·O·R·D·S go -ing ~하러 가다 hard 어려운 impossible 불가능한

27 ▶ I have many things to do this weekend.가 완전한 문장이다.

28 그 건물은 그 탑보다 훨씬 더 높다.
▶ 비교급을 수식하는 말로 much, still, far, even, a lot 등을 쓴다. very는 원급을 수식한다.

29 ① 나는 그녀가 거짓말쟁이가 아니라는 것을 안다.
② 나는 그가 경주에서 이길 거라고 생각한다.
③ 나는 그를 다시 만날 기회가 있기를 바란다.
④ 나는 나의 선생님과 이야기하고 있는 남자를 안다.
⑤ 나는 그 돌들이 미스터리로 남아 있을 거라고 추측한다.
▶ ④는 앞의 명사(man)를 수식하는 절을 이끄는 주격 관계대명사이고, 나머지는 모두 동사의 목적어 역할을 하는 절을 이끄는 접속사이다. 접속사 that은 생략할 수 있지만 주격 관계대명사 that은 생략할 수 없다.
W·O·R·D·S liar 거짓말쟁이 race 경주 chance 기회 guess 추측하다, 생각하다 remain 남아 있다

30 ① 나는 이번 주에 약간의 책을 읽었다.
② 완벽한 그림을 그리려고 노력해라.
③ 그것은 서울에서 방문하기 좋은 장소이다.
④ 보고서를 끝내는 것은 쉽지 않다.
⑤ 나는 휴가 동안 스페인을 여행할 것이다.
▶ ④ That은 to finish the report를 대신하는 가주어 It으로 써야 한다.
W·O·R·D·S perfect 완벽한 during ~ 동안

31 그녀는 그 대학을 졸업한 유명한 사람들의 초상화를 봤다.
▶ who는 앞의 명사(people)를 수식하는 절을 이끄는 주격 관계대명사이다.

W·O·R·D·S portrait 초상화 graduate 졸업하다

32 • 내가 먹고 있는 동안에, 그녀는 설거지를 했다.
• 비가 오고 있었기 때문에, 나는 집에 있었다.
▶ While: ~하는 동안에 / Because: ~하기 때문에
W·O·R·D·S wash the dishes 설거지를 하다

33 ① 그는 마실 것이 있다.
② 그는 먹을 스테이크가 없다.
③ 그는 스테이크를 자를 칼이 있다.
④ 그는 사용할 포크가 없다.
⑤ 그는 스테이크를 자를 칼이 필요하다.
▶ 그림에서 소년은 포크만 가지고 있다. 따라서 그는 스테이크를 자를 칼이 필요하다.

34 그 문제들을 푸는 것은 쉬웠다.
▶ to부정사(구)가 주어로 쓰여 길어진 경우, 주어 자리에 가주어 It을 쓰고 to부정사(구)는 뒤로 보낸다.
W·O·R·D·S solve 풀다, 해결하다

35 ① 우리는 낚시하러 가기로 결정했다.
② 나는 너에게 보여줄 사진이 좀 있다.
③ 그것은 거기에 도착하는 좋은 방법이었다.
④ 그것은 세계적으로 유명한 장소가 되었다.
⑤ 그녀는 학교에서 가장 훌륭한 학생들 중의 한 명이다.
▶ ① go → to go
② showing → to show
④ has became → has become
⑤ student → students

36 ① 여기 읽을 책이 좀 있다.
② 불쌍한 아이들을 돕는 것은 좋은 일이다.
③ 그들은 그녀에게 줄 자전거를 샀다.
④ 너는 가지고 놀 것이 있니?
⑤ 나의 여동생은 쉴 시간이 좀 필요하다.
▶ ②는 〈It ~ to부정사〉 구문에 쓰인 to부정사이고, 나머지는 모두 앞의 명사를 수식하는 형용사적 용법으로 쓰인 to부정사이다.

37 내가 고양이를 돌보는 것은 쉽다/어렵다/중요하다/불가능하다.
▶ 의미상 주어를 〈for+목적격〉으로 썼으므로, 사람의 성격을 나타내는 형용사 kind는 빈칸에 쓸 수 없다.

38 나는 이번 여름에 하와이에 갔다. 해변과 화창한 날을 즐기는 데 아주 좋은 곳이었다. 나는 또한 많은 지역 음식을 먹었다. 나는 다시 하와이를 방문할 기회를 갖기를 바란다.
▶ 둘 다 앞의 명사 place, chance를 수식하는 형용사적 용법으로 쓰인 to부정사가 알맞다.
W·O·R·D·S beach 해변 local 지역의

39 ▶ 〈It+be동사+형용사+to부정사(구) ~〉의 어순으로 쓴다.
W·O·R·D·S novel 소설

40 안녕, 나는 Lucy Hunter이고, 런던에 살아. 지난주, 우리 가족은 3일간 휴가를 갔어. 여행 동안에, 나는 내 일기에 간단한 그림을 그렸어. 그것은 모든 특별한 순간을 포착하는 데 아주 좋은 방법이었어. 내가 나의

여행 이야기에 대해 말해줄게.

▶ 여행 동안에 그림을 그린 일기를 썼다고 했고, 마지막 문장에서 자신의 여행 이야기를 해주겠다고 하므로, 글의 뒤에 나올 내용으로 ④가 가장 알맞다.

[41~43]
8월 5일

드디어, 우리는 지구상에서 가장 불가사의한 장소들 중 하나인 스톤헨지에 발을 들여놓았어. 런던에 있는 우리 집에서 차로 두 시간 달린 후에, 우리는 마침내 스톤헨지에 도착했어. 원형으로 둘러서 있는 거대한 돌들을 보는 것은 그저 놀라웠어. 어떻게 저 거대한 돌들이 수천 년 전에 그곳에 도달했을까? 그것들은 무엇을 위한 것이었을까? 나는 스톤헨지가 오랫동안 불가사의로 남아 있을 거라고 생각해.

Lucy의 그림 그리기 팁

완벽한 그림을 그리려고 하지 마. 몇 가지 색으로 충분할 거야.

41 ▶ 〈one of the＋최상급＋복수명사〉가 되어야 하므로 place는 places로 고쳐야 한다.

42 ▶ ⓐ 주어 to see the ring of huge stones가 길어서 문장의 뒤로 보내고 주어 자리에 가주어 It을 쓴 구조의 문장이다.
ⓑ try＋to부정사: ~하려고 애쓰다 *cf.* try＋-ing: 한번 시도해 보다

43 ▶ ⑤ How did those huge stones get there thousands of years ago?에서 수천 년 전에 그곳에 있었음을 알 수 있다.

44 미라: 우리는 지난달에 남해로 <u>수학여행</u>을 갔다. 아주 많은 아름다운 섬들을 보는 것은 그저 놀라웠다. 우리는 또한 남해 독일 마을을 방문했다. 우리는 그 여행을 절대 잊지 않을 것이다.
지호: 우리는 지난달에 여수로 <u>수학여행</u>을 갔다. 아주 많은 공원과 박물관을 방문하는 것은 놀라웠다. 우리는 또한 많은 훌륭한 음식을 먹었다. 우리는 그 여행을 절대 잊지 않을 것이다.
▶ 학교에서 남해와 여수로 갔던 여행에 대해 말하고 있으므로, '수학여행'을 뜻하는 field trip이 알맞다.
W·O·R·D·S amazing 놀라운 island 섬 German 독일의 forget 잊다

[45~47]
8월 6일

아침에, 우리는 코츠월드 주변을 걸어 다녔어. 오후에 비가 오기 시작해서, 우리는 B&B 안에서 머물기로 결정했어. B&B는 영국에서 머물기에 인기 있는 곳이야. 호텔보다는 집처럼 더 느껴져. 주인은 오늘 오후 다과회에 우리를 초대했어. 식탁에는 과자, 케이크, 빵, 그리고 치즈가 가득했어. 내가 먹느라고 바쁜 동안에, 엄마는 아름다운 컵과 접시에 감탄하고 계셨어. 나는 너무 많이 먹어서, 저녁 식사로 아무것도 먹을 수가 없었어.

Lucy의 그림 그리기 팁

너의 일기에 컵이나 접시 같은 일상용품들을 그리는 것은 괜찮아.

45 ▶ (A) decide는 목적어로 to부정사를 취한다.
(B) 앞의 명사 place를 수식하는 to부정사의 형용사적 용법이다.
(C) '내가 먹느라 바쁜 동안에'라는 뜻이 되어야 하므로 접속사 While이 알맞다.

46 ▶ to부정사구(To draw ~ plates)인 주어의 길이가 길 때 주어

자리에 가주어 It을 쓰고, 진주어인 to부정사구는 문장의 뒤로 보낸다.

47 Lucy는 아침에 코츠월드 주변을 걸었다. 오후에는 비가 내렸기 때문에 그녀는 B&B 안에 머물렀다. 그녀는 그곳에서 오후 다과회를 즐겼다.
▶ 아침에는 코츠월드 주변을 걸었고, 오후에는 비가 와서 숙박 시설인 B&B '안에서' 머물렀고, 주인의 초대로 '오후 다과회'를 즐겼다.

[48~51]
8월 7일

우리가 마지막으로 들른 곳은 옥스퍼드였어. 우리는 먼저 크라이스트 처치 칼리지에 갔어. 그곳은 《해리 포터》 영화에 나온 이후로 방문해야 할 세계적으로 유명한 장소가 되었어. 영화에서는, Harry와 다른 모든 사람이 크라이스트 처치 홀에서 저녁을 먹거든. 우리는 또한 그 대학을 졸업한 유명한 사람들의 초상화를 봤어. 우리가 건물 밖으로 나왔을 때, 나는 유명한 올리브 나무로 걸어가서 그것을 만졌어. "나는 이 나무를 만졌기 때문에, 옥스퍼드 대학에 들어갈 거야!"라고 내가 말했어. 그러자, 오빠가 내게 웃으며 말했어. "벽에 걸려 있는 네 초상화를 빨리 보고 싶은걸."

Lucy의 그림 그리기 팁

네 자신의 아바타를 만들어. 너의 그림일기가 훨씬 더 흥미로워질 거야.

48 ▶ 주어진 문장은 옥스퍼드에서 가장 먼저 방문한 곳을 말하고 있으므로 글의 앞부분에 나와야 하고, ①의 뒤에 있는 문장에서 It이 Christ Church College를 가리키므로 ①에 들어가는 것이 알맞다.

49 ▶ 앞의 명사 place를 수식하는 to부정사가 알맞다.

50 ▶ (A) 《해리 포터》 영화에서 나온 이후로 유명해진 곳은 Christ Church College이다.
(B) 앞에 나오는 the famous olive tree를 가리킨다.

51 ▶ ⑤ 올리브 나무를 만지면 옥스퍼드 대학에 들어가게 된다고 했다.

[52~53]

지난겨울에, 나는 가족들과 라오스에 갔다. 우리는 비엔티안에서 많은 아름다운 사원들을 방문했고 야시장에 갔다. 그러고 나서, 우리는 방비엥으로 이동했고 강 튜빙을 했다. 우리는 또한 전통 음식을 즐겼다. 외국에서 새로운 것들을 시도하는 것은 많은 재미가 있었다. 나는 다시 라오스에 방문할 기회를 갖기를 바란다.
W·O·R·D·S temple 사원 traditional 전통의 a lot of 많은 foreign 외국의 have a chance 기회를 가지다

52 ▶ ⓐ 과거형 동사 visited가 알맞다.
ⓑ 앞의 명사 chance를 수식하는 to부정사가 알맞다.

53 ▶ ① 라오스의 비엔티안과 방비엥
② 알 수 없음
③ 전통 음식
④ 지난겨울
⑤ 사원, 야시장, 강

[54~55]
《비글호의 항해》

Charles Darwin 씀

1835년 9월 15일

우리는 드디어 이 섬에 도착했다. 이곳에는 연구할 많은 동물들이 있었다. 오늘, 나는 이상한 거북이들을 봤다. 그것들을 관찰하는 것은 놀라웠다.

《동방견문록》

Marco Polo 씀

1292년 5월 11일

우리는 드디어 중국에서 유럽의 집으로 출발했다. 지난 20년 동안, 우리는 동쪽에서 서쪽까지 중국을 탐험했다. 다른 문화에 대해 배우는 것은 아주 좋았지만, 우리는 집이 그립다!

W·O·R·D·S voyage 여행   turtle 거북   set off 출발하다   past 지난   explore 탐험하다   culture 문화   miss 그리워하다

54 ▶ ⟨It+be동사+형용사+to부정사(구) ~.⟩의 어순으로 배열한다.

55 ▶ Charles Darwin과 Marco Polo의 여행 일기이므로, 글의 제목으로 ③이 가장 알맞다.
① 유명한 책들
② 방문하기 좋은 장소들
③ 역사적인 여행 일기들
④ 탐험가들의 모험
⑤ 일기의 중요성

W·O·R·D·S historical 역사적인   adventure 모험   explorer 탐험가   importance 중요성

단원 Test

pp. 110~114

01 ③   02 ④   03 ②   04 No, I haven't.   05 ④   06 ⑤   07 ②
08 ③   09 ⑤   10 ④   11 (1) a bakery to sell (2) It is, to swim   12 ①   13 ③   14 ④   15 (1) studying → to study
(2) watch → to watch   16 ③   17 two hours, car   18 ②
19 ④   20 ⓔ very → much[still, even, far, a lot 등]   21 ②
22 ②   23 ⑤   24 ②   25 (1) Vientiane, Vang Vieng
(2) temples (3) night market (4) traditional food (5) new things

01 ① 붙잡다: 어떤 것을 잡다
② 순간: 매우 짧은 기간
③ 간단한: 이해하거나 하기에 쉽지 않은
④ 주인: 어떤 것을 소유한 사람
⑤ 물건: 보거나 만질 수 있는 것
▶ ③ simple의 영영풀이는 not difficult to understand or do가 알맞다.
W·O·R·D·S catch 잡다   understand 이해하다   own 소유하다

02 ⟨보기⟩ 전통 : 전통적인
① 거대한 : 거대한
② 간단한 : 복잡한
③ 갑작스러운 : 갑자기
④ 신비 : 신비스러운
⑤ 졸업하다 : 졸업

▶ ⟨보기⟩는 '명사 – 형용사'의 관계이다. ① 유의어 ② 반의어 ③ 형용사 – 부사 ④ 명사 – 형용사 ⑤ 동사 – 명사

03 Mr. Kim은 마침내 세계에서 가장 비싼 자동차 중에 하나를 샀다.
▶ finally는 '결국, 마침내'라는 뜻으로 at last로 바꿔 쓸 수 있다.
① 처음에 ② 마침내 ③ 최소한 ④ 그 당시에 ⑤ 항상

04 A: Bill, 너는 번지점프를 하러 간 적이 있니?
B: 아니, 없어. 넌 어때, Katie?
A: 내가 뉴질랜드를 방문했을 때, 한 번 번지점프를 해봤어.
B: 무섭지 않았니?
A: 아니, 난 좋았어. 나는 다시 그것을 하고 싶어.
▶ 빈칸에는 번지점프를 하러 간 경험이 있는지 대답을 써야 한다. Bill은 번지점프 경험이 있는 Katie에게 무서운지 묻고 있으므로, 번지점프를 해 본 적이 없음을 알 수 있다. 해 본 적이 있을 때는 Yes, I have. 해 본 적이 없을 때는 No, I haven't.로 답한다.
W·O·R·D·S bungee jumping 번지점프   once 한 번   scary 무서운

05 (C) 엄마, 오늘 날씨가 어때요?
(A) 밖이 꽤 흐리구나. 일기예보를 확인해볼게.
(D) 감사해요, 엄마.
(B) 음, 오후에 비가 올 거야.
▶ 오늘 날씨를 묻자, 일기예보를 확인한 후, 비가 올 거라고 알려주는 순서로 배열한다.
W·O·R·D·S quite 꽤, 매우   weather forecast 일기예보

06 ① A: 너는 타조 알을 본 적이 있니?
B: 응, 있어.
② A: 인도 음식은 어땠니?
B: 정말 매웠지만, 난 그것이 아주 좋았어.
③ A: 여기는 꽁꽁 얼겠어. 그곳 날씨는 어때?
B: 비가 오고 있어.
④ A: 너는 한국에서 특별한 장소에 가 본 적이 있니?
B: 응. 나는 지난여름에 울릉도에 갔었어.
⑤ A: 3월에 방콕은 날씨가 어떠니?
B: 미안해, 모르겠어. 덥고 화창해.
▶ ⑤ 방콕의 3월 날씨를 묻는 말에 모르겠다고 답하면서 날씨를 알려주는 것은 어색하다.
W·O·R·D·S ostrich 타조   Indian 인도의   freeze 얼다, 얼리다

[07~08]

수호: Anna, 너는 전에 호주에 가 본 적이 있니?
Anna: 응, 있어. 사실, 나는 시드니에서 1년 동안 살았어.
수호: 멋지다! 4월의 거기 날씨는 어때? 나는 다음 주 방학에 시드니에 방문할 거야.
Anna: 4월은 시드니를 방문하기에 아주 좋은 시기야. 4월에 호주는 가을이거든.
수호: 좋아. 난 해변에서 시간을 좀 보내고 햇볕을 쬐며 쉴 생각이야.
Anna: 음, 4월에는 비가 자주 오지만, 맑은 날을 좀 즐길 수 있을 거야.
수호: 내 모자를 가져가고, 우산도 챙겨야겠다.
Anna: 좋은 생각이야. 즐거운 여행 보내.

28 바른답·알찬풀이

07 ▶ 주어진 문장은 '4월에 거기 날씨는 어때?'라는 뜻으로 날씨를 묻는 표현이므로, 날씨에 대한 대화가 나오기 전인 ②의 위치에 들어가는 것이 알맞다.

08 ▶ ③ Anna가 4월은 시드니를 방문하기에 아주 좋은 시기라고 했다.

09 〈보기〉 그 문제를 푸는 것은 어렵다.
① 너를 다시 만나서 좋다.
② 네가 그렇게 말하니 친절하구나.
③ 힙합 음악을 듣는 것이 신났다.
④ 수영하기 전에 준비 운동을 하는 것이 중요하다.
⑤ 그것은 책보다 훨씬 더 재미있었다.
▶ 〈보기〉는 〈It ~ to부정사〉 구문의 가주어 It이다. ①~④는 가주어이고, ⑤는 '그것'이라는 뜻의 대명사이다.
W·O·R·D·S warm up 준비 운동을 하다

10 ▶ 〈It+be동사+not+형용사+for+목적격+to부정사(구) ~〉의 어순으로 쓴다.

11 ▶ (1) to부정사 to sell이 앞의 명사 a bakery를 수식하는 구조이다.
(2) 〈It+be동사+형용사+to부정사〉의 구조이다.
W·O·R·D·S delicious 맛있는 dangerous 위험한

12 _____은 좋은 일이다.
① 거짓말을 하는 것
② 일기를 쓰는 것
③ 건강한 음식을 먹는 것
④ 매일 운동을 하는 것
⑤ 어려움에 처한 친구들을 돕는 것
▶ 좋은 일에 해당하지 않는 것은 ①이다.
W·O·R·D·S journal 일기 healthy 건강한 in need 어려움에 처한

13 ① 우리는 마실 물이 없다.
② 그녀는 앉을 의자가 필요하다.
③ 그 아이는 가지고 놀 장난감이 있다.
④ 먹을 것을 드릴까요?
⑤ 나는 마침내 살 집을 찾았다.
▶ ③ to부정사가 수식하는 명사가 전치사의 목적어가 되는 경우에 전치사를 반드시 써야 한다. (play with a toy)

14 내가 숙제를 하느라 바빴던 동안에, 엄마는 날 위해 저녁을 만들고 계셨다.
▶ while: ~하는 동안에
W·O·R·D·S be busy -ing ~하느라 바쁘다

15 1835년 9월 15일
우리는 드디어 이 섬에 도착했다. 이곳에는 연구할 많은 동물들이 있었다. 오늘, 나는 이상한 거북이들을 봤다. 그것들을 관찰하는 것은 놀라웠다.
▶ (1) studying은 앞의 명사 animals를 수식하는 to부정사 to study로 고쳐야 한다.
(2) 〈It ~ to부정사〉 구문이 되도록 watch를 to watch로 고쳐야 한다.

W·O·R·D·S finally 마침내 island 섬 strange 이상한 turtle 거북 amazing 놀라운

[16~17]

안녕, 나는 Lucy Hunter이고, 런던에 살아. 지난주, 우리 가족은 3일간 휴가를 갔어. 여행 동안에, 나는 내 일기에 간단한 그림을 그렸어. 그것은 모든 특별한 순간을 포착하는 데 아주 좋은 방법이었어.

8월 5일
드디어, 우리는 지구상에서 가장 불가사의한 장소들 중 하나인 스톤헨지에 발을 들여놓았어. 런던에 있는 우리 집에서 차로 두 시간 달린 후에, 우리는 마침내 스톤헨지에 도착했어. 원형으로 둘러서 있는 거대한 돌들을 보는 것은 그저 놀라웠어. 어떻게 저 거대한 돌들이 수천 년 전에 그곳에 도달했을까? 그것들은 무엇을 위한 것이었을까? 나는 스톤헨지가 오랫동안 불가사의로 남아 있을 거라고 생각해.

Lucy의 그림 그리기 팁
완벽한 그림을 그리려고 하지 마. 몇 가지 색으로 충분할 거야.

16 ▶ ⓒ는 진주어인 to부정사를 대신하는 가주어이고, 나머지는 모두 Stonehenge를 가리키는 말이다.

17 Q: 런던에서 스톤헨지까지 얼마나 걸렸는가?
A: 자동차로 2시간 걸렸다.
▶ After a two-hour drive from our home in London, we finally got to Stonehenge.에서 자동차로 2시간 걸렸음을 알 수 있다.
W·O·R·D·S by+교통수단: ~을 타고

[18~19]

8월 6일
아침에, 우리는 코츠월드 주변을 걸어 다녔어. (B) 오후에 비가 오기 시작해서, 우리는 B&B 안에서 머물기로 결정했어. B&B는 영국에서 머물기에 인기 있는 곳이야. 호텔보다는 집처럼 더 느껴져. (A) 주인은 오늘 오후 다과회에 우리를 초대했어. 식탁에는 과자, 케이크, 빵, 그리고 치즈가 가득했어. (C) 내가 먹느라 바쁜 동안에, 엄마는 아름다운 컵과 접시에 감탄하고 계셨어. 나는 너무 많이 먹어서, 저녁 식사로 아무것도 먹을 수가 없었어.

Lucy의 그림 그리기 팁
너의 일기에 컵이나 접시 같은 일상용품들을 그리는 것은 괜찮아.

18 ▶ 아침 이후의 일정을 순서대로 배열한다. 오후에 비가 와서 숙박시설인 B&B 안에 머물기로 했으며(B), 그곳의 주인이 오후 다과회에 초대해서(A) 음식을 많이 먹었다(C)는 순서가 자연스럽다.

19 ① 그녀는 앉을 의자가 필요하다.
② 먹을 것을 찾아보자.
③ Jack은 오늘 할 일이 많다.
④ 그들은 경치 사진을 찍기 위해 멈추었다.
⑤ 나는 맑은 날에 쓸 모자를 가져가고 싶다.
▶ 밑줄 친 to stay와 ①, ②, ③, ⑤는 앞의 명사를 수식하는 형용사적 용법이다. ④는 '~하기 위해서'라는 뜻의 목적을 나타내는 부사적 용법으로 쓰였다.
W·O·R·D·S look for ~을 찾다 take pictures 사진을 찍다

[20~21]

8월 7일

우리가 마지막으로 들른 곳은 옥스퍼드였어. 우리는 먼저 크라이스트 처치 칼리지에 갔어. 그곳은 《해리 포터》 영화에 나온 이후로 방문해야 할 세계적으로 유명한 장소가 되었어. 영화에서는, Harry와 다른 모든 사람이 크라이스트 처치 홀에서 저녁을 먹거든. 우리는 또한 그 대학을 졸업한 유명한 사람들의 초상화를 봤어. 우리가 건물 밖으로 나왔을 때, 나는 유명한 올리브 나무로 걸어가서 그것을 만졌어. "나는 이 나무를 만졌기 때문에, 옥스퍼드 대학에 들어갈 거야!"라고 내가 말했어. 그러자, 오빠가 내게 웃으며 말했어. "벽에 걸려 있는 네 초상화를 빨리 보고 싶은걸."

Lucy의 그림 그리기 팁

네 자신의 아바타를 만들어. 너의 그림일기가 훨씬 더 흥미로워질 거야.

20 ▶ ⓔ 비교급을 수식하는 말로는 much, still, even, far, a lot 등이 있다. very는 원급을 수식한다.

21 ① 첫 번째 도착지는 옥스퍼드였다.
② 크라이스트 처치 칼리지는 방문해야 할 세계적으로 유명한 장소가 되었다.
③ Lucy와 그녀의 가족은 크라이스트 처치 홀에서 저녁을 먹었다.
④ Lucy는 유명한 사람들의 초상화를 그렸다.
⑤ Lucy의 오빠는 유명한 올리브 나무를 만졌다.
▶ ② 세 번째 문장에서 글의 내용과 일치함을 알 수 있다.

[22~23]

스톤헨지와 옥스퍼드 투어

당신의 가족을 잊지 못할 여행에 데려가고 싶습니까? 저희 스톤헨지와 옥스퍼드 2일 투어에 참가하십시오.

첫째 날
· 지구상에서 가장 불가사의한 장소들 중 하나인 스톤헨지 방문
· 원형으로 둘러선 거대한 돌들 관람

둘째 날
· 옥스퍼드에 도착. 《해리 포터》 팬들을 위해, 크라이스트 처치 칼리지 가기
· 옥스퍼드 대학에 들어가고 싶으신가요? 유명한 올리브 나무를 만지세요.

기다리지 마세요. 지금 예약하세요!

W·O·R·D·S unforgettable 잊을 수 없는 book 예약하다

22 ▶ get into: 들어가다 (= enter)

23 ▶ ⑤ 옥스퍼드 대학에 들어가고 싶으면 올리브 나무를 만지라고 했다. 올리브 나무 행사에 대한 내용은 나와 있지 않다.

[24~25]

지난겨울에, 나는 가족들과 라오스에 갔다. 우리는 비엔티안에서 많은 아름다운 사원들을 방문했고 야시장에 갔다. 그리고 나서, 우리는 방비엥으로 이동했고 강 튜빙을 했다. 우리는 또한 전통 음식을 즐겼다. 외국에서 새로운 것들을 시도하는 것은 많은 재미가 있었다. 나는 다시 라오스에 방문할 기회를 갖기를 바란다.

24 ▶ (A) Last winter라는 과거를 나타내는 말이 나오므로 과거 동사 went가 알맞다.
(B) to부정사구 대신 주어 자리에 쓰인 가주어 It이 알맞다.
(C) 앞의 명사 chance를 수식하는 to부정사가 알맞다.

25

방문한 곳	라오스의 (1)비엔티안과 방비엥
한 것	· 많은 아름다운 (2)사원을 방문했다 · (3)야시장에 갔다 · 강 튜빙을 했다 · 그들의 (4)전통 음식을 즐겼다
느낀 점	외국에서 (5)새로운 것들을 시도하는 많은 재미

▶ 글의 내용을 방문한 곳, 한 것, 느낀 점으로 분류하여 표를 작성한다.

서술형 평가

Basic   p. 115

A (1) to ride (2) read (3) to make

B (1) saying → say (2) fish → to fish (3) While → During

C (1) Yes, he has (2) No, she hasn't

D (1) It is amazing to walk more than 10 hours a day.
(2) It is very important to wear a seatbelt in the car.

A (1) 그가 자전거를 타고 출근하는 것은 좋다.
(2) 너는 《해리포터》를 읽어 본 적이 있니?
(3) 우리는 피자를 만들 밀가루를 사야 한다.
▶ (1) 〈It ~ to부정사〉 구문이 되어야 한다. for him은 to부정사의 의미상의 주어이다.
(2) 〈Have you ever+과거분사 ~?〉는 경험한 것을 묻는 표현이다. read[riːd]의 과거분사형은 read[red]이다.
(3) 앞의 명사 a flour를 수식하는 to부정사가 와야 한다.
W·O·R·D·S flour 밀가루

B (1) 네가 그렇게 말하니 친절하구나.
(2) 그 호수는 한국에서 낚시할 인기 있는 장소이다.
(3) 우리 여행 동안에, 나는 일기에 간단한 그림들을 그렸다.
▶ (1) 〈It ~ to부정사〉 구문이므로, to saying을 to say로 고쳐야 한다.
(2) fish를 명사 place를 수식하는 to부정사로 써야 한다.
(3) while(접속사)+주어+동사 / during(전치사)+특정한 기간을 나타내는 명사
W·O·R·D·S fish 낚시하다

C (1) A: 그는 꿈에서 귀신을 본 적이 있니?
B: 응, 있어.
(2) A: 그녀는 방 청소를 끝냈니?
B: 아니, 못 끝냈어.
▶ 경험을 묻는 말에 대한 긍정의 응답은 〈Yes, 주어+have[has].〉이고, 부정의 응답은 〈No, 주어+haven't[hasn't].〉이다.
W·O·R·D·S ghost 귀신

D (1) 하루에 10시간 이상을 걷는 것은 놀랍다.
(2) 차에서 안전벨트를 매는 것은 매우 중요하다.
▶ 주어인 to부정사(구)의 길이가 길면, 주어 자리에 가주어 It을 쓰고 to부정사(구)는 문장의 뒤로 보낸다.

Intermediate
p. 116

A (1) have many books to read.

(2) have some people to meet.

(3) have a few cats to feed.

B (1) Have you ever been to Egypt?

(2) It is difficult to learn Chinese.

(3) Rebecca is one of the prettiest girls

C (1) It's sunny.

(2) It will be rainy[raining]. / It will rain.

A 나는 쓸 보고서들이 많다.

(1) 나는 살 책들이 많다.

(2) 나는 만날 사람들이 좀 있다.

(3) 나는 먹이를 줄 고양이들이 약간 있다.

▶ 앞의 명사를 수식하는 to부정사의 형용사적 용법의 문장을 쓴다.

W·O·R·D·S a lot of 많은   a few 약간의   feed 먹이를 주다

B ▶ (1) Have you ever+과거분사 ~?: 경험을 묻는 표현

(2) ⟨It+be동사+형용사+to부정사(구) ~.⟩

(3) one of the+최상급+복수명사: 가장 ~한 …들 중의 하나

C 좋은 아침입니다. 일기예보를 알려 드리겠습니다. 맑은 화창합니다만, 내일은 비가 좀 오겠습니다. 우산 없이 집을 나서지 마십시오. 오늘의 일기예보였습니다. 좋은 하루 보내십시오!

(1) 오늘 날씨는 어떤가? – 화창해.

(2) 내일 날씨는 어떤가? – 비가 올 거야.

▶ How's the weather? / What's the weather like?는 날씨를 묻는 표현들이다. 날씨를 말할 때는 ⟨It's+날씨를 나타내는 형용사.⟩로 한다.

W·O·R·D·S weather forecast 일기예보   expect 기대하다

Advanced
p. 117

A 다음 중 4개를 골라 씀

It's rainy and cloudy in London.

It's warm and sunny in Cairo.

It's cold and snowy in Moscow.

It's hot and sunny in Bangkok.

It's cool and cloudy in Seattle.

It's rainy and windy in Jeju.

B (1) Laos with her family

(2) visited beautiful temples and the night market

(3) enjoyed the traditional food

(4) to try new things in a foreign country

(5) to visit Laos again

A 3월의 날씨는 어떠니?

– 런던은 비가 오고 흐려.

– 카이로는 따뜻하고 화창해.

– 모스크바는 춥고 눈이 와.

– 방콕은 덥고 화창해.

– 시애틀은 시원하고 흐려.

– 제주는 비가 오고 바람이 불어.

▶ ⟨It's+날씨를 나타내는 형용사.⟩로 날씨 표현을 한다.

B Jenny는 지난여름에 가족들과 라오스에 갔다. 그녀는 비엔티안에서 많은 아름다운 사원들과 야시장을 방문했다. 그러고 나서, 그녀는 방비엥으로 이동했고 블루라군에서 다이빙을 했다. 그녀는 또한 전통 음식을 즐겼다. 외국에서 새로운 것들을 시도하는 것은 흥미진진했다. 그녀는 다시 라오스에 방문할 기회를 갖고 싶다고 생각했다.

▶ (1) 여행 장소와 함께 간 사람을 쓴다.

(2) 비엔티안에서 한 일을 쓴다.

(3) 방비엥에서 한 일을 쓴다.

(4), (5) Jenny가 여행 후에 생각한 것들에 대해 쓴다. 각각 ⟨It ~ to부정사(구) ~.⟩와 ⟨명사+to부정사⟩의 구문을 이용하여 쓴다.

W·O·R·D·S dive 다이빙하다

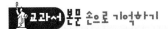

01 Hi, I am Lucy Hunter, and I live in London.

02 Last week, my family went on a vacation for three days.

03 During our trip, I made simple drawings in my journal.

04 That was a great way to capture all the special moments.

05 At last, we set foot at Stonehenge, one of the most mysterious places on Earth.

06 After a two-hour drive from our home in London, we finally got to Stonehenge.

07 It was just amazing to see the ring of huge stones.

08 How did those huge stones get there thousands of years ago? What were they for?

09 I guess Stonehenge will remain a mystery for a long time.

10 Don't try to make a perfect drawing. A few colors will be enough.

11 In the morning, we walked around the Cotswolds.

12 It started to rain in the afternoon, so we decided to stay indoors at our B&B.

13 A B&B is a popular place to stay in England. It feels more like a home than a hotel.

14 The owner invited us for afternoon tea today.

15 The dining table was full of cookies, cake, bread, and cheese.

16 While I was busy eating, Mom was admiring the beautiful cups and plates.

17 I ate too much, so I couldn't eat anything for dinner.

18 It is O.K. to draw everyday objects like cups and plates in your journal.

19 Our last stop was Oxford. We first visited Christ Church College.

20 It has become a world famous place to visit since it appeared in the *Harry Potter movies*.

21 In the movies, Harry and everyone else eat dinner at the Hall of Christ Church.

22 We also saw portraits of famous people who graduated from the college.

23 When we were outside the building, I walked to the famous olive tree and touched it.

24 "Because I touched this tree," I said, "I will get into Oxford University!"

25 Then, my brother said to me with a smile, "I can't wait to see your portrait on the wall."

26 Create your own avatar. Your drawing journal will become much more interesting.

LESSON 4 Giving a Hand

교과서 Vocabulary

Vocabulary Check
p. 123

A **01** 압력 **02** 나이 드신 **03** 상태, 조건, 상황 **04** 믿을 수 있는, 의지할 수 있는 **05** 발명(품) **06** 기회 **07** 신호, 통신 **08** 병, 질병 **09** 호의, 부탁 **10** 안전 **11** 지지하다, 뒷받침하다 **12** 편안한, 쾌적한 **13** 재료, 소재 **14** 감지기, 센서 **15** 세대 **16** 시행착오 **17** 혼잣말을 하다 **18** 돌아다니다, 헤매다 **19** 산책하러 나가다 **20** ~을 계속 지켜보다

B **01** succeed **02** close **03** volunteer **04** respect **05** lesson **06** proud **07** understand **08** water **09** break **10** worse **11** heel **12** shock **13** device **14** project **15** work **16** invite **17** grow up **18** give up **19** get lost **20** cheer up

Pop Quiz
p. 124

1 succeed 2 up 3 heel

Vocabulary Practice
p. 125

A (1) trial (2) chance (3) generations (4) wandered, lost
B (1) worse (2) comfortable (3) elderly (4) trusty
C ⑤ **D** ③

A ▶ (1) trial and error: 시행착오
(2) give a chance: 기회를 주다
(3) generation: 세대
(4) wander off: 돌아다니다, 헤매다 / get lost: 길을 잃다

B (1) 상처를 만지지 마라. 상처가 더 악화될 것이다.
(2) 그녀는 부드럽고 편안한 침대에 누웠다.
(3) 이 의료 장치는 나이 든 사람들을 위한 제품이다.
(4) 나는 결코 나의 믿음직한 개, 볼트 없이는 어디에도 가지 않는다.
▶ (1) worse: 악화된, 더 심한
(2) comfortable: 편안한, 쾌적한
(3) elderly: 나이 드신
(4) trusty: 믿을 수 있는, 의지할 수 있는

C 돌, 나무, 철, 종이, 플라스틱 등
▶ 모두 ⑤ '재료'에 포함되는 단어들이다.
① 신호, 통신 ② 감지기, 센서 ③ 자연 ④ 발명(품)

D 세종대왕은 1443년에 한글을 만들었다. 그는 그의 백성들이 쉽게 읽고 쓰기를 원했다. 우리는 그것에 대해 그에게 감사해야 한다. 나는 그를 매우 존경한다.

▶ 세종대왕이 한글을 창제한 것에 대해 말하면서 그에 대한 감사와 존경을 나타내고 있다.
① 기대하다 ② 만들다, 창조하다 ③ 존경하다, 존중하다
④ 신뢰하다 ⑤ 이해하다

Expressions

Pop Quiz ◄   p. 126

1 Sorry, but I can't   2 Thank you for

Expressions Practice   p. 127

A (1) Will you (2) for
B (1) Can I ask a favor of you
  (2) Thank you for inviting me to
  (3) Can you help me with my science project
C ③   D ①

A (1) A: 내 사진을 찍어줄 수 있겠니?
      B: 물론이지. 문제없어.
  (2) A: Harry, 나의 좋은 친구가 되어 줘서 고마워.
      B: 천만에.
  ▶ (1) Can[Will / Could / Would] you ~?로 상대방에게 도움을 요청하는 말을 할 수 있다.
  (2) 〈Thank you for+(동)명사 ~.〉: ~해서 고마워.

B (1) 내 부탁 하나 들어줄래?
  (2) 나를 너의 파티에 초대해줘서 고마워.
  (3) 오늘 오후에 내 과학 과제를 도와줄 수 있겠니?
  ▶ (1) Can I ask a favor of you?: 도움을 요청하는 표현
  (2) 〈Thank you for+(동)명사 ~.〉: 어떤 일에 대해 감사하는 표현
  (3) Can you help me with ~?: 내가 ~하는 것을 도와주겠니?

C A: 나를 도와주겠니?
  B: 물론이지.
  ▶ ①, ②, ④, ⑤는 '나를 도와주겠니?, 내 부탁 하나 들어줄래?'라는 뜻으로 도움을 요청하는 표현이고, ③은 '내가 널 위해 무엇을 해줄까?'라는 뜻이다.

D (A) 나와 함께 이 탁자를 옮길 수 있겠니? 너무 무거워.
  (C) 물론이지. 문제없어.
  (B) 나를 도와줘서 고마워.
  ▶ 탁자를 옮겨 달라고 도움을 요청하는 (A) 뒤에 이를 수락하는 (C)의 응답이 이어지고, 이에 대해 감사하는 (B)의 말이 이어지는 것이 자연스럽다.

대화문 빈칸 채우기   pp. 130~131

① a favor ② for a week ③ water the plants ④ help, with
⑤ have to visit ⑥ As you know ⑦ for supporting
⑧ proud ⑨ Nothing special ⑩ Thank you for inviting
⑪ do me a favor ⑫ until October ⑬ while ⑭ cheer her up ⑮ during the weekend ⑯ Don't worry about ⑰ had a chance ⑱ lucky ⑲ special plans ⑳ come over to

Grammar

Pop Quiz ◄   pp. 132~133

1 (1) which (2) that (3) which, that   2 that   3 too, to

Grammar Practice   pp. 134~135

01 ①, ③   02 so   03 ②   04 so, that   05 ⑤   06 ④
07 (1) whom (2) which (3) so   08 ④   09 (1) early enough to (2) too scary to   10 built it → built   11 ②   12 ⑤
13 so heavy that, can't   14 ⑤   15 (1) so expensive that I can't buy it (2) the story which[that] you told us

01 나는 지난밤 콘서트에서 만난 소녀를 안다.
  ▶ 선행사가 사람이고 관계대명사절에서 목적어 역할을 하므로 목적격 관계대명사 who(m) 또는 that이 들어가야 한다.

02 • 그는 너무 아파서 진찰을 받았다.
  • 나는 제시간에 그곳에 도착할 수 있도록 택시를 탈 것이다.
  ▶ 첫 번째 빈칸이 있는 문장은 〈so+형용사+that+주어+동사〉가 되어야 하고, 두 번째 빈칸이 있는 문장은 so that(~하기 위해서)이 쓰여야 한다.
  W·O·R·D·S go see a doctor 진찰을 받다   take a taxi 택시를 타다   arrive 도착하다   in time 제시간에

03 • 그는 내가 찾고 있는 소년이다.
  • 네가 만든 치즈케이크는 맛있었다.
  ▶ 첫 번째 문장은 선행사가 사람(boy)이므로 목적격 관계대명사 who(m) 또는 that이 알맞고, 두 번째 문장은 선행사가 사물(cheesecake)이므로 목적격 관계대명사 which 또는 that이 알맞다.
  W·O·R·D·S look for ~을 찾다   delicious 맛있는

04 • 그녀는 매우 똑똑하다.
  • 그녀의 부모님은 그녀를 자랑스러워한다.
  → 그녀가 너무 똑똑해서 그녀의 부모님이 그녀를 자랑스러워한다.
  ▶ 〈so+형용사+that+주어+동사〉는 '너무 ~해서 …하다'라는 뜻이다.
  W·O·R·D·S be proud of ~을 자랑스러워하다

05 ① 나는 축구를 좋아하는 친구가 있다.

② 그는 옆집에 사는 남자이다.

③ 나무 위의 새를 봐라.

④ 이것들은 열매와 씨앗을 먹는 동물들이다.

⑤ 이것은 내가 2년 전에 읽었던 만화이다.

▶ ①~④는 주격 관계대명사이므로 생략할 수 없고, ⑤는 목적격 관계대명사이므로 생략할 수 있다.

W·O·R·D·S next door 옆집에 seed 씨앗 cartoon 만화

06 ▶ 빈칸은 주어부에 해당하는데, 주어인 The people을 수식하는 관계대명사절이 되도록 목적격 관계대명사 who(m) 또는 that을 이용한다. 목적격 관계대명사는 생략할 수 있다.

07 ▶ (1) 선행사가 사람(scientist)이므로 목적격 관계대명사 who(m)가 알맞다.

(2) 선행사가 사물(food)이므로 목적격 관계대명사 which가 알맞다.

(3) 〈so+형용사+that+주어+can't+동사원형〉은 '너무 ~해서 …할 수 없다'라는 뜻이다.

08 ① 이것은 내가 쓴 시이다.

② 우리는 그녀가 보낸 편지를 받았다.

③ 내가 좋아하는 가수가 지금 노래 부르고 있다.

④ 그는 너무 아파서 아무것도 먹지 않았다.

⑤ 내가 어제 도와주었던 아이는 나의 선생님의 아들이다.

▶ ④는 〈so ~ that …〉 구문의 접속사 that이고, 나머지는 모두 목적격 관계대명사 that이다.

W·O·R·D·S poem 시 sick 아픈

09 (1) 그는 아주 일찍 일어나서 첫 기차를 탈 수 있다.

(2) 나는 너무 무서워서 그 영화를 끝까지 볼 수 없었다.

▶ (1) so+부사+that+주어+can+동사원형
= 부사+enough to+동사원형

(2) so+형용사+that+주어+can't+동사원형
= too+형용사+to+동사원형

W·O·R·D·S scary 무서운

10 너는 그가 지은 새 집이 마음이 드니?

▶ Do you like the new house?와 He built it.이 결합된 문장이다. the new house에 해당하는 it이 목적격 관계대명사 that으로 쓰여 한 문장이 되었으므로 it을 삭제해야 한다.

11 나는 성공하기 위해서 열심히 일한다.

▶ so that은 '~하기 위해서'라는 뜻이므로, 목적을 나타내는 to부정사를 써서 바꿔 쓸 수 있다.

W·O·R·D·S succeed 성공하다

12 ▶ 관계대명사절의 수식을 받는 The backpack이 문장의 주어가 된다. 선행사가 사물(backpack)이므로 목적격 관계대명사 which 또는 that을 이용하고, 시제는 과거로 쓴다. 목적격 관계대명사 뒤에는 주어와 동사가 이어진다.

The backpack is black. + I bought it.

13 이 상자는 너무 무거워서 내가 옮길 수 없다.

▶ 〈so+형용사+that+주어+can't+동사원형〉은 '너무 ~해서 …할 수 없다'라는 뜻이다.

14 ① 나는 Mike가 보낸 선물을 받았다.

② 나는 너무 바빠서 너를 만날 수 없다.

③ 이 컴퓨터는 너무 느려서 쓸 수 없었다.

④ 그녀가 입고 있는 드레스는 멋지다.

⑤ 우리는 공을 가지고 노는 개와 소년을 봤다.

▶ ⑤ 선행사로 동물과 사람이 함께 나올 때는 관계대명사 that을 쓴다.

W·O·R·D·S gift 선물 busy 바쁜

15 (1) 그 자전거는 너무 비싸서 내가 살 수 없다.

(2) 나는 네가 우리에게 한 이야기를 믿지 않는다.

▶ (1) 〈so+형용사+that+주어+can't+동사원형〉의 어순으로 배열한다. 접속사 that을 추가한다.

(2) 문장의 목적어인 the story를 수식하는 관계대명사절을 만든다. the story를 수식하는 말이 you told us이므로 목적격 관계대명사 which나 that을 추가한다.

W·O·R·D·S expensive 비싼 believe 믿다

Reading

Do It Yourself

pp. 136~137

01 lesson 02 disease 03 respect 04 get lost 05 상태, 조건, 상황 06 세대 07 돌아다니다, 헤매다 08 믿을 수 있는, 의지할 수 있는 09 material 10 device 11 pressure 12 succeed 13 뒤꿈치 14 나이 드신 15 신호, 통신 16 편안한

Reading Practice

pp. 138~139

A 01 grew 02 has always been 03 and 04 ×
05 who 06 When 07 was 08 worse 09 so 10 saw
11 himself 12 that 13 find 14 comfortable 15 safety
16 in 17 happy 18 that 19 inventor 20 is

B 01 There were 02 close to 03 so often that 04 to make comfortable socks 05 became worse 06 trial and error 07 put pressure sensors 08 to send a signal 09 who(m)[that] Kenneth respected the most 10 that he jumped for joy

A

02 ▶ 빈도부사는 조동사 뒤에 위치한다.

03 ▶ 문법상 대등한 3가지가 나열되므로 〈A, B, and C〉의 형태로 나타낸다.

04 ▶ 수여동사 teach+간접목적어+직접목적어

05 ▶ 선행사가 사람이므로 목적격 관계대명사 who(m)가 알맞다.

06 ▶ '~할 때'라는 의미로 시간의 부사절을 이끄는 When이 알맞다.

07 ▶ 주어가 Everyone이므로 단수동사 was가 알맞다.

08 ▶ worse는 bad의 비교급이다.

09 ▶ 〈so ~ that …〉 구문이 되어야 한다.

10 ▶ 동사 got과 병렬 연결된 구조이므로 saw가 알맞다.

11 ▶ say to oneself: 혼잣말을 하다

12 ▶ 선행사가 사람이 아니므로 목적격 관계대명사 that이 알맞다.

13 ▶ had to에 create와 병렬 연결되므로 find가 알맞다.

14 ▶ comfortable: 편안한 ↔ uncomfortable 불편한

15 ▶ 소유격 다음에 이어지므로 명사형이 알맞다.

16 ▶ succeed in -ing: ~하는 데 성공하다

17 ▶ be동사의 보어로 형용사가 알맞다.

18 ▶ believe의 목적어 역할을 하는 절을 이끄는 접속사 that이 알맞다.

19 ▶ inventor: 발명가 / invention: 발명품

B

01 ▶ There were ~.: ~들이 많았다.

02 ▶ close to: ~와 가까운

03 ▶ '너무 ~해서 …하다'라는 의미는 〈so ~ that ...〉으로 표현한다.

04 ▶ 목적을 나타내는 to부정사를 쓴다.

06 ▶ trial and error: 시행착오

08 ▶ 앞의 명사 a way를 수식하는 형용사적 용법의 to부정사를 쓴다.

09 ▶ 선행사가 사람이므로 목적격 관계대명사 who(m) 또는 that을 이용한다.

10 ▶ 〈so ~ that …〉 구문으로 완성한다. jump for joy: 기뻐 날뛰다

영역별 **Review**   pp. 140~147

01 ②	02 ⑤	03 ①	04 keep an eye	05 ④	06 ③

07 ②   **08** succeed   **09** ②   **10** ①   **11** ③   **12** Thank you for   **13** ③   **14** ④, ⑤   **15** ④   **16** ⑤   **17** ④   **18** a hand   **19** (A) - (C) - (B) - (D)   **20** (1) Can you lend me your bike? (2) Thank you for helping me with my homework.   **21** ⑤   **22** ③   **23** I just want to cheer her up.   **24** ③   **25** ④   **26** whom → which[that]   **27** ⑤   **28** ②   **29** ④   **30** so, that   **31** ⑤   **32** ⑤   **33** too sick to   **34** to pass   **35** ③   **36** ⑤   **37** ④   **38** ②   **39** The sneakers which[that] I am wearing are new.   **40** to him   **41** ④   **42** ⑤   **43** ②   **44** which[that]   **45** pressure sensors, heels, smart phone, comfortable   **46** ④   **47** device   **48** ④   **49** ③   **50** thank her parents   **51** They looked so sad that I wanted to help them.   **52** ②   **53** ③   **54** ①   **55** ⑤

01 ① 나이 든 ② 잃어버린 – 발견된 ③ 병, 질병 ④ 완벽한, 완전한 ⑤ 기회
▶ ②는 반의어 관계이고 나머지는 유의어 관계이다.

02 랩과 힙합 음악은 젊은 세대 사이에서 인기를 얻게 되었다.
▶ 같은 연령층의 사람들을 가리키는 말로 '세대'라는 뜻의 generation이 빈칸에 알맞다.
① 감지기, 센서 ② 신호, 통신 ③ 자원봉사; 자원봉사하다 ④ 등장인물, 캐릭터

03 ① 편안한: 불쾌하게 느끼는
② 존경하다: 어떤 사람에게 감탄을 하는
③ 교훈: 경험을 통해서 배우는 어떤 것
④ 발명하다: 처음으로 어떤 것을 창조하다
⑤ 압력: 어떤 것을 누를 때 만들어지는 힘
▶ ① comfortable(편안한)의 영영풀이로 feeling pleasant가 알맞다.
W·O·R·D·S unpleasant 불쾌한 admiration 감탄 through ~을 통해서 experience 경험 force 힘 push 누르다

04 ▶ keep an eye on ~: ~을 계속 지켜보다
W·O·R·D·S all night long 밤새도록

05 ① 그녀는 나의 친한 친구이다.
② 나는 그가 내 남동생과 친하다고 생각한다.
③ 나의 집은 사무실과 매우 가깝다.
④ 우리는 안전을 위해 도서관을 닫아야 한다.
⑤ 너는 가까운 거리에서 고래를 볼 수 있다.
▶ close는 형용사로 '가까운, 친한'의 뜻이고, 동사로 '닫다'라는 뜻이다. ④는 동사로 쓰였고 나머지는 형용사로 쓰였다.
W·O·R·D·S whale 고래 distance 거리

06 • 나는 이 일을 포기할 수 없었다.
• 그는 자라서 요리사가 되었다.
▶ give up: 포기하다 / grow up: 자라다

07 ① 이 노래가 그의 기운을 북돋울 것이다.
② 나의 할머니께서는 항상 혼잣말을 하셨다.
③ 나는 편안한 양말을 만들고 싶었다.
④ 그는 많은 시행착오를 겪었다.
⑤ 나는 그 개가 꽤 멀리 돌아다녔다고 생각한다.
▶ ② say to oneself는 '혼잣말을 하다'라는 뜻이다.
W·O·R·D·S go though ~을 겪다 quite far 꽤 멀리

08 나는 그가 아시아에서 성공할 거라고 확신한다.
▶ have a success는 '성공하다'라는 뜻으로 동사 succeed로 바꿔 쓸 수 있다.

09 A: 나를 도와주겠니?
B: 물론이지. 뭔데?
A: 설거지를 해 주겠니?
B: 물론이지.
▶ ⓐ Can[Could / Will / Would] you do me a favor?는 도움을 요청하는 표현이다.
ⓑ 도와줄 것이 '무엇'인지 묻는 말이므로 What이 알맞다.

W·O·R·D·S wash the dishes 설거지를 하다

10 너는 오늘 밤에 어떤 특별한 계획이 있니?

① 특별한 것은 없어.

② 물론이지. 누구를 위한 거야?

③ 응, 나는 생일 파티를 열었어.

④ 아니, 나는 삼촌 댁에 들를 거야.

⑤ 응, 나는 그냥 집에 있을 거야.

▶ 계획을 묻는 말에 대한 답으로 ①이 알맞다. 시제와 Yes / No 뒤에 이어지는 내용이 적절한지 확인한다.

W·O·R·D·S come over 들르다

11 A: 나는 이번 주말에 제주도에 갈 거야. 내 개를 돌봐줄 수 있겠니?

B: 물론이지. 그녀에 대해서 걱정하지 마.

▶ Sure.는 요청하는 말에 대한 긍정의 응답이므로 O.K. / Of course. / Why not? / No problem. 등으로 답할 수 있다.

W·O·R·D·S worry about ~에 대해 걱정하다

12 ▶ Thank you for -ing ~.(~해서 고마워.)는 감사하는 표현이다.

13 ① A: 식물들에 물을 줄 수 있겠니?

　B: 미안하지만, 그럴 수 없어. 나는 바빠.

② A: 나를 도와주겠니?

　B: 물론이지. 뭔데?

③ A: 내 일을 도와줄 수 있겠니?

　B: 날 도와줘서 고마워.

④ A: 내 사진을 찍어줄 수 있겠니?

　B: 물론이지. 문제없어.

⑤ A: 날 초대해줘서 고마워.

　B: 천만에.

▶ ③ 도움을 요청하는 말에 도와줘서 고맙다는 응답은 어색하다.

14 A: 정말 고마워.

B: 천만에.

▶ 감사의 말에 대한 응답으로 You're welcome. / My pleasure. 등을 쓸 수 있다.

15 A: 이 의자를 이층으로 옮겨 주겠니?

B: 미안해, 할 수 없어. 나는 매우 피곤해.

▶ 빈칸 뒤에 요청을 거절하는 이유가 나오므로, 거절하는 응답이 알맞다.

W·O·R·D·S upstairs 이층

16 ①~④ 저를 도와주시겠어요?

⑤ 도움을 좀 원하세요?

▶ ①~④는 도움을 요청하는 표현이고, ⑤는 도움을 주겠다는 표현이다.

17 A: 우리 집에 와 줘서 고마워.

B: 천만에.

① 훌륭해!

② 나도 그렇게 생각해.

③ 맞아.

④ 천만에.

⑤ 잘했어.

▶ 감사의 말에 대한 응답으로 ④가 알맞다.

18 도와주시겠어요?

▶ Can you do me a favor? / Can you give me a hand?는 도움을 요청하는 표현들이다.

19 (A) 이번 주말에 뭐 할 거니?

(C) 특별한 것 없어. 나는 그냥 집에서 TV를 볼거야.

(B) 잘됐어! 내가 이번 주말에 생일 파티를 열 거야. 올 수 있니?

(D) 물론이지. 날 초대해줘서 고마워.

▶ 주말 계획을 묻고 답하는 말 다음에, 집으로 생일 파티 초대를 하고 감사의 말을 하는 대화의 순서가 자연스럽다.

20 ▶ (1) Can you ~?로 상대방에게 구체적인 것에 대한 요청을 할 수 있다.

(2) Thank you for -ing ~.는 감사를 나타내는 표현이다.

W·O·R·D·S lend 빌려주다

[21~23]

Jaden: 나를 도와주겠니?

유리: 물론이지. 뭔데, Jaden?

Jaden: 여자아이를 위한 야구 모자를 사러 함께 갈 수 있겠니?

유리: 응, 당연하지. 누구를 위한 건데?

Jaden: 내 여동생 Kate를 위한 거야.

유리: 오, 그녀에게 생일 선물을 사 주는 거니?

Jaden: 아니, 그녀의 생일은 10월이나 되어야 해.

유리: 그럼, 왜 그녀에게 야구 모자를 사 주려는 건데?

Jaden: 그녀는 지난주에 자전거를 타다가 다리가 부러졌거든. 그냥 그녀의 기운을 북돋워 주고 싶어.

유리: 오, 알겠어. 나는 이번 금요일 오후에 갈 수 있어.

Jaden: 완벽해. 고마워.

21 ①~④ 내가 너를 도와줄까?

⑤ 나를 도와주겠니?

▶ Can you do me a favor?는 도움을 요청하는 표현이므로 ⑤와 바꿔 쓸 수 있다.

22 ▶ '~을 위한'이라는 뜻의 for가 알맞다.

23 ▶ 자전거를 타다가 다리가 부러진 여동생의 기운을 북돋워 주고 싶어서 야구 모자를 사려는 것이다.

24 이것은 나의 남동생이 좋아하는 ① 노래 / ② 게임 / ④ 영화 / ⑤ 동물이다.

▶ 목적격 관계대명사 which가 있으므로 앞에 사람은 선행사로 올 수 없다.

25 · 나는 너무 행복해서 울었다.

· 나는 첫 기차를 타기 위해 일찍 일어나야 한다.

▶ 첫 번째 문장은 〈so ~ that …〉 구문이고, 두 번째 문장은 so that이 '~하기 위해서'라는 뜻으로 쓰였다.

W·O·R·D·S catch (버스, 기차 등을 시간 맞춰) 타다

26 이것은 나의 삼촌이 나에게 준 시계이다.

▶ 선행사(watch)가 사물이므로 목적격 관계대명사 which 또는 that을 써야 한다.

27 ・그들이 내일 만날 여자는 피아니스트이다.

・나는 호진이가 지난주에 본 영화를 보고 싶다.

▶ 첫 번째 문장은 선행사(woman)가 사람이므로 목적격 관계대명사 who(m) 또는 that을 쓴다. 두 번째 문장은 선행사(movie)가 사람이 아니므로 목적격 관계대명사 which 또는 that을 쓴다.

28 나는 나의 삼촌과 매우 가깝게 지냈다.

▶ 빈도부사 always는 be동사와 조동사 뒤에, 일반동사 앞에 위치한다.

29 〈보기〉 이 사람은 우리가 좋아하는 소년이다.

① 저 여자는 누구니?

② 나는 그가 누구인지 모른다.

③ 내 가방을 가지고 있는 소녀는 Jenny이다.

④ 그는 내가 존경했던 사람이었다.

⑤ 나는 갈색 눈을 가진 귀여운 소녀를 만났다.

▶ 〈보기〉와 ④의 who는 목적격 관계대명사이다. ①, ② 의문사 ③, ⑤ 주격 관계대명사

W·O·R·D·S cute 귀여운

30 ▶ 〈so ~ that …〉은 '너무 ~해서 …하다'라는 뜻의 구문이다.

31 ① 나는 그들이 옳다고 생각한다.

② 그것은 내가 갖고 싶은 신발이다.

③ 이것은 내가 어제 잃어버린 지갑이다.

④ 그는 너무 빨리 걸어서 내가 따라갈 수 없었다.

⑤ 한라산은 우리가 내일 오를 산이다.

▶ ⑤ the mountain이 동사 climb의 목적어가 되므로, 목적격 관계대명사 which 또는 that을 써야 한다.

W·O·R·D·S wallet 지갑   follow 따라가다   climb 오르다

32 ▶ This is the house.＋I live in the house.라는 두 문장이 관계대명사로 연결된 것이므로, 관계대명사 which 또는 that으로 연결하고 전치사를 반드시 써야 한다.

33 나는 너무 아파서 파티에 갈 수 없다.

▶ 〈so＋형용사＋that＋주어＋can't＋동사원형〉은 〈too＋형용사＋to부정사〉로 바꿔 쓸 수 있다.

34 그녀는 시험에 합격하기 위해서 열심히 공부했다.

▶ so that ~이 '~하기 위해서'라는 의미를 나타내므로, 목적을 나타내는 to부정사로 대신할 수 있다.

35 ① 나는 그가 바보라고 생각하지 않는다.

② 이것은 나의 아빠가 구우신 케이크이다.

③ 그녀에게 이야기하고 있는 저 소년은 내 친구이다.

④ 너는 Bill이 좋아하는 소녀를 아니?

⑤ 나는 읽고 싶었던 책을 샀다.

▶ 목적어 역할을 하는 절을 이끄는 접속사(①)와 목적격 관계대명사(②, ④, ⑤)는 생략 가능하지만, ③의 지시대명사는 생략할 수 없다.

W·O·R·D·S fool 바보   bake (빵을) 굽다

36 나는 5살 이후로 바이올린을 연주했다.

▶ 과거 어느 시점부터 현재까지 계속되는 행위를 나타내므로 현재완료(have＋과거분사)로 써야 한다.

37 ① 나는 그 상자를 옮길 만큼 충분히 힘이 세다.

② 그는 너무 졸려서 영화를 볼 수 없었다.

③ 그 자전거가 너무 멋져서 나는 그것을 샀다.

④ 나는 건강을 유지하기 위해서 매일 운동한다.

⑤ 그 토끼가 너무 빨리 달려서 내가 그것을 잡을 수가 없었다.

▶ ① enough strong → strong enough

② enough → too

③ nicely → nice

⑤ very → so

W·O·R·D·S sleepy 졸린

38 ① 이 사람은 사람들이 좋아하는 화가이다.

② 너는 그것이 위험하다는 것을 아니?

③ 그는 내가 만나고 싶은 작가이다.

④ 내가 공원에서 만난 소년은 친절했다.

⑤ 수진이는 모든 선생님이 좋아하는 학생이다.

▶ ②는 목적어 역할을 하는 절을 이끄는 접속사 that이 들어가고, 나머지는 모두 목적격 관계대명사 who(m)가 들어간다.

W·O·R·D·S artist 화가

39 ・그 운동화는 새것이다.

・나는 그 운동화를 신고 있다.

→ 내가 신고 있는 운동화는 새것이다.

▶ The sneakers와 I am wearing을 목적격 관계대명사 which 또는 that으로 연결한다.

[40~42]

Kenneth Shinozuka는 3대에 걸친 행복한 대가족에서 <u>자랐다</u>. 그는 어렸을 때부터, 언제나 할아버지와 매우 가깝게 지냈다. 그는 Kenneth의 첫 번째 친구이자, 그의 믿음직한 운전사였고, 그의 요리사였다. 그는 또한 그에게 많은 인생의 교훈을 가르쳐 주었다. 그는 Kenneth가 세상에서 가장 존경한 사람이었다.

Kenneth가 네 살이었을 때, 그의 할아버지는 어느 날 산책을 나갔다가 길을 <u>잃었다</u>. 그는 알츠하이머병을 앓고 있었다. Kenneth의 가족 모두는 <u>충격을 받았다</u>. 그의 상태는 그 후 10년간 더 좋아졌다(→ 더 나빠졌다). 그가 밤에 너무 자주 돌아다녀서 누군가는 그를 밤새 <u>지켜보아야</u> 했다.

40 ▶ 〈수여동사 teach＋간접목적어＋직접목적어〉＝〈수여동사 teach＋직접목적어＋to＋간접목적어〉

41 ▶ ④ 마지막 문장을 보면 할아버지의 병세가 더 나빠졌음을 알 수 있으므로, became worse로 써야 한다.

42 ① Kenneth의 첫 번째 친구는 누구였는가?

② 누가 그에게 많은 인생 교훈을 가르쳐 주었는가?

③ 그가 4살 때 무슨 일이 일어났는가?

④ 그의 할아버지는 어떤 종류의 병에 걸렸는가?

⑤ 누가 그의 할아버지를 돌보는가?

▶ ⑤ 누군가 할아버지를 밤새 지켜보아야 했다는 내용은 있지만, 누가 돌보았는지는 글의 내용으로 답할 수 없다.

W·O·R·D·S care for ~을 돌보다

어느 날 밤, Kenneth의 할아버지가 침대에서 나왔고, Kenneth는 그것을 보았다. 그 순간, 그는 "그의 양말 뒤꿈치에 압력 감지기를 붙이는 건 어떨까?"라고 혼잣말을 했다.

Kenneth가 해야 할 일이 많았다. 그는 우선 압력 감지기를 만들어야 했고 그 다음에 그의 스마트폰으로 신호를 보내는 방법을 찾아야 했다. Kenneth는 또한 나이 드신 그의 할아버지를 위한 편안한 양말을 만들기 위해 많은 다양한 재료들을 시도해 보았다.

43 ▶ ⓑ는 Kenneth의 할아버지를 가리키고, 나머지는 모두 Kenneth를 가리킨다.

44 ▶ 선행사가 사물(things)이므로 목적격 관계대명사 which 또는 that이 알맞다.

45 1. Kenneth는 압력 감지기를 만들었다.
2. 그는 그의 할아버지 양말의 뒤꿈치에 그것을 부착했다.
3. 그는 감지기에서 그의 스마트폰으로 신호를 보내는 방법을 찾았다.
4. 그는 편안한 양말을 만들기 위해 많은 다양한 재료들을 시도했다.

[46~48]

그는 포기하고 싶었을 때, 그의 할아버지의 안전에 대해 생각했다. 수많은 시행착오 끝에, 그는 마침내 그의 장치를 만드는 데 성공했다. 그것이 처음 작동했을 때, 그는 너무 행복해서 팔짝팔짝 뛰며 좋아했다. 그는 자신의 발명품이 실제로 작동했다는 것을 믿을 수 없었다. 그의 할아버지에게, Kenneth는 세계 최고의 발명가이다. Kenneth에게, 그의 할아버지는 여전히 가장 좋은 친구이다.

46 ▶ '~할 때'라는 뜻의 접속사 When이 알맞다.

47 ▶ 그의 '발명품(invention)'은 그가 만드는 데 성공한 '장치(device)'를 가리킨다.

48 ▶ 할아버지를 위한 장치를 만드는 데 성공했고, 그것이 실제로 작동했으므로 기쁜 심정일 것이다.
① 슬픈 ② 초조한 ③ 화가 난 ④ 기쁜 ⑤ 실망한

49 나는 우리 도시의 노인들을 위해 우리가 하기로 계획 중인 자원봉사에 대해 말하고 싶습니다. 우리는 네 가지 활동을 제안했습니다. 그것들 중 하나는 그분들에게 팥빙수를 만들어 드리고 그것을 함께 먹는 것입니다. 두 번째는 수영장에 가는 것입니다. 셋째, 우리는 그분들이 좋아하시는 몇 가지 노래들을 부르고 싶습니다. 마지막은 그분들과 함께 윷놀이를 하는 것입니다.
▶ 밑줄 다음에 이어지는 내용에서 팥빙수 만들어서 함께 먹기, 수영장 가기, 노래 부르기, 윷놀이 하기 등의 활동이 언급되었다.
W·O·R·D·S come up with ~을 제안하다 activity 활동 several 몇몇의

50 안녕, 엄마! 안녕, 아빠! 아시다시피, 오늘은 제 15번째 생일이에요. 저는 제 부모님이 되어 주신 것에 대해 감사할 기회를 갖지 못했어요. 두 분은 정말로 제 친구이자 선생님이세요. 저를 지지하고 항상 저를 이해하려고 하신 것에 감사 드려요. 저는 정말로 두 분의 딸이어서 자랑스러워요.
Q. 이 글의 목적은 무엇인가?
A. 그녀의 부모님께 감사드리기 위해서.

▶ I haven't had a chance to thank you for being my parents. / Thank you for supporting me and always trying to understand me.로 볼 때, 감사드리기 위한 목적임을 알 수 있다.
W·O·R·D·S support 지지하다 be proud of ~을 자랑스러워하다

[51~53]

안녕하세요, 저는 김도하이고, 저는 당신의 자원봉사 프로젝트에 참여하고 싶습니다. 어느 날, 제가 TV에서 몇몇 불쌍한 개들을 봤습니다. 개들이 너무 슬퍼 보여서 저는 개들을 돕고 싶었습니다. 저는 개를 좋아하고, 개들을 위해 제가 할 수 있는 것이 많습니다. 저는 개를 산책시키고, 목욕시키고, 함께 놀 수 있습니다. 저는 당신이 찾고 있는 사람입니다!

51 ▶ 〈so+형용사+that+주어+동사 ~〉의 어순으로 쓴다.

52 ▶ ⓑ 선행사가 사물(things)이므로 목적격 관계대명사 which [that]가 알맞다.
ⓒ 선행사가 사람(person)이므로 목적격 관계대명사 who(m) [that]가 알맞다.

53 ▶ ③ 개를 돕고 싶다고는 했지만, 기부금을 내고 싶다는 내용은 나와 있지 않다.

[54~55]

(A) 어린이들을 돕고 싶습니까? 라오스의 어린이 보호 프로젝트에 참여하세요. 당신은 지역 어린이들을 가르칠 겁니다. 또한 그들을 위해 학교를 지을 겁니다. 그 작업은 너무 힘들어서 처음에는 집에 가고 싶을 테지만, 당신은 이 어린이들을 도움으로써 행복을 찾게 될 겁니다.

(B) 다른 사람들을 돕고 싶습니까? 과테말라의 건축 공사 프로젝트 자원봉사에 참여하세요. 당신은 집을 짓거나 수리하고, 학교에 교실을 더하거나, 고아원을 개선할 겁니다. 당신은 최소한 일주일에 한 번 하루에 서너 시간 일해야 합니다. 그 일이 너무 힘들어서 당신은 그만두고 싶을지도 모르지만, 일이 끝난 후에는 매우 행복할 겁니다.

54 ▶ 처음에는 집에 가고 싶을 것이고, 그만두고 싶을 것이라고 했으므로, 일이 너무 '힘들다'는 것을 알 수 있다. 빈칸에 hard(힘든)가 들어가는 것이 알맞다.
② 자랑스러운 ③ 거대한 ④ 행복한 ⑤ 중요한

55 ① 어린이들을 돕자
② 자원봉사에 참여하는 방법
③ 어린이를 위한 학교 짓기
④ 행복을 찾기 위한 프로젝트
⑤ 세계에 도움의 손길 보내기
▶ 라오스의 어린이 돌보기 자원봉사와 과테말라의 집짓기 자원봉사에 대한 내용이므로, ⑤가 글의 제목으로 가장 알맞다.

01 ③	02 lost	03 ②	04 ②	05 ④	06 ②	07 ①	08 ③

09 ④　10 ⑤　11 (1) so nice that we went　(2) so hungry that, can't sleep　12 ④　13 too, to do　14 ⑤　15 (1) very → so　(2) cheer up them → cheer them up　16 ③　17 ②　18 ②　19 pressure sensors, send a signal　20 he was so happy that he jumped for joy.　21 ④　22 ④　23 ③　24 (v)olunteer　25 ②

01 ① 친밀한, 가까운 – 자랑스러운

② 자랑 – 완벽한

③ 자랑스러운 – 믿을 수 있는, 의지할 수 있는

④ 믿을 수 있는, 의지할 수 있는 – 멋진

⑤ 중요한 – 완벽한

▶ be proud of: ~을 자랑스러워하다 / trusty는 '믿을 수 있는, 의지할 수 있는'이라는 뜻으로 명사 앞에서만 쓰인다.

W·O·R·D·S lawyer 변호사 witness 증인

02 • 우리는 숲에서 길을 잃었다.

• 나는 분실물 보관소에서 가방을 찾았다.

▶ get lost: 길을 잃다 / lost and found: 분실물 보관소

03 ① 그는 교통 신호를 무시했다.

② 키보드는 재료의 한 종류이다.

③ 나는 그의 생각과 행동을 존경한다.

④ 그 과학자는 그의 새로운 발명품을 보여주었다.

⑤ 사람들은 그 사고 때문에 충격을 받았다.

▶ ② 키보드는 device(장치)의 한 종류이다.

W·O·R·D·S ignore 무시하다 traffic 교통의 thought 생각 action 행동

04 A: 나를 도와주겠니?

B: 응. 뭔데?

A: 내 컴퓨터가 고장 났어. 오늘 오후에 그것을 고쳐 줄 수 있겠니?

B: 미안하지만, 그럴 수 없어. 나는 엄마와 할머니를 뵈러 가야 해.

① 물론이지.

③ 응, 그래. 문제없어.

④ 미안해. 그것에 대해 걱정하지 마.

⑤ 물론이지. 내가 널 위해 컴퓨터를 고쳐 줄게.

▶ 빈칸 뒤에서 거절의 이유를 말하고 있으므로 ②가 알맞다. ④도 거절의 말은 했지만 이어지는 말이 자연스럽지 않다.

W·O·R·D·S break down 고장 나다 fix 고치다

05 (C) 나를 도와주겠니?

(B) 물론이지. 뭔데?

(A) 이번 주말에 내 개를 돌봐 주겠니? 나의 가족이 여행을 갈 거야.

(D) 물론이지. 문제없어.

▶ 도움을 요청하고 수락한 다음에, 어떤 요청인지 묻고 답하는 순서로 배열한다.

W·O·R·D·S go on a trip 여행가다

06 안녕, 엄마! 안녕, 아빠! 아시다시피, 오늘은 제 15번째 생일이에요. 저

는 제 부모님이 되어 주신 것에 대해 감사할 기회를 갖지 못했어요. 두 분은 정말로 제 친구이자 선생님이세요. 저를 지지하고 항상 저를 이해하려고 하신 것에 감사 드려요. 저는 정말로 두 분의 딸이어서 자랑스러워요.

▶ Thank you for -ing ~.는 '~해 줘서 고마워.'라는 뜻으로 감사를 나타내는 표현이다.

W·O·R·D·S have a chance 기회를 가지다 truly 정말로, 진심으로 support 지지하다 be proud of ~을 자랑스러워하다

[07~08]

Jaden: 유리야, 나를 도와주겠니?

유리: 물론이지. 뭔데, Jaden?

Jaden: 여자아이를 위한 야구 모자를 사러 함께 갈 수 있겠니?

유리: 응, 당연하지. 누구를 위한 건데?

Jaden: 내 여동생 Kate를 위한 거야.

유리: 오, 그녀에게 생일 선물을 사 주는 거니?

Jaden: 아니, 그녀의 생일은 10월이나 되어야 해.

유리: 그럼, 왜 그녀에게 야구 모자를 사 주려는 건데?

Jaden: 그녀는 지난주에 자전거를 타다가 다리가 부러졌거든. 그냥 그녀의 기운을 북돋워 주고 싶어.

유리: 오, 알겠어. 나는 이번 금요일 오후에 갈 수 있어.

Jaden: 완벽해. 고마워.

07 ▶ ⓐ '누구'를 위한 것인지 묻고 있으므로 Who가 알맞다.

ⓑ '왜' 야구 모자를 사려는지 이유를 묻고 있으므로 Why가 알맞다.

08 ▶ Can we go shopping together for a baseball cap for a girl?에서 Jaden이 유리에게 부탁한 일을 알 수 있다.

09 〈보기〉 Emma는 내가 가장 좋아하는 여배우이다.

① 나는 그가 만났던 사람을 안다.

② 이것은 내가 너에게 준 책이다.

③ 그가 지은 집은 매우 멋지다.

④ 나는 밴쿠버에 사는 친구가 있다.

⑤ 내가 어제 본 여자는 Annie 아줌마이다.

▶ 〈보기〉의 who는 목적격 관계대명사이다. ④는 주격 관계대명사이고, 나머지는 모두 목적격 관계대명사이다.

W·O·R·D·S actress 여배우

10 • 이 사람은 남자이다.

• 나는 그를 어젯밤에 보았다.

→ 이 사람은 내가 어젯밤에 본 남자이다.

▶ the man과 him이 공통된 부분이므로, the man 뒤에 관계대명사를 쓰고 문장을 연결한다. 이때 공통된 부분은 생략한다. 선행사(man)가 사람이므로 목적격 관계대명사 who(m) 또는 that으로 연결한다.

11 ▶ (1) 〈so+형용사+that+주어+동사〉의 어순으로 쓴다.

(2) 〈so+형용사+that+주어+can't+동사원형〉의 어순으로 쓴다.

W·O·R·D·S go on a picnic 소풍 가다

12 ① 나는 말할 것이 많다.

② 그는 음식을 살 돈이 없다.

③ 마실 것을 좀 드릴까요?

④ 그녀는 꿈을 이루기 위해 최선을 다했다.

⑤ 나는 기차에서 읽을 책이 좀 필요하다.

▶ ④는 목적을 나타내는 부사적 용법이고, 나머지는 명사를 수식하는 형용사적 용법이다.

W·O·R·D·S realize 이루다, 실현하다

13 나는 너무 슬퍼서 아무것도 할 수 없었다.

▶ 〈so+형용사+that+주어+can't+동사원형〉은 〈too+형용사+to부정사〉로 바꿔 쓸 수 있다.

14 ① 그녀는 항상 그녀의 개와 함께 지냈다.

② 나는 그가 일등상을 탔다는 것을 믿을 수 없다.

③ Wilson 선생님은 우리에게 영어 연극을 가르치셨다.

④ 그는 그의 가족을 만날 시간이 없었다.

⑤ Peter는 모두가 좋아하는 사람이다.

▶ ① always has been → has always been

② what → that

③ to → 삭제

④ meeting → to meet

W·O·R·D·S win first prize 일등상을 타다

15 안녕하세요, 저는 김보미입니다. 저의 학교 축구팀이 결승전에서 졌습니다. 선수들이 너무 실망해서 저는 그들의 기운을 북돋아 주고 싶습니다. 그들을 위해 '영웅들' 노래를 틀어 주시겠습니까?

▶ (1) 〈so+형용사+that+주어+동사〉의 구조이므로 very를 so로 고쳐 써야 한다.

(2) 〈동사+부사〉로 이루어진 동사구는 대명사가 목적어로 올 때 〈동사+대명사+부사〉의 어순이 되어야 한다.

W·O·R·D·S lose 지다 finals 결승전 disappointed 실망한 cheer up 기운을 북돋우다

16 Kenneth Shinozuka는 3대에 걸친 행복한 대가족에서 자랐다. 그는 어렸을 때부터, 언제나 할아버지와 매우 가깝게 지냈다. 그는 Kenneth의 첫 번째 친구이자, 그의 믿음직한 운전사였고, 그의 요리사였다. 그는 또한 그에게 많은 인생의 교훈을 가르쳐 주었다. 그는 Kenneth가 세상에서 가장 존경한 사람이었다.

▶ ③ 할아버지가 Kenneth의 운전사 겸 요리사였으므로 글의 내용과 일치하지 않는다.

17 Kenneth가 네 살이었을 때, 그의 할아버지는 어느 날 산책을 나가셨다. 그 후 곧, 그는 길을 잃었다. 그는 알츠하이머병을 앓고 있다. Kenneth의 가족 모두는 충격을 받았다. 그의 상태는 그 후 10년간 더 나빠졌다. 그가 밤에 너무 자주 돌아다녀서 누군가는 그를 밤새 지켜보아야 했다.

▶ 주어진 문장은 'Kenneth의 할아버지가 알츠하이머병을 앓고 있었다'는 내용이므로, 가족 모두 충격을 받았다는 문장 앞인 ②에 들어가는 것이 알맞다.

[18~19]

어느 날 밤, Kenneth의 할아버지가 침대에서 나왔고, Kenneth는 그것을 보았다. 그 순간, 그는 "그의 양말 뒤꿈치에 압력 감지기를 붙이는 건 어떨

까?"라고 혼잣말을 했다.

Kenneth가 해야 할 일이 많았다. 그는 우선 압력 감지기를 만들어야 했고 그 다음에 그의 스마트폰으로 신호를 보내는 방법을 찾아야 했다. Kenneth는 또한 나이 드신 그의 할아버지를 위한 편안한 양말을 만들기 위해 많은 다양한 재료들을 시도해 보았다.

18 ① 그는 그를 항상 따라다니는 고양이가 있다.

② 이것은 내가 읽고 싶은 책이다.

③ 거기 혼자 갔던 소녀는 내 여동생이다.

④ 도서관에서 자고 있는 사람들이 좀 있다.

⑤ 나는 내 아기를 돌봐 줄 수 있는 여자를 찾고 있다.

▶ 본문의 밑줄 친 that은 목적격 관계대명사이다. ②는 목적격 관계대명사이고, 나머지는 모두 주격 관계대명사이다.

W·O·R·D·S follow 따라가다 alone 혼자서 take care of ~을 돌보다

19 Q: Kenneth의 특별한 양말을 어떻게 작동하는가?

A: 그의 할아버지가 바닥을 밟을 때, 양말 뒤꿈치에 붙은 압력 감지기가 그의 스마트폰으로 신호를 보낸다.

▶ put pressure sensors on the heels of his socks / find a way to send a signal to his smart phone 등의 내용을 참고하여 빈칸을 완성한다.

W·O·R·D·S step onto ~을 밟다

[20~21]

그는 포기하고 싶었을 때, 그의 할아버지의 안전에 대해 생각했다. 수많은 시행착오 끝에, 그는 마침내 그의 장치를 만드는 데 성공했다. 그것이 처음 작동했을 때, 그는 너무 행복해서 팔짝팔짝 뛰며 좋아했다. 그는 자신의 발명품이 실제로 작동했다는 것을 믿을 수 없었다. 그의 할아버지에게, Kenneth는 세계 최고의 발명가이다. Kenneth에게, 그의 할아버지는 여전히 가장 좋은 친구이다.

20 ▶ 〈so+형용사+that+주어+동사 ~〉의 구문을 이용하여 완성한다.

21 ▶ ⓑ invention: 발명품 ⓒ inventor: 발명가

22 Smith 선생님께,

안녕하세요, Smith 선생님. 우리는 우리 선생님이 되어 주신 것에 대해 감사할 기회를 갖지 못했어요. 매일 아침, 선생님은 교실에서 우리를 맞아주세요. 선생님은 항상 우리에게 중요하고 재미있는 것들을 가르쳐 주시고요. 우리는 선생님이 있어 행운이고, 우리는 선생님의 학생들이어서 자랑스러워요.

지원 드림

▶ 선생님이 해준 일들에 대한 감사를 표현하면서, 선생님이 있어 행운이라고 생각하므로, 선생님의 학생인 것을 자랑스럽게 생각할 것이다.

W·O·R·D·S have a chance 기회를 가지다 welcome 맞이하다, 환영하다 lucky 행운의

23 안녕하세요, 저는 김도하이고, 저는 당신의 자원봉사 프로젝트에 참여하고 싶어요. 어느 날, 제가 TV에서 몇몇 불쌍한 개들을 봤습니다. 개들이 너무 슬퍼 보여서 저는 개들을 돕고 싶습니다. 저는 개를 좋아하고, 개들을 위해 제가 할 수 있는 것이 많습니다. 저는 개를 산책시키고,

먹이를 주고, 목욕시키고, 함께 놀 수 있습니다. 저는 당신이 찾고 있는 사람입니다!

Q. 글쓴이가 개들을 위해 할 수 없는 것은 무엇인가?

▶ I can walk the dogs, feed them, give them a bath, and play with them.에 해당하지 않는 것을 고른다.

W·O·R·D·S one day 어느 날　feed 먹이를 주다　give ~ a bath ~를 목욕시키다

[24~25]

라오스에서 지역 어린이들을 돕는 자원봉사

어린이들을 돕고 싶습니까? 라오스의 어린이 보호 프로젝트에 참여하세요. 당신은 지역 어린이들을 가르칠 겁니다. 또한 그들을 위해 학교를 지을 겁니다. 그 작업은 너무 힘들어서 처음에는 집에 가고 싶을 테지만, 당신은 이 어린이들을 도움으로써 행복을 찾게 될 겁니다.

과테말라에서 집을 짓는 자원봉사

다른 사람들을 돕고 싶습니까? 과테말라의 건축 공사 프로젝트 자원봉사에 참여하세요. 당신은 집을 짓거나 수리하고, 학교에 교실을 더하거나, 고아원을 개선할 겁니다. 당신은 최소한 일주일에 한 번 하루에 서너 시간 일해야 합니다. 그 일이 너무 힘들어서 당신은 그만두고 싶을지도 모르지만, 일이 끝난 후에는 매우 행복할 겁니다.

W·O·R·D·S join 함께 하다　local 지역의　others 다른 사람들　construction 건설　repair 수리하다　add 더하다　improve 개선하다　orphanage 고아원　at least 최소한　a day 하루에

24 돈을 받지 않고 어떤 일을 해 주기로 하다

▶ '자원봉사(하다)'라는 뜻의 volunteer가 알맞다.

25 ▶ ⓑ 동사 find의 목적어가 되어야 하므로 명사형이 들어가야 한다. happy의 명사형은 happiness(행복)이다.

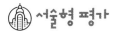 **서술형 평가**

Basic

p. 153

A (1) have been　(2) crying　(3) was

B (1) in making　(2) which[that]　(3) difficult

C (1) so, that, can　(2) so, that, couldn't

D (1) Sure. / OK.
(2) wash[do] the dishes
(3) You're welcome. / My pleasure.

A (1) 나는 어렸을 때부터 지훈이와 매우 가깝게 지냈다.
(2) 나는 그 영화를 본 후에 울고 싶었다.
(3) 어젯밤에, 방의 모든 사람은 그 소식에 놀랐다.

▶ (1) 과거의 어느 시점부터 지금까지의 일이므로 현재완료형 (have+과거분사)으로 쓴다.
(2) feel like -ing: ~하고 싶다
(3) everyone은 단수 취급하므로 be동사를 과거시제에 맞게 was로 쓴다.

W·O·R·D·S be surprised at ~에 놀라다

B (1) 그 소년은 결국 그의 새로운 장치를 만드는 데 성공했다.

(2) 내 친구가 나에게 한 이야기는 사실이었다.

(3) 이 책은 너무 어려워서 내가 이해할 수 없다.

▶ (1) succeed in -ing: ~하는 데 성공하다

(2) 선행사가 사물(story)이므로 목적격 관계대명사 which 또는 that을 쓴다.

(3) be동사의 보어로 형용사가 와야 하므로 difficult가 알맞다.

C (1) 이 장난감은 매우 안전해서 아이들이 가지고 놀 수 있다. (이 장난감은 아이들이 가지고 놀 만큼 충분히 안전하다.)

(2) 나의 부모님은 너무 피곤하셔서 나를 도와줄 수 없었다.

▶ (1) 〈형용사+enough+to부정사〉 = 〈so+형용사+that+주어+can+동사원형〉: 매우 ~해서 …할 수 있다(~할 만큼 충분히 …하다)

(2) 〈too+형용사+to부정사〉 = 〈so+형용사+that+주어+can't+동사원형〉: 너무 ~해서 …할 수 없다

W·O·R·D·S friendly 다정한

D A: 나를 도와주겠니?

B: 네. 뭔데요?

A: 설거지를 해 줄 수 있겠니?

B: 문제없어요.

A: 나를 도와줘서 고맙구나.

B: 천만에요.

▶ (1) 요청에 대한 긍정의 응답이 알맞다.

(2) Can you ~?로 구체적으로 어떤 일을 도와 달라고 요청할 수 있다. 설거지를 하는 그림이므로 설거지를 도와 달라고 한 표현이 알맞다. wash[do] the dishes: 설거지를 하다

(3) 감사의 말에 대한 응답이 알맞다.

Intermediate

p. 154

A (1) so tired that she couldn't get up early
(2) so strong that I can lift the boxes alone
(3) so smart that he could learn many things

B (1) This is the house which[that] my uncle lives in.
(2) Music is the subject which[that] I am interested in.
(3) He is the man who(m)[that] I saw on TV yesterday.

C (1) the CD that I want to buy
(2) Thank you for inviting us
(3) He was so sleepy that he went

A 〈보기〉 나는 너무 바빠서 너와 쇼핑하러 갈 수 없다.
(1) 나의 엄마는 너무 피곤하셔서 일찍 일어날 수 없었다.
(2) 나는 매우 힘이 세서 혼자서 그 상자들을 들 수 있다.
(3) 그는 매우 똑똑해서 많은 것들을 배울 수 있었다.

▶ '너무 ~해서 (그 결과) …하다'라는 뜻의 〈so ~ that …〉 구문이다. 원인을 나타나는 형용사와 그에 적절한 결과를 골라 문장을 완성한다. 시제에도 유의한다.

W·O·R·D·S lift 들다　alone 혼자서

B ▶ (1) 이것은 집이다. 나의 삼촌이 이 집에 산다.
→ 이 집은 나의 삼촌이 사는 집이다.

(2) 음악은 과목이다. 나는 그것에 흥미가 있다.

→ 음악은 내가 흥미가 있는 과목이다.

(3) 그는 남자이다. 나는 어제 TV에서 그를 봤다.

→ 그는 내가 어제 TV에서 본 남자이다.

▶ (1), (2) 선행사가 사물(house, subject)이므로 목적격 관계대명사 which[that]로 연결한다. 관계대명사가 나오는 절에서 공통되는 명사는 생략해야 하는 것에 유의한다.

(3) 선행사가 사람(man)이므로 목적격 관계대명사 who(m) [that]로 연결한다.

W·O·R·D·S be interested in ~에 관심이 있다

C ▶ (1) 선행사가 사물이므로 what을 목적격 관계대명사 which [that]로 고쳐야 한다.

(2) thank you for -ing(~해 줘서 감사하다)이므로, of를 for 로 고쳐야 한다.

(3) 〈so+형용사+that+주어+동사〉의 구조이므로, very를 so로 고쳐야 한다.

Advanced
p. 155

A (1) which[that] Kevin has to fix

(2) which[that] his grandmother wrote

(3) which[that] his parents bought for him

(4) which[that] Kevin wears while studying

B (1) Can you do me a favor?

(2) Can you take care of my dog?

(3) My dog is so nice that you can take care of it well.

(4) Thank you for helping me.

A 〈보기〉 이것은 Susan이 만든 가방이다.

(1) 이것은 Kevin이 수리해야 하는 로봇이다.

(2) 이것은 그의 할머니가 쓰신 요리책이다.

(3) 이것은 그의 부모님이 그에게 사준 스마트폰이다.

(4) 이것은 Kevin이 공부할 때 쓰는 안경이다.

▶ 목적격 관계대명사 which[that]를 쓰고 각 물건을 설명하는 문장을 연결한다. 관계대명사가 나오는 절에서는 공통되는 명사는 생략한다.

W·O·R·D·S fix 수리하다   cookbook 요리책

B 지수: 안녕, 보미. 나를 도와주겠니?

보미: 응. 뭔데?

지수: 나는 이번 주말에 여행을 갈 거야. 내 개를 돌봐주겠니?

보미: 응. 문제없어.

지수: 내 개는 매우 온순해서 네가 잘 돌볼 수 있어.

보미: 걱정하지 마. 여행 즐겁게 보내.

지수: 날 도와줘서 고마워.

보미: 천만에.

▶ (1) Can you do me a favor?: 도움을 요청하는 표현

(2) Can you ~?: 상대방에게 요청하는 표현

(3) 〈so+형용사+that+주어+can+동사원형〉의 어순으로 문장을 쓴다.

(4) Thank you for -ing: 감사하는 표현(~해 줘서 고맙다)

W·O·R·D·S go on a trip 여행가다   worry 걱정하다   enjoy 즐기다

교과서 본문 손으로 기억하기
pp. 156~157

01 Kenneth Shinozuka grew up in a big happy family of three generations.

02 Since he was little, he has always been very close to his grandfather.

03 He was Kenneth's first friend, his trusty driver, and his cook.

04 He also taught him many life lessons.

05 He was the person who Kenneth respected the most in the world.

06 When Kenneth was four, his grandfather went out for a walk one day and got lost.

07 He had Alzheimer's disease. Everyone in Kenneth's family was in shock.

08 His condition became worse over the next 10 years.

09 He wandered off at night so often that someone had to keep an eye on him all night long.

10 One night, Kenneth's grandfather got out of bed, and Kenneth saw it.

11 At that moment, he said to himself, "Why don't I put pressure sensors on the heels of his socks?"

12 There were many things that Kenneth had to do.

13 He first had to create a pressure sensor and then find a way to send a signal to his smart phone.

14 Kenneth also tried many different materials to make comfortable socks for his elderly grandfather.

15 When he felt like giving up, he thought about his grandfather's safety.

16 After much trial and error, he finally succeeded in making his device.

17 When it first worked, he was so happy that he jumped for joy.

18 He could not believe that his invention actually worked.

19 For his grandfather, Kenneth is the best inventor in the world.

20 For Kenneth, his grandfather is still his best friend.

LESSON 1　Great Things about Yourself

Vocabulary

p. 162

A 01 재능

02 옷, 의복

03 재활용하다

04 한때

05 놀라운

06 ~의 밖에

07 구내식당

08 활동

09 최고의, 대단히 좋은

10 독특한

11 추측하다

12 청바지

13 함께 일하는 사람, 동료

14 갑작스러운

15 모험심이 강한

16 투표하다

17 위험한

18 만화 소설

19 공원 경비원,
국립공원 관리인

20 ~의 모형을 만들다,
따라 만들다

C 01 ~을 본떠서 …을 만들다

02 ~을 보다

03 어느 정도, 조금, 약간

04 ~의 앞에

05 ~에게 인사하다

06 연설하다

07 ~을 못하다

08 주다, 기부하다

B 01 cartoonist

02 danger

03 practice

04 whole

05 surprisingly

06 suddenly

07 awesome

08 cheerfully

09 while

10 skill

11 surprising

12 special

13 save

14 nervous

15 janitor

16 amazing

17 win

18 before

19 cartoon

20 adventure

Dialogue

pp. 163~164

❶ 1 doing, making, out of, good at recycling, good for

2 want to be, listener, help others, work hard, vote for

❷ 1 Is something wrong, in front of, Don't worry, I'm sure, much better

2 What should I, Why don't, hope, sure

❸ take a look, can't you, guess, Awesome, re really good at, Do you think so, good enough, made my day

❹ for dinner, re really good at, something wrong, give a speech, in front of, is good at, Other, playing the guitar

Reading Text

pp. 165~171

Step 1

01 B, A		02 A, B	
03 B, A		04 A, B	
05 B, A		06 B, A	
07 A, B		08 B, A	
09 B, A, C		10 A, B	
11 A, B		12 A, B	
13 A, B		14 B, A, C	
15 B, A		16 C, B, A	
17 B, C, A		18 A, B	
19 A, B		20 A, B	
21 A, C, B		22 B, A, C	
23 A, B, C		24 B, C, A	
25 B, C, A			

Step 2

01 I like to make graphic novels

02 While I was walking home from school last week

03 her scooter was very unique

04 she said to me suddenly

05 Yes, but do I know you

06 I see you at the school cafeteria every day

07 she was one of the cafeteria workers at school

08 She looks so different outside the school

09 write a graphic novel about her

10 After I got home

11 Lunch Lady is a superhero

12 super scooter that can fly

13 saves people from danger around

14 makes 100 cookies per second and gives them away to

15 showed my graphic novel to my friends

16 I love this superhero. She's so cool

17 modeled her on Ms. Lee, one of our cafeteria workers

18 showed my book to Ms. Lee

19 She loved it, too.

20 about her coworkers who had special talents

21 another cafeteria worker, won a dancing contest

22 the janitor at our school, was once an adventurous park ranger

23 Do you think they'll like that

24 "Of course they will," she said cheerfully.

25 say hello to our new superhero friends

Step 3

01 like to make graphic novels

02 I was walking home from school, a woman on a scooter

03 looked really cool, was very unique

04 Are you going, suddenly

05 do I know you

06 Of course

07 one of the cafeteria workers at school

08 looks so different outside the school

09 should write a graphic novel

10 began to write a new graphic novel

11 In it, superhero

12 rides a super scooter

13 from danger around the world

14 100 cookies per second, gives them away

15 few days, showed my graphic novel

16 Awesome, cool

17 Guess what, modeled her on

18 showed my book to Ms. Lee

19 loved

20 coworkers who had special talents

21 won a dancing contest

22 janitor, once an adventurous park ranger

23 superhero stories about them, think they'll like that

24 Of course, cheerfully

25 say hello to

Vocabulary

p. 172

A 01 식당

02 나무로 된

03 저장, 보관, 창고

04 원뿔 모양의

05 둥근, 원형의; (명) 원

06 층, 바닥

07 자연

08 피하다

09 지불하다

10 잔디, 풀

11 전망, 시야

12 덮다, 씌우다

13 100년, 세기

14 ~없이, ~을 가지지 않고

15 본질, 핵심

16 수집하다, 모으다

17 세금

18 독특한

19 숲

20 남쪽

B 01 build

02 meal

03 collector

04 enough

05 lovely

06 enemy

07 find

08 grow

09 gate

10 store

11 village

12 goat

13 cone

14 harmony

15 roof

16 plant

17 protect

18 southern

19 restroom

20 essential

C 01 오랫동안

02 쌓아 올리다

03 ~의 옆에

04 시도해 보다

05 ~처럼 보이다

06 헐어 버리다, 무너뜨리다

07 ~을 …으로부터 보호하다

08 ~을 …으로 덮다

Dialogue

pp. 173~174

❶ 1 looks like, unique, live in, What kind of, an airplane-shaped

   2 is there, What kind of, fifth floor

❷ 1 where can I find, can find, next to

   2 looking for, on the third floor

❸ what kind of, lovely garden, we do, have to, next to,

❹ 1 upside, kind of strange, want to live in

   2 can I find, next to

   3 find them on

Reading Text

pp. 175~181

Step 1

01 B, A	02 C, A, B
03 A, B	04 B, A, C
05 B, A	06 B, A
07 A, C, B	08 C, B, A
09 B, A, C	10 B, A, C
11 B, A	12 A, B, C
13 A, B, C	14 B, A
15 A, C, B	16 B, A
17 A, B	18 B, A
19 C, B, A	

Step 2

01 Have you ever seen

02 see animals on roofs

03 has large forests

04 In harmony with nature

05 they cover their roofs with grass

06 The grass roofs protect them from

07 trees or plants grow out of the grass roofs

08 built roofs only to take them down easily

09 people who had a house without a roof

10 built cone-shaped roofs by piling up stones

11 people took their roofs down quickly

12 they piled up the stones again

13 From the sky in a part of southern China

14 the big round houses of the Hakka people

15 for about a thousand years to protect themselves from enemies

16 without any windows on the first floor

17 big enough for a whole village

18 usually has four stories

19 living rooms and bedrooms on the third and fourth floors

Step 3

01 Have you ever seen

02 can see animals on roofs

03 has large forests

04 In harmony with nature, have built wooden houses

05 To build, cover their roofs with grass

06 protect them from the long cold winters and strong winds

07 grow out of the grass roofs, enjoy their meals there

08 an essential part of a house, only to take them down easily

09 Centuries ago, without a roof paid lower taxes

10 high taxes on, by piling up stones

11 took their roofs down quickly

12 collectors left, piled up the stones

13 in a part of southern China, look like big doughnuts

14 roofs of the big round houses

15 have lived in houses, to protect themselves from enemies

16 have only one gate without any windows

17 Each house is big enough

18 usually has four stories

19 storage rooms on the second floor

What Do People Eat Around World

Vocabulary

p. 182

A
01 감탄하다
02 사실은, 정말로
03 대학, 칼리지
04 바깥에, 외부에
05 불가사의한, 신비한
06 붙잡다, 포착하다
07 초대하다
08 순간
09 절, 사원
10 전통의
11 (시간을) 보내다
12 여행
13 창조하다, 만들어 내다
14 완벽한
15 타다
16 접시, 그릇
17 결정하다
18 사라지다
19 국내의
20 소유하다, 자기 자신의

B
01 object
02 leave
03 huge
04 university
05 popular
06 expect
07 remain
08 foriegn
09 unpack
10 scary
11 complex
12 mystery
13 relax
14 appear
15 owner
16 weather forecast
17 world famous
18 arrive
19 graduate
20 portrait

C
01 ~으로 가득 차다
02 들어서다, 발을 들여놓다
03 많은
04 ~로 들어가다
05 ~하기를 몹시 바라다
06 휴가를 가다
07 수천의
08 ~하느라 바쁘다

Dialogue

pp. 183~184

❶ 1 Have you ever tried, have, Indian
　 2 have you ever gone, haven't, scary
❷ 1 how's the weather, quite, weather forecast
　 2 outside, expecting, without
❸ have you been to, Actually, vacation, I'm planning to, often
❹ 1 Have you ever, scary
　 2 weather forecast
　 3 expecting, Don't leave, without

Reading Text

pp. 185~191

Step 1

01 B, A		02 B, A	
03 B, A		04 A, B	
05 A, B		06 A, B	
07 B, A		08 B, A	
09 A, B		10 C, A, B	
11 B, A		12 A, B	
13 A, B		14 A, C, B	
15 B, A		16 B, A	
17 B, A		18 A, B	
19 B, C, A		20 A, B	
21 B, A		22 B, A	
23 A, B		24 C, A, B	
25 A, B		26 C, B, A	
27 B, C, A		28 A, B	
29 B, C, A		30 A, B	
31 A, C, B			

Step 2

01 I live in London
02 went on a vacation for three days
03 made simple drawings in my journal
04 to capture all the special moments
05 one of the most mysterious places on Earth
06 After a two-hour drive from our home
07 was just amazing to see
08 get there thousands of years ago
09 What were they for
10 will remain a mystery for a long time
11 try to make a perfect drawing
12 A few colors will be enough
13 walked around the Cotswolds
14 we decided to stay indoors at our B&B
15 a popular place to stay
16 like a home than a hotel

17 The owner invited us

18 The dining table was full of

19 was admiring the beautiful cups and plates

20 I couldn't eat anything for dinner

21 It is O.K. to draw everyday objects

22 Our last stop was Oxford

23 We first visited Christ Church College

24 become a world famous place to visit

25 everyone else eat dinner at the Hall of Christ Church

26 We also saw portraits of famous people

27 When we were outside the building

28 I will get into Oxford University

29 I can't wait to see your portrait

30 Create your own avatar

31 will become much more interesting

Step 3

01 I live in London

02 went on a vacation for three days

03 During, made simple drawings

04 a great way to capture, special moments

05 set foot, one of the most mysterious places

06 After a two-hour drive, finally got to

07 amazing to see the ring of

08 get there thousands of years ago

09 What, for

10 guess, remain a mystery

11 Don't, perfect drawing

12 few, enough

13 walked around

14 started to rain, decided to stay indoors

15 a popular place to stay

16 feels more like, than

17 owner invited us

18 dining table was full of

19 was busy eating, admiring

20 ate, couldn't eat anything

21 draw everyday objects, your journal

22 last stop

23 visited, College

24 has become a world famous, appeared

25 eat dinner at the Hall

26 saw portraits, who graduated from the college

27 were outside, olive tree and touched it

28 touched , get into, University

29 I can't wait to see your portrait on the wall

30 own avatar

31 drawing journal, interesting

LESSON 4 **Giving a Hand**

Vocabulary
p. 192

A 01 장치, 기구

02 이해하다

03 감지기, 센서

04 자랑스러운

05 지지하다, 뒷받침하다

06 압력

07 시행착오

08 편안한, 쾌적한

09 믿을 수 있는, 의지할 수 있는

10 성공하다

11 악화된, 더 심한

12 상태, 조건, 상황

13 재료, 소재

14 물을 주다; 몡 물

15 초대하다

16 신호, 통신

17 가르치다

18 친밀한, 가까운

19 기회

20 과제, 계획

B 01 break

02 respect

03 lost

04 favor

05 heel

06 shock

07 elderly

08 create

09 generation

10 lesson

11 work

12 volunteer

13 pride

14 trust

15 safety

16 invention

17 send

18 disease

19 unimportant

20 uncomfortable

C 01 산책하러 나가다

02 ~을 목욕시키다

03 돌아다니다, 헤매다

04 혼잣말을 하다

05 ~하고 싶다

06 ~을 계속 지켜보다

07 길을 잃다

08 충격을 받다

Dialogue

pp. 193~194

❶ 1 can you do me a favor, going on vacation, water the plants

   2 favor, Can you help me with, I can't

❷ 1 As you know, had a chance to, supporting, trying to understand, proud

   2 Nothing special, Thank you for inviting

❸ do me a favor, go shopping, Who is it for, isn't until, cheer her up, perfect

❹ 1 can you do me a favor, take care of, enjoy your trip

   2 had a chance to, welcome, teach us important, lucky to have, proud to

   3 any special, Thank you for inviting

Reading Text

pp. 195~201

Step 1

01 A, C, B	02 B, A
03 A, B	04 B, A
05 A, B	06 A, B
07 A, B	08 B, A, C
09 B, A	10 B, A, C
11 A, B	12 C, A, B
13 A, B	14 B, C, A
15 A, C, B	16 B, C, A
17 A, C, B	18 B, A, C
19 B, A	20 B, A
21 A, B	

Step 2

01 big happy family of three generations

02 very close to his grandfather

03 He was Kenneth's first friend

04 He also taught him many life lessons

05 who Kenneth respected the most in the world

06 went out for a walk one day and got lost

07 He had Alzheimer's disease

08 Everyone in Kenneth's family was in shock

09 His condition became worse

10 someone had to keep an eye on him all night long

11 Kenneth's grandfather got out of bed

12 Why don't I put pressure sensors on the heels

13 that Kenneth had to do

14 He first had to create a pressure sensor

15 tried many different materials to make comfortable socks

16 When he felt like giving up

17 he finally succeeded in making his device

18 he was so happy that he jumped for joy

19 He could not believe that

20 is the best inventor in the world

21 his grandfather is still his best friend

Step 3

01 grew up in a big happy family of three generation

02 Since, has always been very close to

03 his trusty driver, and his cook

04 taught, many life lessons

05 who Kenneth respected the most in the world

06 went out for a walk, got lost

07 Alzheimer's disease

08 Kenneth's family was in shock.

09 condition became worse over

10 wandered off, had to keep an eye on, all night long

11 One night, got out of bed

12 said to himself, put pressure sensors on

13 many things that Kenneth had to do

14 had to create a pressure sensor, find a way to send a signal

15 tried many different materials, for his elderly grandfather

16 felt like giving up, his grandfather's safety

17 much trial and error, succeeded in making his device

18 first worked, so happy that he jumped for joy

19 that his invention actually worked

20 the best inventor in the world

21 his grandfather is still his best friend

01 ② 02 ③ 03 ④ 04 protect, from 05 ④ 06 ③
07 ②, ⑤ 08 ④ 09 ⑤ 10 guesthouse, garden view, bed 11 ③ 12 ① 13 I have many books which[that] have beautiful pictures. 14 ⑤ 15 have ridden, since 16 ③ 17 ④ 18 ② 19 ⑤ 20 ③ 21 ④ 22 ③ 23 ⑤ 24 Each house is big enough 25 ②

01 ① 세기: 100년의 기간
② 멋진, 굉장한: 매우 나쁘고 불쾌한
③ 필수의: 매우 중요하고 필요한
④ 동료: 같은 장소에서 일하는 사람
⑤ 세금: 정부에 지불해야 하는 돈
▶ ② awesome은 very good and impressive(매우 좋고 인상적인)으로 풀어 쓸 수 있다.
W·O·R·D·S period 기간 unpleasant 불쾌한 necessary 필요한 pay 지불하다 government 정부

02 〈보기〉 사랑 – 사랑스러운
① 쉬운 – 쉽게
② 빠른 – 빠르게
③ 친구 – 친절한, 다정한
④ 갑작스러운 – 갑자기
⑤ 쾌활한 – 쾌활하게, 기분 좋게
▶ 〈보기〉와 ③은 '명사 – 형용사'의 관계이고 ①, ②, ④, ⑤는 '형용사 – 부사'의 관계이다.

03 • 그는 그의 돈을 자선단체에 줄 계획이다.
• 그들은 텐트를 걷은 후에, 그 섬을 떠날 것이다.
▶ give away: 주다, 기부하다 / take down: 헐어 버리다, 무너뜨리다
W·O·R·D·S charity 자선단체

04 ▶ protect A from B: A를 B로부터 보호하다
W·O·R·D·S environment 환경 pollution 오염

05 ① A: 그녀를 위해 케이크를 굽는 게 어떠니?
B: 좋은 생각이야.
② A: 너는 무엇을 잘하니?
B: 나는 피아노 연주하기를 잘해.
③ A: 어디에서 영화를 볼 수 있니?
B: 3층에서 영화를 볼 수 있어.
④ A: 어떤 종류의 방을 원하시나요?
B: 저는 피아노 모양의 집에서 살고 싶어요.
⑤ A: 그 소년이 버스를 놓쳤어.
B: 나는 그가 학교에 늦을 거라고 확신해.
▶ ④ 어떤 종류의 방을 원하는지 의향을 묻는 말에 살고 싶은 종류의 집을 말하는 것은 어색하다.
W·O·R·D·S piano-shaped 피아노 모양의 miss 놓치다

06 A: 너 뭐 하고 있니?
B: 나는 저녁으로 피자를 만들고 있어.
A: 와! 너는 요리를 정말 잘하는구나!

B: 고마워.
① 너는 훌륭한 요리사야.
② 너는 요리를 잘할 수 있구나.
③ 너는 요리를 못하는구나.
④ 너는 요리에 능숙하구나.
⑤ 너는 요리를 뛰어나게 잘하는구나.
▶ be good at ~(~을 잘하다)을 써서 능력을 표현할 수 있으며, be skilled[excellent] at ~도 같은 뜻으로 쓰인다. be poor at ~(~을 못하다)은 못하는 것을 나타낼 때 쓴다.

07 A: 도와 드릴까요?
B: 저는 시계를 찾고 있어요. 그것들이 어디에 있나요?
A: ② 5층에 있습니다. / ⑤ 3층, 화장실 옆에 있어요.
① 나도 멋진 시계를 사고 싶어요.
③ 이 가게에 시계가 많아요.
④ 이 가게의 모든 시계가 아주 비싸요.
▶ 시계를 살 수 있는 장소를 묻고 있으므로, 위치를 말하는 답을 고른다.
W·O·R·D·S expensive 비싼 restroom 화장실

08 (C) 안녕, Cindy. 뭐가 잘못됐니?
(A) 나는 전체 학교 앞에서 연설을 해야 돼. 나는 너무 긴장돼.
(D) 걱정하지 마. 너는 매우 좋은 연설자야. 나는 네가 잘할 거라고 확신해.
(B) 고마워, 민호야. 나는 이제 기분이 훨씬 좋아졌어.
▶ 안 좋은 일이 있는지 묻기(C) → 연설 때문에 긴장하고 있다고 말하기(A) → 잘할 거라고 확신의 말하기(D) → 감사 표현하기(B)
W·O·R·D·S give a speech 연설하다 nervous 초조해하는

[09~10]
A: 전주 한옥 게스트 하우스에 오신 것을 환영합니다. 도와 드릴까요?
B: 네, 이틀 동안 묵을 방을 부탁합니다.
A: 음, 어떤 종류의 방을 원하세요?
B: 정원이 보이는 방이 있나요? 예쁜 정원을 갖고 계시네요.
A: 네, 그렇습니다. 우리 숙소의 모든 방은 정원이 보이지만, 방에 침대는 없습니다.
B: 바닥에서 자야 하나요?
A: 네, 그렇습니다.
B: 네, 한번 시도해 보죠. 아침은 어디서 먹을 수 있나요?
A: 주방 옆에 있는 식당에서 아침을 드실 수 있어요.
B: 알겠습니다.
A: 네. 나비 방입니다. 여기 열쇠 받으세요.
B: 감사합니다.

09 ▶ 이어지는 대답에서 아침을 먹을 수 있는 장소를 말하고 있으므로, 장소를 나타내는 의문사 Where가 알맞다.

10 오늘, 나는 한옥 게스트하우스에서 묵었다. 나의 방은 예쁜 정원 풍경이 보이지만, 방에 침대가 없었다. 그것은 나에게 새로웠다!

11 A: 너는 유럽에 가 본 적이 있니?
B: 응, 있어. 나는 이탈리아에 가 봤어.
▶ 유럽에 가 본 적이 있는지 묻는 말에 이탈리아에 가봤다고 했으므로, 빈칸에는 긍정의 응답이 들어간다. 조동사 have로

물었으므로 have로 답해야 한다.

12 ① 너는 집을 떠나기 전에, 문을 잠가라.
② 그녀는 영화를 본 후에, 울었다.
③ 너는 컴퓨터를 사용한 후에, 전원을 꺼라.
④ 그는 저녁을 먹은 후에, 이를 닦는다.
⑤ 나는 숙제를 끝낸 후에, 외출했다.
▶ ①은 접속사 Before가 들어가고, 나머지는 모두 접속사 After가 들어간다.
W·O·R·D·S lock 잠그다   turn off (전원을) 끄다   brush one's teeth 이를 닦다   go out 외출하다

13 • 나는 책이 많이 있다.
• 그 책들은 아름다운 그림들이 있다.
→ 나는 아름다운 그림들이 있는 책이 많이 있다.
▶ 두 문장의 공통 부분인 The books를 주격 관계대명사 which[that]로 바꾸어 문장을 연결한다. 선행사가 사물이므로 which[that]를 쓴다.

14 ⓐ 그 운동화는 정말 멋져 보였다.
ⓑ 나는 그것들을 배고픈 아이들에게 주었다.
ⓒ 그가 없는 동안에, 나는 그의 방을 청소했다.
ⓓ 그들이 그 만화를 좋아할 거라고 생각하니?
▶ ⓐ look+형용사: ~하게 보이다
ⓑ 〈동사+부사〉로 이루어진 동사구는 대명사가 목적어일 때 동사와 부사 사이에 온다.

15 나는 이 자전거를 2015년에 샀다. 나는 아직 그것을 탄다.
= 나는 2015년 이후로 이 자전거를 탔다.
▶ 2015년부터 지금까지 계속 이 자전거를 탄 것이므로 현재완료(have+과거분사)로 쓰고, '~ 이후로'라는 뜻의 since를 쓴다.
W·O·R·D·S ride 타다

16 • 타조는 빨리 달릴 수 있는 동물이다.
• 거리에서 춤을 추고 있는 소년 소녀들을 봐라.
▶ 첫 번째 문장은 선행사가 animal이므로 주격 관계대명사 which[that]가 알맞고, 두 번째 문장은 선행사가 boys and girls이므로 주격 관계대명사 who[that]가 알맞다.
W·O·R·D·S ostrich 타조

17 세종 국립 도서관은 펼친 책처럼 보이는 4층짜리 건물이다. 그것은 1층과 2층에 약 40만 권의 책이 있고 꼭대기 층에는 큰 식당이 있다. 각각의 층에는 2개의 화장실이 있다. 그것은 2013년에 개관했다.
▶ ④ 〈each+단수명사〉는 단수 취급하여 단수동사를 쓴다. '가지고 있다'라는 뜻의 have는 진행형으로 쓰지 못한다.
have → has

[18~19]
내 이름은 호진이고, 나는 만화 소설 쓰는 것을 좋아한다. 나는 지난주에 학교에서 집으로 걸어가는 중에, 스쿠터에 탄 한 여자를 봤다. 그녀는 정말 멋져 보였고, 그녀의 스쿠터는 정말 독특했다.
"집에 가는 거니, 호진아?" 갑자기 그녀가 나에게 말했다.
"네, 그런데 저를 아시나요?" 나는 물었다.
"당연하지." 그녀는 대답했다. "나는 매일 학교 식당에서 너를 본단다."

놀랍게도, 그녀는 학교 식당 직원들 중 한 분이었다.
'굉장하다! 그녀가 학교 밖에서는 정말 달라 보이시네.'라고 나는 생각했다. '그녀에 대한 만화 소설을 써야겠다.'
집에 도착한 후에, 나는 《런치 레이디 탄생하다》라는 새로운 만화 소설을 쓰기 시작했다. 그것에서, 런치 레이디는 슈퍼히어로다. 그녀는 날 수 있는 슈퍼 스쿠터를 탄다. 그녀는 전 세계의 위험에 빠진 사람들을 구한다. 그녀는 또한 1초에 100개의 쿠키를 만들고 그것들을 배고픈 어린이들에게 나눠 준다.

18 ▶ ⓑ 일상적으로 반복되는 일은 현재시제로 쓴다. → see

19 ▶ ⑤ 쿠키를 빨리 만드는 능력에 대한 내용이 끝부분에 나오지만, 그것이 런치 레이디의 '직업'은 아니다.

[20~21]
며칠이 지나서, 나는 내 만화 소설을 내 친구들에게 보여 주었다.
"굉장해! 나는 이 슈퍼히어로가 마음에 들어. 그녀는 정말 멋져." 내 모든 친구들이 말했다.
"그게 있지? 나는 우리 학교 식당 직원들 중 한 분인 이 조리사님을 본떠서 그녀를 만든 거야." 나는 친구들에게 말했다.
나는 내 책을 이 조리사님께 보여 드렸다. 그녀도 그것을 좋아했다. 그녀는 또한 내게 특별한 재능을 가진 그녀의 동료들에 대해서 말했다. 또 다른 학교 식당 직원인 박 조리사님은 춤 경연 대회에서 우승했다. 우리 학교 관리인인 김 선생님은 한때 모험심 있는 공원 관리인이었다.
"저는 그분들에 관한 슈퍼히어로로 이야기를 쓰고 싶어요. 그분들이 그것을 좋아할 거라고 생각하세요?" 나는 이 조리사님께 물었다.
"물론 그들은 좋아할 거야." 그녀는 쾌활하게 말했다. "가서 우리의 새로운 슈퍼히어로로 친구들에게 인사를 하자."

20 ▶ ⓒ는 Ms. Lee를 가리킨다.

21 ▶ 빈칸 뒤에 이어지는 절이 앞의 명사 coworkers를 수식하고 있으므로 주격 관계대명사 who 또는 that이 알맞다.

[22~23]
집의 지붕 위에서 염소를 본 적이 있습니까? 노르웨이에서, 우리는 지붕 위에서 동물들을 볼 수 있다. 노르웨이에는 큰 숲들이 있다. 자연과 조화를 이루면서, 사람들은 오랜 시간 동안 나무로 된 집을 지어왔다. 튼튼하고 따뜻한 집을 짓기 위해, 그들은 지붕을 잔디로 덮는다. 잔디 지붕은 그들을 길고 추운 겨울과 강한 바람으로부터 보호한다. 때때로, 나무나 식물들이 잔디 지붕에서 자라고, 몇몇 동물들은 그곳에서 식사를 즐긴다.

22 ▶ (A) 과거의 어느 시점부터 지금까지 오랫동안 지었으므로 현재완료(have+과거분사)를 쓴다.
(B) '~하기 위해서'라는 뜻의 목적을 나타내는 부사적 용법의 to부정사가 알맞다.
(C) 나무와 식물들이 잔디 '밖으로' 자라는 것이므로 out of가 알맞다.

23 ▶ ⑤ 글의 마지막 문장인 some animals enjoy their meals there에서 글의 내용과 일치함을 알 수 있다.

[24~25]
지붕은 집의 필수적인 부분이지만, 오래전 어떤 사람들은 단지 지붕을 쉽게 부수기 위해서 지었다. 수백 년 전 남부 이탈리아에서는, 지붕이 없는 집을 가진 사람들이 더 적은 세금을 냈다. 집에 부과되는 높은 세금을 피하기 위

해서, 어떤 사람들은 돌을 쌓아 올림으로써 원뿔 모양의 지붕을 지었다. 세금 징수원들이 마을에 오면, 사람들은 재빨리 지붕을 무너뜨렸다. 세금 징수원들이 떠난 후에, 그들은 다시 돌을 쌓아 올렸다.

중국 남부 일부 지역의 하늘에서 보면, 큰 도넛처럼 생긴 둥근 지붕들을 볼 수 있다. 그것들은 하카 족의 크고 둥근 집의 지붕들이다. 그들은 적들로부터 그들 자신을 보호하기 위해 약 천 년 동안 이것들과 같은 집에 살아왔다. 그 집들은 1층에 창문이 없이 오직 하나의 출입문만 있다. 각각의 집은 전체 마을이 들어갈 만큼 충분히 크다. 그것은 대개 4개의 층이 있다. 그것은 1층에 부엌이, 2층에 창고가, 3층과 4층에 거실과 침실이 있다.

24 ▶ 〈each+단수명사+단수동사〉의 어순과 〈형용사+enough〉의 어순에 따라 영작한다.

25 ① 사람들은 어떻게 원뿔 모양의 지붕을 만들었는가?
② 세금 징수원들은 언제 마을에 왔는가?
③ 누가 중국 남부에 크고 둥근 지붕을 만들었는가?
④ 그들은 왜 크고 둥근 집에 살았는가?
⑤ 2층에는 어떤 방들이 있는가?
▶ ① 돌을 쌓아서 만들었음
② 언제 왔는지는 알 수 없음
③ 하카 족이 만들었음
④ 적들로부터 보호하기 위해서
⑤ 창고가 있음

1학기 기말고사 2
pp. 209~213

01 ⑤ 02 ② 03 ④ 04 At last 05 ③ 06 ② 07 ①
08 ④ 09 ② 10 ④ 11 ③ 12 ④ 13 to sit on 14 too busy to play 15 ② 16 ④ 17 so small that he can't catch a balloon 18 ⑤ 19 It, to see the ring of huge stones 20 ② 21 (1) B&B (2) famous college (3) famous olive tree 22 ② 23 ③ 24 ④ 25 Kenneth가 할아버지를 위해 만든 양말을 가리키며, 할아버지가 발을 내딛면 양말 뒤꿈치에 부착된 압력 감지기가 Kenneth의 스마트폰으로 신호를 보낸다.

01 ▶ '학교, 대학 또는 대학교에서 학위를 받다'는 graduate(졸업하다)에 대한 영영풀이이다.
① 감탄하다 ② 존경하다 ③ 남아 있다 ④ 붙잡다
W·O·R·D·S degree 학위

02 〈보기〉 믿을 수 있는 – 신뢰
① 자랑스러운 – 자랑스러움
② 결정하다 – 결정
③ 신비스러운 – 신비
④ 전통의 – 전통
⑤ 중요한 – 중요함
▶ ②는 '동사 – 명사'의 관계이고, 나머지는 모두 〈보기〉와 같이 '형용사 – 명사'의 관계이다.

03 ▶ '돌아다니다'라는 뜻의 wander off가 알맞다.
① 길을 잃다 ② ~으로 들어가다 ③ 자라다 ⑤ 발을 들여놓다
W·O·R·D·S sheep 양 graze 풀을 뜯다

04 마침내, 나의 아버지는 내가 춤추는 것을 배워야 한다는 데 동의하셨다.
▶ finally는 at last로 바꿔 쓸 수 있다.
W·O·R·D·S agree 동의하다

05 A: 나를 도와주겠니?
B: 물론이지. 뭔데?
A: 나와 함께 이 탁자를 옮길 수 있겠니? 너무 무거워.
B: 물론이지. 문제없어.
① 내가 도와줄까?
② 내 도움이 좀 필요하니?
③ 나를 도와주겠니?
④ 도움을 좀 원하니?
⑤ 나에게 질문하는 것이 어떠니?
▶ Can I ask you a favor?는 상대방에게 도움을 요청하는 표현으로, ③의 Will you do me a favor?가 같은 뜻의 표현이다.

06 A: 오늘 날씨가 어떠니?
B: _____
① 비가 오고 시원해.
② 겨울에는 눈이 많이 와.
③ 밖이 꽤 흐려.
④ 날씨가 따뜻해지고 있어.
⑤ 오후에 비가 올 거야.
▶ How's the weather ~?는 날씨를 묻는 표현이므로, 날씨를 말하는 표현이 빈칸에 알맞다. ②는 단순히 겨울에 눈이 많이 온다는 사실을 말하는 문장이다.
W·O·R·D·S a lot 많이 quite 꽤

07 ① A: 너는 여수에 가 본 적이 있니?
B: 응, 있어.
② A: 식물들에 물을 줄 수 있겠니?
B: 미안하지만, 그럴 수 없어. 나는 바빠.
③ A: 너는 이번 주말에 뭐 할 거니?
B: 특별한 것 없어.
④ A: 친절한 조언에 감사드립니다.
B: 천만에요.
⑤ A: 내일 날씨가 어떠니?
B: 모르겠어. 일기예보를 확인해볼게.
▶ ① 여수에 가 본 경험을 묻는 표현이 되어야 하는데, have gone to ~는 '~에 가고 지금 없다'라는 의미이므로 어색하다. gone을 been으로 고쳐야 자연스럽다.
W·O·R·D·S advice 조언 pleasure 기쁨 weather forecast 일기예보

08 (B) 이번 주말에 특별한 계획 있니?
(C) 아니, 나는 그냥 집에 있을 거야.
(D) 오, 그럼 저녁 먹으러 나의 집에 올 수 있겠니?
(A) 물론이지. 날 초대해줘서 고마워.
▶ 계획 묻기(B) → 계획 말하기(C) → 초대하기(D) → 감사하기(A)

[09~10]
수호: Anna, 너는 전에 호주에 가 본 적이 있니?

Anna: 응, 있어. 사실, 나는 시드니에서 1년 동안 살았어.

수호: 멋지다! 4월의 거기 날씨는 어때? 나는 다음 주 방학에 시드니에 방문할 거야.

Anna: 4월은 시드니를 방문하기에 아주 좋은 시기야. 4월에 호주는 가을이거든.

수호: 좋아. 난 해변에서 시간을 좀 보내고 햇볕을 쬐며 쉴 생각이야.

Anna: 음, 4월에는 비가 자주 오지만, 맑은 날을 좀 즐길 수 있을 거야.

수호: 내 모자를 가져가고, 우산도 챙겨가겠어.

Anna: 좋은 생각이야. 즐거운 여행 보내.

09 ▶ ⓑ 날씨를 묻는 표현은 How's the weather? 또는 What's the weather like?로 나타낸다.

10 ▶ ④ it often rains in April이라는 Anna의 말에서 내용과 일치함을 알 수 있다.

11 • 다른 문화에 대해 배우는 것은 중요하다.
　 • 한국에는 방문할 많은 장소가 있다.
　▶ 첫 번째 문장은 〈It ~ to부정사〉 구문이고, 두 번째 문장에는 앞의 명사를 수식하는 형용사적 용법의 to부정사가 들어간다.
　W·O·R·D·S culture 문화

12 ① 그가 가진 가방은 멋져 보인다.
　② 이것은 내가 가장 좋아하는 음식이다.
　③ 나는 그녀가 날 위해 사준 모자를 좋아한다.
　④ 그들이 발견한 개는 내 개였다.
　⑤ Jackie는 우리가 어제 만난 소녀를 안다.
　▶ ④ 선행사가 동물(dog)이므로 목적격 관계대명사 which 또는 that을 써야 한다.

13 ▶ chairs를 수식하는 형용사적 용법의 to부정사를 쓴다. We sit on the chairs.로 보아, 명사(chairs)가 전치사(on)의 목적어가 되므로 to부정사 뒤에 전치사 on을 반드시 써야 한다.

14 Mr. Kim은 너무 바빠서 지난 주말에 그의 아이들과 놀아줄 수 없었다.
　▶ 〈so+형용사+that+주어+can't+동사원형〉 구문은 〈too+형용사+to부정사〉 구문으로 바꿔 쓸 수 있다.

15 ① 나는 그녀가 말하고 있는 남자를 구했다.
　② 나에게 전화한 소년은 Daniel이었다.
　③ 이것은 나의 아버지가 쓰신 책이다.
　④ 그는 공원에서 본 고양이에게 먹이를 주었다.
　⑤ 나는 갖고 싶었던 접시들을 샀다.
　▶ ② 관계대명사 뒤에 바로 동사가 나오므로 주격 관계대명사임을 알 수 있다. 주격 관계대명사는 생략할 수 없다. 나머지는 모두 목적격 관계대명사이므로 생략이 가능하다.
　W·O·R·D·S save 구하다　feed 먹이를 주다　plate 접시

16 ⓐ 나의 가족 모두 행복했다.
　ⓑ 이것은 제주도에서 머물 좋은 장소이다.
　ⓒ 우리는 5일 동안 여행을 갈 것이다.
　ⓓ 내가 읽어야 하는 책들이 많이 있다.
　▶ ⓐ everyone은 단수 취급하므로 단수동사 was를 써야 한다.
　ⓒ 숫자로 표시된 기간 앞에는 전치사 for를 쓴다. during 뒤에는 기간을 나타내는 명사가 온다.

W·O·R·D·S go on a trip 여행가다

17 그 소년은 너무 키가 작아서 풍선을 잡을 수가 없다.
　▶ 〈so+형용사+that+주어+can't+동사원형〉의 어순으로 문장을 완성한다.
　W·O·R·D·S catch 잡다　balloon 풍선

[18~19]

안녕, 나는 Lucy Hunter이고, 런던에 살아. 지난주, 우리 가족은 3일간 휴가를 갔어. 여행 동안에, 나는 내 일기에 간단한 그림을 그렸어. 그것은 모든 특별한 순간을 포착하는 데 아주 좋은 방법이었어.

8월 5일
드디어, 우리는 지구상에서 가장 불가사의한 장소들 중 하나인 스톤헨지에 발을 들여놨어. 런던에 있는 우리 집에서 차로 두 시간 달린 후에, 우리는 마침내 스톤헨지에 도착했어. 원형으로 둘러서 있는 거대한 돌들을 보는 것은 그저 놀라웠어. 어떻게 저 거대한 돌들이 수천 년 전에 그곳에 도달했을까? 그것들은 무엇을 위한 것이었을까? 나는 스톤헨지가 오랫동안 불가사의로 남아 있을 거라고 생각해.

18 ▶ 여행을 가서 쓴 글이며, 이어지는 글에서 8월 5일에 했던 일을 기록하고 있으므로, 빈칸에는 '(여행) 일기'에 해당하는 journal이 알맞다.
　① 시　② 보고서　③ 수필　④ 만화　⑤ 일기

19 ▶ 〈It ~ to부정사〉의 구문으로 완성한다. 주어인 to부정사구가 긴 경우에 가주어 It을 주어 자리에 쓰고 to부정사는 문장 뒤로 보낸다.

[20~21]

8월 6일
아침에, 우리는 코츠월드 주변을 걸어 다녔어. 오후에 비가 오기 시작해서, 우리는 B&B 안에서 머물기로 결정했어. B&B는 영국에서 머물기에 인기 있는 곳이야. 호텔보다는 집처럼 더 느껴져. 주인은 오늘 오후 다과회에 우리를 초대했어. 식탁에는 과자, 케이크, 빵, 그리고 치즈가 가득했어. 내가 먹느라고 바쁜 동안에, 엄마는 아름다운 컵과 접시에 감탄하고 계셨어. 나는 너무 많이 먹어서, 저녁 식사로 아무것도 먹을 수가 없었어.

8월 7일
우리가 마지막으로 들른 곳은 옥스퍼드였어. 우리는 먼저 크라이스트 처치 칼리지에 갔어. 그곳은 《해리 포터》 영화에 나온 이후로 방문해야 할 세계적으로 유명한 장소가 되었어. 영화에서는, Harry와 다른 모든 사람이 크라이스트 처치 홀에서 저녁을 먹거든. 우리는 또한 그 대학을 졸업한 유명한 사람들의 초상화를 봤어. 우리가 건물 밖으로 나왔을 때, 나는 유명한 올리브 나무로 걸어가서 그것을 만졌어. "나는 이 나무를 만졌기 때문에, 옥스퍼드 대학에 들어갈 거야!"라고 내가 말했어. 그러자, 오빠가 내게 웃으며 말했어. "벽에 걸려 있는 네 초상화를 빨리 보고 싶은걸."

20 ▶ ② be busy -ing는 '~하느라 바쁘다'라는 뜻이다.

21 여행을 위한 나의 계획

8월 6일	• B&B에 머무르기 • 오후 다과회를 함께 하기
8월 7일	• 옥스퍼드에서 유명한 대학에 방문하기 • 유명한 올리브 나무 만지기

▶ 8월 6일과 7일의 여행에서 한 일을 정리한 표이므로, 해당 날짜에 한 일을 찾아 표를 완성한다.

[22~23]

Kenneth Shinozuka는 3대에 걸친 행복한 대가족에서 자랐다. 그는 어렸을 때부터, 언제나 할아버지와 매우 가깝게 지냈다. 그는 Kenneth의 첫 번째 친구이자, 그의 믿음직한 운전사였고, 그의 요리사였다. 그는 또한 그에게 많은 인생의 교훈을 가르쳐 주었다. 그는 Kenneth가 세상에서 가장 존경한 사람이었다.

Kenneth가 네 살이었을 때, 그의 할아버지는 어느 날 산책을 나갔다가 길을 잃었다. 그는 알츠하이머병을 앓고 있었다. Kenneth의 가족 모두는 충격을 받았다. 그의 상태는 그 후 10년간 더 나빠졌다. 그가 밤에 너무 자주 돌아다녀서 누군가는 그를 밤새 지켜보아야 했다. 어느 날 밤, Kenneth의 할아버지가 침대에서 나왔고, Kenneth는 그것을 보았다.

22 ▶ ⓑ는 Kenneth를 가리키고, 나머지는 모두 Kenneth의 할아버지를 가리킨다.

23 ▶ ③ 할아버지가 Kenneth에게 요리를 해주었다는 내용은 나오지만, Kenneth가 요리를 배웠다는 내용은 없다.

[24~25]

그 순간, 그는 '그의 양말 뒤꿈치에 압력 감지기를 붙이는 건 어떨까?'라고 혼잣말을 했다.

Kenneth가 해야 할 일이 많았다. 그는 우선 압력 감지기를 만들어야 했고 그 다음에 그의 스마트폰으로 신호를 보내는 방법을 찾아야 했다. Kenneth는 또한 나이 드신 그의 할아버지를 위한 편안한 양말을 만들기 위해 많은 다양한 재료들을 시도해 보았다.

그는 포기하고 싶었을 때, 그의 할아버지의 안전에 대해 생각했다. 수많은 시행착오 끝에, 그는 마침내 그의 장치를 만드는 데 성공했다. 그것이 처음 작동했을 때, 그는 너무 행복해서 팔짝팔짝 뛰며 좋아했다. 그는 자신의 발명품이 실제로 작동했다는 것을 믿을 수 없었다. 그의 할아버지에게, Kenneth는 세계 최고의 발명가이다. Kenneth에게, 그의 할아버지는 여전히 가장 좋은 친구이다.

24 ▶ ⓐ 빈칸 뒤의 절이 선행사 things를 수식하는 구조이고, 절 안에서 목적어 역할을 하므로, 목적격 관계대명사 which 또는 that이 들어간다.
ⓑ 〈so ~ that …〉 구문이므로 빈칸에 that이 들어간다.

25 ▶ his invention은 Kenneth가 할아버지를 위해 만든 '양말'을 가리키고, 그것은 발을 내딛을 때 양말 뒤꿈치에 부착된 압력 감지기가 스마트폰으로 신호를 보내는 원리로 작동한다.

www.mirae-n.com

학습하다가 이해되지 않는 부분이나 정오표 등의 궁금한 사항이 있나요?
미래엔 홈페이지에서 해결해 드립니다.

교재 내용 문의
나의 교재 문의 | 수학 과외쌤 | 자주하는 질문 | 기타 문의

교재 정답 및 정오표
정답과 해설 | 정오표

교재 학습 자료
개념 강의 | 문제 자료 | MP3 | 실험 영상

영문법 기본서

GRAMMAR
BITE

중학교 핵심 필수 문법 공략, 내신·서술형·수능까지 한 번에!

중등 영문법	PREP
중등 영문법	Grade 1, Grade 2, Grade 3
중등 영문법	SUM

영어 독해 기본서

READING
BITE

끊어 읽으며 직독직해하는 중학 독해의 자신감!

중등 영어독해	PREP
중등 영어독해	Grade 1, Grade 2, Grade 3
중등 영어독해	PLUS 수능

영어 어휘 필독서

word
BITE

중학교 전 학년 영어 교과서 분석, 빈출 핵심 어휘 단계별 집중!

핵심동사 561
중등필수 1500
중등심화 1200

미래엔 교과서 연계 도서

자습서

 **자습서**

핵심 정리와 적중 문제로 완벽한 자율학습!

국어	1-1, 1-2, 2-1, 2-2, 3-1, 3-2	도덕	①, ②
영어	1, 2, 3	과학	1, 2, 3
수학	1, 2, 3	기술·가정	①, ②
사회	①, ②	제2외국어	생활 일본어, 생활 중국어, 한문
역사	①, ②		

평가 문제집

 평가 문제집

정확한 학습 포인트와 족집게 예상 문제로 완벽한 시험 대비!

국어	1-1, 1-2, 2-1, 2-2, 3-1, 3-2
영어	1-1, 1-2, 2-1, 2-2, 3-1, 3-2
사회	①, ②
역사	①, ②
도덕	①, ②
과학	1, 2, 3

예비 고1을 위한 고등 도서

룩

이미지 연상으로 필수 개념을 쉽게 익히는 비주얼 개념서

국어	문학, 독서, 문법
영어	비교문법, 분석독해
수학	고등 수학(상), 고등 수학(하)
사회	통합사회, 한국사
과학	통합과학

NEW 올리드

탄탄한 개념 설명, 자신있는 실전 문제

수학	고등 수학(상), 고등 수학(하), 수학Ⅰ, 수학Ⅱ, 확률과 통계, 미적분
사회	통합사회, 한국사
과학	통합과학

수학중심

개념과 유형을 한 번에 잡는 개념 기본서

수학 고등 수학(상), 고등 수학(하), 수학Ⅰ, 수학Ⅱ, 확률과 통계, 미적분, 기하

유형중심

체계적인 유형별 학습으로 실전에서 더욱 강력한 문제 기본서

수학 고등 수학(상), 고등 수학(하), 수학Ⅰ, 수학Ⅱ, 확률과 통계, 미적분

BITE

GRAMMAR	문법의 기본 개념과 문장 구성 원리를 학습하는 고등 문법 기본서
	핵심문법편, 필수구문편
READING	정확하고 빠른 문장 해석 능력과 읽는 즐거움을 키워 주는 고등 독해 기본서
	도약편, 발전편
word	동사로 어휘 실력을 다지고 적중 빈출 어휘로 수능을 저격하는 고등 어휘력 향상 프로젝트
	핵심동사 830, 수능적중 2000

손쉬운

작품 이해에서 문제 해결까지 손쉬운 비법을 담은 문학 입문서

현대 문학, 고전 문학